阅读成就思想……

Read to Achieve

对手靠谋算，
你却靠运气
妙趣横生的博弈思维

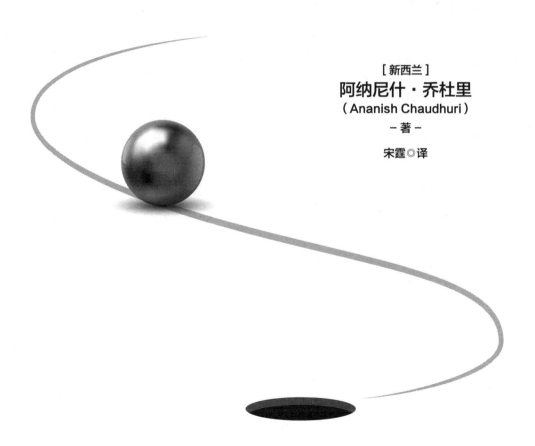

[新西兰]
阿纳尼什·乔杜里
（Ananish Chaudhuri）
－著－

宋霆◎译

中国人民大学出版社
·北京·

图书在版编目（CIP）数据

对手靠谋算，你却靠运气：妙趣横生的博弈思维 /
（新西兰）阿纳尼什·乔杜里（Ananish Chaudhuri）著；
宋霆译. -- 北京：中国人民大学出版社，2021.8
　　ISBN 978-7-300-29694-4

　　Ⅰ.①对… Ⅱ.①阿… ②宋… Ⅲ.①博弈论—应用
—经济—通俗读物 Ⅳ.① F224.32-49

中国版本图书馆 CIP 数据核字（2021）第 143372 号

对手靠谋算，你却靠运气：妙趣横生的博弈思维
[新西兰] 阿纳尼什·乔杜里　著
宋　霆　译
Duishou Kao Mousuan, Ni Que Kao Yunqi: Miaoquhengsheng de Boyi Siwei

出版发行	中国人民大学出版社	
社　址	北京中关村大街 31 号	**邮政编码**　100080
电　话	010–62511242（总编室）	010–62511770（质管部）
	010–82501766（邮购部）	010–62514148（门市部）
	010–62515195（发行公司）	010–62515275（盗版举报）
网　址	http://www.crup.com.cn	
经　销	新华书店	
印　刷	天津中印联印务有限公司	
规　格	170mm×230mm　16 开本	**版　次**　2021 年 8 月第 1 版
印　张	14.75　插页 1	**印　次**　2021 年 8 月第 1 次印刷
字　数	173 000	**定　价**　59.00 元

引　言

　　近年来，经济学家们开始意识到，社会规范和由这些规范驱动的行为在各种经济交易中扮演着重要的角色，对经济理论也有着重要的影响。例如，这些规范和行为包括公平的观念、慷慨地对待陌生人或愿意与之合作、愿意相信陌生人并回报他人的信任等。这一领域有许多创新和令人兴奋的发现，对传统经济学理论推导出的结论提出了质疑。我认为，经济学学科之外的人也会对这些发现感兴趣。

　　因此，当奥克兰大学继续教育中心的莉比·帕肖（Libby Passau）在2007年1月找到我，提议我为公众做一个系列公开讲座时，我认为分享一下这些发现以及我在这个领域内所做的一些工作可能是值得的。这些讲座面向整个社区，旨在让更多的社会成员了解大学目前正在进行的研究。一开始我有些许犹豫，但最终同意面向普罗大众谈谈社会规范在经济交易中的作用，以及介绍一下我在这个领域所做的一些工作。

　　对我而言，这真是一个明智的选择，因为后来这些讲座成了我个人一次愉快的经历，并最终构成了这本书的基础。虽然我习惯于在学术听众面前演讲，但这是我第一次站在普罗大众面前演讲，而且听众中有许多人在此之前对经济学所知甚少或根本没有接触过。听众大多是成年人，他们为现场带来了巨大的财富——他们的智慧和经验。信息的流动很显然是双向的。虽然我确信，在那一周的讲座中，我成功地挑战了听众已有的观念，并激发了他们新的思考，但与此同时，他们也不断地向我提出关于研究假设和研究结论的问题，并为我提供了宝贵的轶事和见解。这些讲座极大地帮助我澄清了自己的想法和论点。我非常感谢莉比女士，以及这次为期一周的讲座的参与者对我的帮助。在某种程度上，我之所以要写这本书，就是因为在那一周结束时，很多参与者来找我询问有哪些关于这个主题的书可供他们阅读。在与他们交谈的过程中，我意识到，除了一些教科书和学术期刊上的文章以外，真的没有任何一本书能使普罗大众概要性地了解这些研究成果。这样的书应该以非技术性词汇写成，确保内容深入浅出，通俗易懂。

本书适用于多种类型的读者。首先，本书可以作为本科生实验经济学课程的教材，前提是该课程将大量教学时间用于研究诸如最后通牒博弈①、信任博弈、社会困境和协调博弈等问题。其次，在有关微观经济学或博弈论的各种高级课程中，如果教师想要和学生讨论实验结果，那么本书会是非常有用的补充教材或值得推荐的课外阅读文献。再次，这一领域的发现与社会心理学、组织行为学、管理学和其他商业相关学科都有着广泛的交集，因此，本书应该也能吸引这些领域的研究人员和学生。本书第 5 章论述了如何解决组织中的协调失败问题，应该特别能够激起人力资源管理者的兴趣，而且也许能给他们提供一些见解，让他们找到方法来激励员工。最后（当然并非最不重要），正如我在上面提到的那样，本书的写作方式使没有经济学知识的普通读者也能读懂书中的内容。因此，任何人，只要他们想要了解由规范驱动的行为如何影响经济上的结果，都会发现本书能激起他们的兴趣。即使你不知道需求和供给是什么意思，你也能够理解本书所包含的论证过程。只要你有一个好奇的头脑，对新观念和新思想持开放心态，那么本书就适合你阅读。

---

① 英文"game"一词在中文里有两个常见的译法，一为"博弈"，二为"游戏"，两者的意境虽略有不同，但是大致上可以通用。本书将根据语境，同时使用这两种译法。——译者注

第1章

与经济行为密切相关的博弈论

许多经济学思想的出发点都是理性经济人假设。"理性"这个词在不同的学科中通常含义不同。在经济学中，这个术语的意思是，在涉及战略决策的情况下，做出这些决策的人主要关心自己的金钱收益，或者关心自己的满足，经济学家称其为**效用**（utility）。这种效用主要是他们或他们的亲属获得的货币收益的函数。换句话说，人类的主要动机是**自虑**（self-regarding）①偏好。我们现在有大量的证据表明，在各种各样的经济交易中，社会规范和规范所驱动的行为，如公平观念、慷慨地对待陌生人或愿意与之合作、愿意相信陌生人并回报他人的信任，发挥着至关重要的作用。

这种作用是双向的。有时候，仅仅因为一方认为另一方完全不公平，本来显然对双方都有利可图的交易却无法达成。与此同时，因为人们完全愿意把钱托付给陌生人，本来无法达成交易的双方现在却握手言欢。eBay或 TradeMe 等企业基本上就是依赖于人们这种愿意相信陌生人的倾向来开展业务并赚取利润的。有时，什么是公平或什么是不公平的观念可能会束缚企业追求利润最大化。买家可能会拒绝购买他们迫切需要的商品，因为他们认为企业利用优势地位而收取了不必要的高价，这种做法通常被称为

---

① "self-regarding" 的本意是只关心或者只考虑自己，即一切以自我为出发点；与此对应，"other-regarding" 就是会关心或考虑他人。——译者注

价格欺诈（price gouging），例如，在一场暴风雪后，卖家立即将雪铲的价格翻倍。有时，它可能会妨碍人们在经济衰退期间找到工作，因为企业不愿意削减现有工人的工资，即使有失业者愿意以低得多的工资来工作。

经济学中的基础概念

这些话题我都会在本书中谈到。但在那之前，我需要带你们先粗略了解一些经济学基础的观点和概念。我必须补充的是，本书是写给那些没有经济学专业知识背景的人的。如果你不知道**需求**（demand）和**供给**（supply）是什么意思，那也不用担心。事实上，"需求"和"供给"这两个词在本书中很少出现。只要你有一个好奇的头脑，对新观念和新思想持开放的心态，那么本书就适合你阅读。

在日常生活中，有大量的决定要求我们进行**战略决策**（strategic decision making）。战略决策的含义是什么呢？它意味着，在某些特定的情况下，我们决定要做的事情会影响到另一个人或一群人的福祉；反过来，其他人的所作所为也会对我们自己的福祉产生重大影响。以下是这些特定情况的一些例子：

- 人们试图决定是否要为当地建造一个公园或其他类似的公益事业捐款；
- 当地的面包店在关门结束一天的营业前打折出售尚未售出的糕点；
- 一位波斯商人正在和买家讨价还价，他要决定应该如何把握降价的幅度和速度；
- 坦桑尼亚的一名哈德扎族（Hadza）[①] 男子正在决定是要与另一名同族的猎人一起合作，以争取在当天猎到一头鹿，还是独自出发去抓一只兔子；

---

① Hadza 又译为哈扎人，是东非坦桑尼亚国内最古老的民族之一，以狩猎与采集为生，集中分布于坦桑尼亚中北部东非大裂谷与埃亚西湖之间，目前其人数据说已不足 1000 人。——译者注

- 当雇主不在时，员工决定自己要在工作中投入多少努力；
- 人们在 eBay 上竞购艺术品或小摆件。

经济学家通常依赖一套被称为**博弈论**（game theory）的工具来理解人们在这种情况下如何做出决策。越来越多来自其他领域，如进化生物学、政治科学、社会学，以及管理学、组织行为学和市场营销学等商业相关学科的人也走上了同样的道路。博弈论本质上是一门语言，用来描述当一个人的境遇会受到另一个人的影响时，他们之间会发生什么样的战略互动。因此，在日常生活中，我们所面临的许多情况，如上面已经列出的和许多其他的情况，都可以被视为博弈（或游戏），我们则是其中的玩家（player），因此，这些情况都可以用博弈论的工具进行分析。

虽然要明确一套特定的观念于何时出现总是有点难度，但是多数学者都认同博弈论的起源可以追溯到 1944 年约翰·冯·诺伊曼（John von Neumann）和奥斯卡·摩根斯坦（Oskar Morgenstern）合著的《博弈论与经济行为》（*The Theory of Games and Economic Behavior*）的出版。随后，包括约翰·纳什（John Nash）、约翰·海萨尼（John Harsanyi）、莱因哈德·泽尔腾（Reinhard Selten）、罗伯特·奥曼（Robert Aumann）和托马斯·谢林（Thomas Schelling）在内的其他学者拓展了我们对战略决策的理解。纳什、海萨尼和泽尔腾在 1994 年获得了诺贝尔经济学奖，奥曼和谢林在 2005 年同样获得了诺贝尔经济学奖。

让我通过上述第一个例子来强调说明一下，为什么说这些情况都涉及战略决策。在奥克兰市，离我住所很近的地方有一个小孩子的游乐场，名叫小朗吉托托保留地（Little Rangitoto Reserve）。我经常陪我的小女儿去那里玩。令人惊讶的是，这个游乐场里的滑梯、秋千、攀登架和猴子架等设备并不是由奥克兰市议会拨款修建的，而是由当地居民自愿捐款购买的。乍一看，可能你们中的任何一个人都会觉得这件事平淡无奇，因为你们可能都曾有过类似的出资经历，或者其他依靠自愿慈善捐款来做善事的经历。

这样的事情一直都有，结果我们往往忘记了这实际上是一个相当不容易获得的成就。

让我来解释一下原因。假设你想在你家附近建一个类似的公园，你决定向当地住户求助，请他们捐出一定数额的款。这并不是说所有家庭都要为公园的建设捐款。其实，只要有一些家庭选择捐款，你就会募集到足够的钱来修建公园。

你筹集到足够资金的可能性有多大呢？实际上机会并不渺茫，但这种情况其实包含着一个固有的**社会困境**。此时此刻，让我们暂且假设人们总体上是自利的，绝大多数情况下，人们只关心自己的福利，这正是经济学家常常会做的假设。很明显，如果每个人都出一分力，公园就能建起来，附近的每个人都可以带他们的孩子去那里休憩、游玩。也就是说，如果大家齐心协力，我们都能有更好的境况。

但是，让我们花一点时间思考一下：假设某个人主要关心的只是他自己的幸福，还有他身边亲人的幸福，此人会如何决定自己是否要为公园捐款呢？假设他一毛不拔，而到了最后这个公园也没能建起来，那么他的境况固然没有变好，但也没有变差，因为那里本就没有公园，将来也不会有。现在，假设他自己没有捐款，但邻居们仍然筹集了足够多的钱来建造公园。要知道，公园和健身俱乐部有很大的不同，因为公园一旦建成，就很难把任何人拒之门外，不管他是否曾经为此出钱。通常，你无法针对某个公园实行真正的会员制度。因此，即使某人从未为公园捐过款，一旦公园建成，你也不能阻止此人入内。因此，即使这个人没有贡献过任何东西，也仍然可以和他的孩子或他的狗在公园里散步。这样一来，这个人的境况就会改善，他虽然没有从自己的口袋里掏出一分钱，但仍然可以享受公园里清新的空气和优美的环境。因此，情况似乎是，不管公园能否建成，对于一个主要关心自身利益的人来说，切合实际的做法都是一毛不拔。

经济学家将这种行为称为**搭便车**（free-riding），即利用他人的贡献获利。但是，如果每个人都按照同样的思路推理，那就没有人会做出贡献，公园也就永远无法建起来了。

约瑟夫·海勒（Joseph Heller）在他的小说《第二十二条军规》（*Catch 22*）[①]中讲到主人公约塞连（Yossarian）不愿意帮助建立军官俱乐部时，极有说服力地总结了这一现象。

> 和一个疯狂的家伙合住一顶帐篷并不容易，但内特利并不在意。他自己也是个疯子，一有空就跑去帮忙修建军官俱乐部，而约塞连可是一直袖手旁观的。
>
> 事实上，许多军官俱乐部在修建时，约塞连都不曾帮过什么忙，但皮亚诺扎岛上的这个俱乐部倒最令他得意扬扬。这的确是一座坚实牢固、构造复杂的纪念碑式建筑，铭记着约塞连的坚毅果决。俱乐部竣工以前，约塞连从来没想过去搭把手；完工之后，他倒是经常去。他对那幢有着木瓦屋顶、大而无当的漂亮房子非常满意。它实在是一座富丽堂皇的建筑，而每一次凝望它并想到自己连一滴汗水都未曾付出就可以享受到它，约塞连的心里总是涌动着一股巨大的成就感。

用经济学家的话说，约塞连就是在"搭便车"。他利用了其他军官的努力，这种情况在许多需要一群人合作的经济环境中并不少见。你们中的许多人如果习惯了群体合作，并能意识到群体合作导致的问题，就会觉得约塞连的这种行为似曾相识。经济学家通常认为，当人们面对一项集体事业时，比如建设军官俱乐部、建造当地公园，或向一般性的慈善事业捐款，自私自利的人难免会像约塞连一样行动，因此，这样的事业注定会失败。经济学家继续提出，在**均衡**（equilibrium，通常会用**纳什均衡**这个术语）中，所有利己的人都会搭便车，没有任何人会为建设公园做出贡献。此处的"**均**

[①] 这是美国作家约瑟夫·海勒创作的著名长篇小说，该小说以第二次世界大战为背景，通过对驻扎在地中海上的一个名叫皮亚诺扎岛（此岛为作者虚构）上的美国空军飞行大队所发生的一系列事件的描写，揭示了一个非理性的、无秩序的、梦魇似的荒诞世界。——译者注

衡"一词表示没有人会倾向或想要去做出改变。如果因为无人捐款公园建不起来，那么所有人的境况其实都会变差；每个人都能意识到大家的境况变差了，但是没有任何人会愿意改变自己的行为。单一个体的贡献不会改变结果，即公园很可能还是无法建成，而这个人落得的结果只是白白地出了一些钱，却不能给自己带来任何额外的好处。每个人都意识到，如果人人都能贡献一份力量，情况就会变得更好，但一旦他们落入了搭便车的陷阱，即前面所说的"**均衡**"，就很难从中逃脱了。避开陷阱的唯一方法就是每个人都同时改变自己的想法，这再次创造了一个类似的集体决策问题，正是这样的集体决策问题导致我们落入了最初的陷阱，我们绕了一圈后只是回到了原点。

在接下来与梅杰·梅杰·梅杰少校（Major Major Major Major）[①]的对话中，我们勇敢无畏的英雄约塞连再一次简洁地总结了这种均衡的本质。

"假设我们让你自己挑选任务，飞勤务，"梅杰少校说，"这样你就能完成这四次飞行任务，而又不用冒任何风险。"

"我不想执行飞行任务。我再也不想卷入这场战争了。"

"你想看到我们的国家战败吗？"梅杰少校问道。

"我们不会战败。我们的兵力、财力和物力都比敌方强。有上千万的军人可以替代我的位置。有些人正在战死，但是有多得多的人却在捞钱，他们快活得很。就让别人去战死吧。"

"但是假如我方每个人都这么想，那还了得？"

"那我要是不这样想，我就会是个该死的大笨蛋了。不是吗？"

在这种情况下，至少从梅杰少校和国家的角度来看，每个人都拒绝执行飞行任务是最糟糕的结果。但如果一个人没有执行飞行任务，而其他人都要照常飞行，那么这个不用出勤的人的境况就会改善，到后来，其他人

---

① 为那些还没有读过这本书的人解释一下，这位先生的姓、中间名和名都是梅杰（Major），此外他还有少校（major）军衔。《第二十二条军规》是一部黑色幽默小说或称讽刺小说，所以海勒会以这种方式给书中的人物取名。——译者注

也会有样学样，这就是**纳什均衡**。

此时，你可能会想，这个世界上并非每个人都像约塞连或者都像经济学家那样思考！你可能会低声嘟囔着抱怨："难怪人们把经济学称作'令人沮丧的科学'。"如果你不同意这个假设，那很好，因为我很快就会向你们展示，这个假设大部分都是错误的。是的，人们确实会向慈善机构捐献大笔金钱，向他人捐献血液和器官，而且在绝大多数交易中，人类通常都会与无关联的陌生人开展合作。这也许是因为人们相信这就是所有人期望的行为，而不遵守这种期望会带来心理成本。但我确实需要指出，如果你认为人类本质上是善良的、合作的，也就是利他的，那么正如我将向你展示的那样，这种观点也会是错误的。人们既不是纯粹的利己主义者，也不是纯粹的利他主义者，而是有条件的合作者，他们的行为在很大程度上取决于他们认为同伴会做什么。我将在第4章详细讨论这一点。但是，如果我们想要建立一个能够产生准确预测结果的人类行为模型，我们就需要从某个起点开始；而经济学家认为，理性自利假设是一个很好的起点。让我们暂且从这里开始，看看究竟能走多远。

探究经济行为动机的方法

假设我们想要找出人们行为背后的真正动机，比如，为什么有些人习惯性地与人合作，为什么有些人会搭便车。你怎样做才能找到以上这些问题的答案呢？传统上，研究人员会遵循两种不同的途径。第一种途径是依靠调查，即我们向人们询问有关他们的动机的问题：为什么某人做了那样的事？调查是一种直截了当的方法，通常能产生有价值的见解。但与此同时，这种方法也有缺点。问题在于，人们对"在特定情境下你会做什么"这种问题的回答，有时并不能准确地预测他们真的置身于那种实际情境下的行动。假设用技术词汇，我们有时会说，人们的态度与其行为并非总是密切**相关**（correlate）的。这本质上意味着以下可能性：假设我问你是否愿意为一个正当理由捐出 50 美元，你回答说可以。但最终当捐款信封被传递下去，你不得不从钱包里掏出真金白银时，你可能会违背承诺，或者放进去的钱少于 50 美元。我并不是说你一定就会这样做，但众所周知，这种情况的确发生过。此外，这些调查问卷中的回答可能与实际行为有很大的不同，不是因为应答者试图误导研究人员，而是因为应答者可能对自己和他人的观点或行为反应有错误的认识。也就是说，应答者可能诚实地认为自己在特定的情况下会以某种方式行事，但当这种特定的情况真的发生时，他的行为就完全不同了。

这里有一个从社会心理学文献中摘取的例子，它说明了态度和行为之间的这种分歧。20 世纪 30 年代初，理查德·拉皮埃尔（Richard LaPierre）想要了解那些对其他种族持有各种偏见或消极态度的人，是否真的会公开表现出这些行为。拉皮埃尔和一对年轻的中国夫妇大约花了两年的时间，走遍了美国。他们曾在 184 家餐馆和 66 家酒店停留，其中只有一个营业场所拒绝向他们提供服务，而且他们认为，实际上，自己从所访问的营业场所中获得的服务水平总体上是高于平均水准的。在这为期两年的游历结束之后，拉皮埃尔给他和这对中国夫妇曾吃过饭或住过店的所有企业写了信，向它们询问是否愿意为中国客户提供服务，但信中绝口不提他们曾经到访过。事实上，没有一家酒店在实践中拒绝接待中国游客，但在调查中，这些企业中的大多数都在回信中明确表示，它们不会接待中国游客。态度和行为之间的这种不协调的例子还有很多。

与依赖调查问卷相比，探索问题答案的第二种途径是观察自然发生的现场数据，而这些现场数据是由现实生活中的经济现象产生的。也就是说，如果你想了解人们是否会捐款以及为什么会捐款给慈善机构，那么你就可以挖掘慈善捐款的数据，并分析这些数据。这是经济学中更传统和更常见的方法，即为了理解行为，我们需要研究与特定现象有关的数据。美国著名经济学家、1970 年诺贝尔经济学奖得主保罗·萨缪尔森（Paul Samuelson）在他的本科生经济学教材中写道：

经济学家不能进行类似于化学家或生物学家所做的那类受控实验，因为他们无法轻易地控制其他重要因素。像天文学家或气象学家一样，经济学家通常也必须只能使用观察手段。

现场，即自然发生的数据存在的问题是，这些数据也许并不总是可以获得，或者不能以回答某个特定问题所需的确切形式来获得。此外，由于数据是由一次性经济现象产生的，它的存在形式可能不一定足以允许我们做出因果推论，例如，一个特定的现象 X 是否导致了另一个现象 Y。此外，如果某人的意图是想了解人们的偏好和信念，通常他很难使用自然数据来做到这一点，因为偏好或信念不容易被观察到。

经济学实验提供了另一种途径来解答这些关于人们动机的问题。与萨缪尔森的想法相反，经济学家发现，像其他硬科学（hard science）①一样，经济学确实也有可能创建出实验室实验，而这些实验在解开动机、偏好和信仰等谜团方面可能具有极高的价值。这种做法的思路是：选择一个基本的经济问题，然后设计一个合适的决策实验，接下来招募被试参加实验中的游戏，再分析数据，看看人们的行为是否符合经济理论所预测的在这种情况下应该发生的情况。如果发现理论所预测的行为和实际行为有偏差，那么我们就可以尝试确定是什么原因导致了这些偏差。是因为我们对人类行为的一种或多种假设是错误的吗？是因为我们遗漏了谜团的哪一部分吗？由于研究人员可以控制和操纵实验中的游戏规则和制度细节，因此我们可能对使用实验做出因果推论会更有信心。

这与让人们填写调查问卷有何区别呢？不同之处在于，被试在这些实验性游戏中所做的决定并不是假设性的。在这些实验中，被试会根据他们在任务中的表现获得报酬。奖励被设计得足够大、足够突出，以补偿被试所付出时间的机会成本，即在实验持续期间，他们本来可以从另一份工作

---

① 硬科学和软科学（soft science）是学者较常用的口头语。一般用"硬"表示定量、严格或准确。前者通常包括自然科学和工程技术，后者通常包括社会科学和行为科学。——译者注

中获得的最高报酬。这些报酬使实验中的决定变得真实起来，因为现在大量的金钱报酬依赖于这些决定。此外，这会迫使被试将注意力集中在手头的任务上，而不是漫不经心地在问卷上勾选选项。因此，虽然调查问卷上的答案往往比自说自话的空谈好不了多少，但是在经济学实验中，如果我们根据被试的决定来向他们支付数额不等的金钱报酬，从而诱导他们密切关注自己以及群体中的其他人正在做的事情，这也许就能使他们的决定更好地显示出他们真正的偏好和信念。本质上，实验经济学家要求实验被试时时刻刻把钱记在心上，挂在嘴边。

以上所说并不意味着任何调查或使用自然发生的数据所做的研究工作都没有价值。我要说的是，在很多情况下，现场数据都是无法获得的，在涉及战略决策的情况下尤其如此。在许多这样的情况下，被试必须预测另一个人将会做什么，以及对预期行动的最佳反应是什么。在这种情况下，被试采取的行动往往会受到他们对他人行动所持信念的影响。不过，这样的信念是无法被观察到的，而且几乎不可能获得关于它们的自然数据。但是，如果有人设计了一个合适的实验，让人们得到多少报酬取决于他们做了什么决定，此时，他们的行动就可能会让我们得出关于他们信念的结论。因此，在研究需要做出战略决策的情况下，实验特别有用。这就是"实验经济学研究的兴起"与"博弈论在经济分析中的重要性日渐凸显"这两个趋势不谋而合的原因之一。当我在下文简要介绍实验经济学的发展历史时，我会更多地谈到这一点。

经济学实验的优势

在谈到预测他人的行动以便做出最佳反应时，罗伯·莱纳（Rob Reiner）执导的电影《公主新娘》（*The Princess Bride*）提供了一个很好的例子。这部电影由加利·艾尔维斯（Cary Elwes）主演。喜欢看电影的读者可能会回忆起扮演黑衣人的加利·艾尔维斯与扮演西西里人维齐尼的华莱士·肖恩（Wallace Shawn）斗智斗勇的场景。斗智之战开始于加利·艾尔维斯将一种毒药放入了两杯葡萄酒中的一杯，而维齐尼必须找出哪杯酒有毒。毫无疑问，弄错了就意味着死亡。在一段令人难忘的台词中，维齐尼说：

> 但这事其实很简单。我所要做的就是基于我对你的了解来做出推测：你是那种会把毒药放进自己的酒杯里的人，还是放进敌人的酒杯里的人？聪明人会把毒药放进自己的酒杯里，因为他知道只有大傻瓜才会接受别人递给他的东西。而我不是个大傻瓜，所以我肯定不会选择你面前的酒。但你一定知道我不是一个大傻瓜，你已经考虑到这一点了，所以我显然也不应该选择我面前的酒……你打败了我的巨人，这意味着你非常强壮，所以你有可能把毒药放进自己的酒杯里，相信自己的力量可以扛过毒药，所以我显然不能选你面前的酒。但是，你也打败了我的西班牙人，这意味着你一定做过研究，而在研究中你一定已经知道了人是会死的，所以你会把毒药放在离自己尽可能远的地方，这样我就不能选我面前的酒了。

维齐尼的智慧到头来也没能帮上什么忙，因为后来他拿起了一个杯子，喝下了里面的酒，倒在地上死了。当然，这一幕结束时，你会发现真相其实是加利·艾尔维斯在两个杯子里都放了毒药，因为他对毒药已经有了免疫力，毒药对他没有任何影响。

在这种情况下，调查也可以提供有价值的数据，但正如我之前指出的，调查无法做到每一次都将投机取巧或自私的回应与那些真正诚实的回应区分开来。在经济学中可以应用实验方法，这一点已经彻底改变了许多课题的研究，特别是那些与个人在战略决策背景下做决定有关的课题，以及那些需要理解人们的信念和期望的课题。与使用自然产生的数据进行实地研究相比，经济学实验有以下诸多优势。

首先，实验可以重复进行。让我们假设你想研究大量移民涌入某一特定地区的影响，而且你的兴趣在于了解这种移民潮对当地工人工资的影响，更具体地说，你想研究这种移民潮是否会对当地工人的工资造成下行压力。

要研究上述课题，一个很好的方法就是找到一个大规模移民潮情形，然后对该事件进行分析。这方面的一个上好的例子就是在马列尔偷渡（Mariel boatlift）事件[1]发生后去研究佛罗里达当地工资的变化。这个事件无疑提供了一个宝贵的机会，可以让我们研究移民对当地工资的影响。但问题在于，这只是一次性事件，研究人员在以后的日子里无法以任何形式或方法来重现这一场景。但在经济学实验中，如果你不喜欢或不相信某个实验的结果，你就可以重复进行实验，看看其结果是否依然成立。

其次，如果你认为研究人员在操作实验时遗漏了一些重要的东西，那么你可以在纠正这些错误后重新进行实验。例如，如果你认为支付更多的钱会对行为产生影响，那么你可以在实验中这样操作。如果你认为在特定的情境下，比如对公司股票进行交易时，投资银行家的行为与普罗大众的不同，那么你可以招募在华尔街工作的人，让他们参与实验。或者说，如果你认为工商管理硕士（MBA）会比本科生更擅长做战略决策，你也可以招募你看好的被试。

最后，针对某个由研究人员设计的实验，你可以改变其实验设计或具体参数，看看这会给行为带来什么改变。例如，你可能想知道一个人在无人观察的情况下会怎样行动，其行动方式是否会与其在众目睽睽下的行为方式有所不同。例如，当我一个人的时候，我可能会习以为常地闯红灯或者不系安全带，但我从来不会在我的孩子面前这么做。同样的道理，我可能会在对待男人和对待女人时表现得不一样。如果我是一个打算雇用员工的老板，手头上有两位资质完全相同的应聘者（一男一女），我可能会给那位女性应聘者开出较低的工资，而这是很常见的。二手车销售人员通常就会对潜在的女性买家开出比男性买家更高的价格。

---

[1] 马列尔偷渡事件指的是 1980 年 4 月 15 日到 10 月 31 日，大量古巴人从古巴的马里埃尔港出发，乘船前往美国的大规模人口移动事件。

知识拓展

对实验经济学的批评意见

对实验方法也存在批评意见，以下列举了部分批评意见。

1. 许多实验的被试都是大学生，与一般人相比，这些被试通常比较年轻且缺乏经验。这就提出了一个问题：这些学生对于整体人口而言究竟有多大的代表性？大学生在实验室实验中所做的决定是否能够提供线索，让我们了解跨国公司 CEO 的思维方式、股票经纪人的思维方式，或者仅仅是普通人的思维方式？实验结果能让我们推断出实验室以外的其他人的行为吗？也就是说，这些实验结果是否具有**外部有效性**（external validity）？

2. 虽然被试确实会因为他们的参与而得到报酬（通常比当时当地的小时工资或他们去做另外一件事情可能获得的报酬要高得多），但金额仍然很小。基于这些小额金钱做出的决定适用于涉及数百万元时的情形吗？

3. 许多实验都是在人为设定的实验室条件下进行的，此时给被试的指令都是用抽象、与背景无关、不带感情色彩的语言写成的。越来越多的证据表明，为决策提供背景信息能使人们更好地理解潜在问题，并做出更明智的决策。

4. 在设计实验时，人们有时会担心发生**研究人员需求效应**（experimenter demand effect）。这种效应指的是某个实验的特定设计或提供的指令可能在无意中向被试提供了信号，让他们猜到了研究人员期望他们采取的行动。也就是说，被试可能会相信研究人员希望他们以某种特定的方式行事。因此，被试最终可能会按照他们认为自己被期望的方式行事，而不是按照他们实际想要的方式行事。

5. 最后，实验能让我们做出因果推论吗？也就是说，假设结果Y与制度X有关，那么我们可以说Y是由X引起的吗？

这些批评意见都不是无的放矢。但值得注意的是，并非所有这些批评意见针对的都是实验方法本身。其中一些批评本质上恰恰是论据，说明了我们需要的只是进行更严谨的实验，并从人口的其他组成部分中抽取被试。因此，近些年来，实验经济学家进行了一些在设计上精细得多的实验，其所涉及的资金数额也要大得多（常常是非常大的一笔钱）。正如我在第2章谈及"最后通牒博弈"时会指出的，与批评者的想法相反，通常的情况是，大笔金钱并不会带来很大的区别，或者根本就没有任何影响。

如果批评者认为用学生被试所产生的数据来推测人口中其他组成部分或某些特殊子群体的行为是靠不住的，那么他们可以从后面那些群体中招募被试来进行实验。现在这已成了实验经济学家通常的做法，而且越来越频繁。举例来说，在试图理解金融资产市场为何经常导致投机泡沫的过程中，实验经济学家就会让经验丰富的资产交易员参与进来。研究结果简单来说就是，在某些实验中，学生被试的行为与那些经验丰富的人不同，但在大量涉及战略决策的实验中，这种差异并不像人们原来以为的那样明显。经验也可能是一把双刃剑。在某一特定领域有经验的人可能会错误地将这些经验和教训以及他们的智慧套用到一个看似司空见惯但实际上大相径庭的问题上。

正如我之前提到的，关于实验方法，一条反复出现的批评意见是，在"无菌"的实验室条件下，使用不带情感和抽离背景的语言来对大学生进行实验可能对我们了解现实生活中的现象无甚裨益。作为对这一批评的回应，实验经济学家也开始使用大学生以外的被试，并走出实验室收集数据。在第2章中，我将谈到一个由麦克阿瑟基金会（MacArthur Foundation）资助的研究项目。该研究收集的实验数据来自15个原始社会中的成员，这15个原始社会遍布世界各地。另外一些研究人员在秘鲁研究了CEO之间以及某些村子里村民之间的信任程度。越来越多的实验经济学家冒险进入现实世界，以进行更复杂、更精细的实验，其中许多实验也会使用带有情感的语言，并为被试手头的决策任务提供清晰明确的背景信息。

只要实验经过精心设计，就没有理由担心研究人员需求效应。重点是要设计适当的控制组来做对照，并确保在创建各种实验处理时，不会同时改变太多东西。一次改变太多的东西可能会带来困惑，并使研究人员需求效应成为现实；相反，通过对实验设计进行小的、渐进的、谨慎的改变，并且每次只聚焦于一件事，我们就可以梳理出潜在因素的改变将如何导致行为的改变，而不会向被试发送不必要的信号，让他们知道研究人员偏爱的行动方向。

实验是否允许我们做出因果推论呢（这一批评意见也同样适用于实证研究）？假设你每次吃墨西哥菜时都会感到胃部灼热，那么这是否足以让你得出结论，即下次吃玉米煎饼的时候，你也会觉得胃部灼热呢？当然不是。然而，几乎所有人都会得出这样的结论。这就是归纳（inductive）推理的本质，即从具体到一般的过程。没有任何实验能够证明一般性的规律，即在同样的情况下，同样的规律会起作用。然而，如果我们设计出一个适当的实验，进行适当的控制，许多次这样的实验都能表明：如果给定一组特定的条件，并出现了稳定的、可复制的规律，那么我们就完全可以相信，当这些相同的条件在现实中再一次得到满足时，同样的规律也会再一次出现。这也许就是你下次去墨西哥餐馆吃饭时，手边会带着抗胃酸片的缘故。

这句话的根本意思是，对于根据调查或自然数据得出的结论，精心设计的实验往往是非常有用的补充。这些实验也可以作为一种方法，来测试由其他方法得出的结论是否具有稳健性。越来越多的实验经济学家开始使用多种方法来收集数据。他们既使用调查数据，也使用实验数据，以增进对决策制定的了解。在第 6 章中，我将谈到耶鲁大学的迪恩·卡兰（Dean Karlan）进行的一项研究，该研究调查了秘鲁农村地区一家轮转储蓄与信贷协会（rotating savings-and-credit association）[①]成员的贷款和还款情况，并利用调查和实验来了解"谁会还款，谁会违约"这个问题。现在已经有很多这样的例子，都是利用非学生被试来实施精心设计的实地实验。[②]

　　这里有一个真实的例子。许多协会，如红十字会或联合国儿童基金会（UNICEF）都试图吸引人们捐款，并经常为此聘请专业的募捐者。现在，当涉及筹资时，哪种战略比其他战略更有效呢？威斯康星大学的詹姆斯·安德烈奥尼（James Andreoni）和拉根·皮特里（Ragan Petrie）招募被试进行了一项有偿实验。他们研究了资金筹集者经常使用的两种战略。第一种战略是公开捐款，即被试可以选择向两家慈善机构（一家收到的捐款是匿名的，另一家会公开捐款情况）中的一家捐款，这会发生什么情况呢？第二种战略是采用分档报告，即不提供实际捐款的准确数目，而是按低于 100 美元、101 ～ 500 美元、501 ～ 1000 美元等不同档次来汇总报告捐款者的捐款数额。对于第一种募捐战略，安德烈奥尼和皮特里发现，当被试的捐款只能是匿名时，捐款数目很少，而当他们的捐款被公开时，他们的捐款会多得多。此外，当按分档报告方式捐款时，更多被试会选择增加捐款，以便使自己的名字攀上更高的一档，哪怕只是处在那一档中的较低一端也无妨。这表明，除了为慈善事业捐款的善心，人们的行为动机中也包含了

---

① 轮转储蓄与信贷协会是一种存在已久、范围广泛的非正式金融安排，在国内通常被称为"标会""互助会"或"合会"。——译者注

② 芝加哥大学经济系的约翰·李斯特（John List）是设计与实施这种精巧且复杂的实地实验的先驱之一。

一些虚荣心的成分。实验方法让研究人员能够观察到许多这样的现象，也让我们能够通过改变设计来梳理差异，而对于自然发生的数据来说，要做到这一点通常是非常困难的。实验还允许经济学家更仔细地关注个人动机和决策制定，以及其中的细微差别。

在此过程中，经济学家得到了一些惊人的发现。他们开始意识到：公平的观念、慷慨地对待陌生人或愿意与之合作、愿意相信陌生人并回报他人的信任，以上种种都在经济交易中起着至关重要的作用，有时可能会导致与经济学理论的预测截然不同的结果。这就是接下来几章我要讲的内容。

在第 2 章，我将讨论**最后通牒博弈**（ultimatum game），它旨在说明公平观念在经济学中产生的重大影响。如果人们觉得交易的另一方不公平，或者另一方相对而言会赚得更多，那么他们可能会习以为常地放弃一个本可以带来可观金钱利益的交易。

在第 3 章，我将探讨我们是否愿意信任陌生人，即使这会让我们很容易受到剥削和利用，以及我们是否愿意以一种值得他人信赖的方式行事，也就是报答另一个人（通常是陌生人）给予我们的信任。

在第 4 章，我将介绍**公共品博弈**（public goods game），这个博弈模拟了自愿为慈善捐款的决定，并探讨了关于合作和自私的基本问题。在每一部分中，我将在讨论经济学实验的结果之后讨论这些结果对经济学的影响。

在第 5 章中，我将关注一个略有不同的现象，尽管和前几个现象一样，规范和惯例也在这种现象中发挥了重要作用，但生活中的一系列现象（经济的和非经济的）需要多个主体协调行动。举例来说，当雇主不在，员工必须决定是努力工作还是懒散行事时就会出现这种协调问题；或者当公众决定是否参加示威活动，反对不受欢迎的政权时，协调问题也会出现。一些国家发展落后可能就是由无法采取协调行动造成的。有时候，发展要求多个经济部门同时实现工业化，但没有任何一个部门能够仅靠自身的工业化就实现盈亏平衡，此时国家就可能因协调困难而落入无法发展的泥沼当中。在宏观经济背景下，有时候企业不愿意扩大生产，除非能确保其他企业会这样做。如果有足够多的企业持这种观点，这个经济体就会出现失业和萧条；也就是说，不扩大生产的决定叠加在一起，导致了对相关各方都更糟糕的结果。在所有这些情况下，个人或组织需要找出有效的干预措施，设法减轻这种普遍存在的协调失败。在本书的这一部分，我将讨论实验经济学如何提供洞见，帮助人们解决这种协调失败的问题。

在第 6 章中，我提供了一些更进一步的例子，说明诸如公平、信任、互惠和利他主义等观念为何能够对各种经济现象产生巨大的影响。我将讨论孟加拉国格莱珉银行（Grameen Bank）的出现，它已成为其他国家小额信贷组织的典范。我还将探讨传统的经济方法，即为所期望的行为提供显性奖励和惩罚，为什么有可能反而降低了这种行为的内在动机，以及在设计这一类激励方案时，我们需要怎样仔细思考。例如，人们常常投身于名为**邻避**（not-in-my-backyard，NIMBY，即 "不要安排在我家后院"）的社会活动，反对将一些有害设施（如核电站）安置在自己所居住的社区。研究发现，与以公民责任感为由向居民发出呼吁相比，如果为设施安置地的家庭提供补偿，人们的接受意愿反而会下降，因为他们会将这种补偿理解为以金钱换取他们的忍受。最后，我将讨论一个国家的公民之间的相互信任和互惠如何对国家的整体经济表现产生影响。在这个过程中，我指出了这个领域的实验结果如何改变了我们思考、处理和解决各种经济问题的方式。当然，应用的场景非常多，时间和篇幅都只允许我介绍其中少数几个，我会选择那些我非常了解的案例来讲。

知识拓展

实验经济学家的方法与实验心理学家的方法有何不同

实验经济学家通常对人类如何在各种经济互动中做出决策感兴

趣，尤其是那些需要战略思维的决策。鉴于实验经济学家希望研究人类互动的过程，他们的研究议题与认知心理学家和社会心理学家的议题有着广泛的重叠，但他们的方法经常（并非总是）存在实质性的差异。这并不是说某种方法就优于另一种方法。在许多情况下，研究人员会将两种方法混合使用，试图博两家之长。这样做不仅可行，而且也是可取的。

首先，经济学实验往往更多地基于理论。许多经济学实验，甚至是绝大多数经济学实验，都是以某个理论为基础制定的，通常就是为了测试这个理论。然而，在心理学中，数据往往处于优先地位，如果一个新的理论或概念能更好地解释一系列实证结果，它就会被人们接受。

其次，经济学家通常关注特定制度，比如市场制度约束下的行为，而心理学家通常喜欢研究缺乏制度约束的行为。

再次，实验经济学家煞费苦心地在实验室里搭建起一个明确的激励结构，在这个结构中，支付给被试的报酬与他们所做的决定直接相关。心理学家不太关心给他们的被试提供激励，他们通常不认为实验需要有这样的奖励；相反，他们经常依赖于被试的内在动机。一些心理学家甚至反对提供显著的奖励，因为这样的奖励旨在提供外在动机，而已经有证据表明这种外在动机实际上有可能会挤走被试的内在动机。正如我们将在第3章和第6章中看到的，外在动机和内在动机是一个有趣的议题，有时内在动机确实发挥了作用，而外在的金钱奖励也可能确实会适得其反。

最后，经济学家非常不愿意在他们的实验中使用欺骗手段，而心理学家则不那么执着于这一点。经济学家认为，在某次实验中被欺骗的被试，在下一次实验中可能会更不愿意信任并遵从指示的字

面意思，而且他们可能会假定研究人员想研究的事物确实不是指示
上所明说的事物。心理学家对欺骗的看法更随意，他们认为欺骗不
会对行为产生影响，而在测试结束时，详尽的信息解说就足以防止
被试产生错误的印象和假设。

在我们正式开始之前，我还有一些其他的事情需要提醒读者。首先，
本书讨论的每一个主题都涉及大量的文献。我写本书不是为了对研究这些
问题的所有论文进行一次全面综述，因此，我必须选择讨论哪些文章，忽
略哪些文章，我不想让读者陷入信息超载。在做这些选择的时候，我不得
不略去许多有价值的、重要的论文。我向那些论文的作者表示歉意。在建
构本书论证的过程中，我只选择了那些我认为与自己的论题最相关的论文。

其次，在展示研究结果时，我做了个决定，我不会按时间顺序来陈述，
而是采用了方便让我讲述连贯故事的顺序。因此，较早发表的论文时常也
可能会排在较晚发表的论文之后。我的这种灵活安排是为了保持论证的逻
辑进展。

最后，在铺陈我的论证时，有时我会用到图表。我知道有些人可能一
看到图表就头大，但我不希望你们因此弃书不读。在大多数情况下，我之所
以依赖这些图表，是因为我觉得它们才是可以让我的表述简洁明了的最佳形
式。但是，不管这些图表有多么重要，我都会一一用文字讲解，并经常重申
其中所包含的信息。这样一来，即使你不太明白某张特定图表的意思，也能
轻松地跟上我的论证过程。所以，只要你愿意，你完全可以忽略这些数字和
表格，但你仍然能够理解我试图说明的要点。

知识拓展

实验经济学的源起

直到 20 世纪最后 20 年，实验经济学才真正成为主流的一部分。在此之前，上文引用的保罗·萨缪尔森的原话就足以说明经济学对实验的态度。换句话说，人们将经济学视为一门本质上非实验的学科。这与实验方法长期以来在心理学领域已经牢固确立的传统形成了鲜明对比。

对实验经济学领域的历史发展进行一次简短的回顾是很困难的。因此，我主要交代那些与战略决策有关的实验。

约翰·冯·诺伊曼和奥斯卡·摩根斯坦在 1944 年出版了《博弈论与经济行为》一书。这本书提出了一个更强大的个人选择理论，以及一个全新的互动式战略行为理论，这些理论引起了广泛的关注，并对后来的实验工作产生了深远的影响。1950 年 1 月，梅尔文·德雷希尔（Melvin Drescher）和梅里尔·弗勒德（Merrill Flood）进行了一项实验，引入了后来被称为**囚徒困境**（prisoner's dilemma）的博弈。不过，也有些人认为，普林斯顿大学的数学家阿尔·塔克（Al Tucker）才是最早提出该博弈的人。我将在本部分之后的内容中更详细地讨论这个博弈。德雷希尔和弗勒德发现，这个博弈中的行为表现出的合作性比理论预测的要高得多，这促使后来者做出努力，试图更好地理解和解释人们在现实生活中是如何应对这些情况的。

大约在同一时期，普林斯顿大学一群才华横溢的数学家开始了一种他们称为做游戏（gaming）的实证研究。这群人包括约翰·纳什、劳埃德·沙普利（Lloyd Shapley）和约翰·米尔诺（John Milnor）。此外，在美国加利福尼亚州圣塔莫尼卡的兰德公司（RAND Corporation）[1]

---

① 兰德公司是美国著名的综合性战略研究机构。——译者注

的一群数学家和心理学家（其人员组成和普林斯顿大学的数学家群体有重叠）也在进行类似的研究。此外，还有全美各地的其他团体，它们都受到了新兴的博弈论研究文献的启发，开始进行各种各样的实验。

1952 年，在许多组织，包括福特基金会（Ford Foundation）和美国海军研究办公室（Office of Naval Research）的支持下，兰德公司组织了一场跨学科会议。会议上讨论和提交的大部分论文都涉及对实验结果的报告和解释。其中至少有三位参与者对实验经济学的发展产生了重大影响，他们是雅各布·马尔沙克（Jacob Marschak）、罗伊·拉德纳（Roy Radner）以及 1978 年诺贝尔经济学奖得主赫伯特·西蒙（Herbert Simon）。

1957 年，2005 年诺贝尔经济学奖得主托马斯·谢林报告了一系列实验结果，并指出在许多情况下，经济主体面临的问题主要是如何协调它们的行动的（详见第 5 章）。在这种情况下，人们往往能够通过专注于凸显的行动，更好地达成行为上的协调一致。例如，谢林向一组学生提出了以下问题："明天你要与一个陌生人在纽约会面。你会和此人定于何时何地见面？"谢林发现，最常见的答案是"中午，约在中央车站的问讯处"。中央车站并无任何特别之处能使人们在那里见面收益更高，但它作为一个见面场所的传统凸显出来，因此成为一个热门选择。

对市场价格形成过程的实验可以追溯到 20 世纪 40 年代哈佛大学的爱德华·张伯伦（Edward Chamberlin）的研究。他想要研究市场是如何运作的以及价格是如何形成的。为此，张伯伦让他的学生作为买家和卖家参与模拟市场。研究人员为买家赋予了卖家所售虚拟商品的价值，而为卖家赋予了该虚拟商品的生产成本。实验背后潜在的假设是，双方都希望获得最大利润。张伯伦允许买家和卖家在房间里自由走动，进行双边贸易，而且没有使用任何金钱奖励。他的目的是要搞清楚，发生在这些假想的买家和卖家之间的讨价还价过程是如何使这些市场上的价格被确定下来的。

20 世纪 50 年代末到 60 年代初，人们进行了一些实验性研究，旨在观察不同市场结构中与价格和数量有关的行为。其中最广泛的实验研究是由悉尼·西格尔（Sidney Siegel）和劳伦斯·福雷克（Lawrence Fouraker）进行的，他们报告了一系列实验结果。在这些实验中，被试两人一组进行讨价还价，直到他们在价格和数量上达成一致，而价格和数量反过来又决定了他们的利润。在本书的讨论背景下，这项研究工作在方法上有两个方面值得注意：（1）西格尔和福雷克努力确保被试是匿名互动的；（2）他们根据被试的决定来支付报酬。此外，他们还仔细观察了当潜在的收益改变时，决策会如何改变。

与美国的发展不同，德国的著名理论家莱因哈德·泽尔腾（因其对博弈论的贡献于 1994 年获得诺贝尔经济学奖）从 20 世纪 50 年代开始，在波恩大学领导了一场明显的实验运动。这一系列研究所关注的焦点通常是讨价还价和有限理性，其成果直到 20 世纪后期才以英文出版。

弗农·史密斯（Vernon Smith）当年曾是参与张伯伦实验的学生之一，后来他因在实验经济学方面的研究而获得了 2002 年诺贝尔经济学奖。几年后，作为普渡大学的助理教授，史密斯意识到，人们可以通过实验测试来分析从经济理论中推导出来的命题。于是他着手进行了一个项目，试图理解市场价格的形成，以及完全竞争市场如何达到均衡状态。史密斯的第一组研究结果发表于 1962 年。然而，在实验方法在经济分析中变得常见之前，我们还需要等待许多年。

20 世纪 60 年代末，查尔斯·普洛特（Charles Plott）当时是普渡大学的一位年轻的理论家，也是史密斯的朋友。1971 年，普洛特到加州理工学院工作，他开始意识到实验技术不仅能够用来研究价格的形成，而且可以用在社会选择理论（social choice theory）、公共经济学和政治科学上。

1975年，史密斯加入亚利桑那大学并开启了一系列实验研究项目，与阿灵顿·威廉斯（Arlington Williams）一起研究市场，与詹姆斯·考克斯（James Cox）一起研究拍卖设计。

到这个时候，博弈论模型已经在经济分析中深深地扎下了根。这些模型对人类认知提出了要求，并把信念、学习和有限理性等问题放在了首位，使它们很容易得到实验验证。实验经济学逐渐开始被更广泛地接受，包括莱因哈德·泽尔腾在内的一些主要的博弈论理论家越来越多地转向使用实验方法来检验他们的理论。

20世纪90年代，实验经济学已经成为主流的一部分。除了亚利桑那大学、波恩大学和加州理工学院进行了大量实验工作外，还出现了其他一些实验室和研究人员，包括匹兹堡大学的埃尔文·罗斯、约翰·卡格尔和杰克·奥克斯（Jack Ochs），卡内基梅隆大学的山姆·桑德，加州大学圣克鲁兹分校的丹尼尔·弗里德曼，得克萨斯A&M大学的雷蒙德·巴特利奥（Raymond Battalio），艾奥瓦大学的罗伯特·福赛思（Robert Forsythe），印第安纳大学的阿林顿·威廉斯和詹姆斯·沃克（James Walker），以及纽约大学的安德鲁·肖特（Andrew Schotter）。

博弈如何影响我们的经济行为

正如我上面提到的，许多日常决定都要求我们做出战略决策。也就是说，这些决定要求我们预测他人的行动[①]，因为他人的行动对我们的收入、

---

① 在博弈论中，行动是玩家在某个时点的决策变量。——译者注

利润或效用有重要影响。经济学家和博弈论理论家将这种情形描述为**博弈**（game），而我们（被试）则是这些博弈中的**玩家**（player）[①]。在任何特定的博弈中，每个特定的玩家都有许多可选择的战略（strategy）。一旦每个人都在考虑到其他人会选择什么行动的情况下，选择了他自己认为最好的战略，我们就得到了博弈的结果（outcome），每个结果都能使得每名玩家获得某种收益（pay-off）。

为了简单起见，我将仅探讨只有两名玩家且每名玩家只能从两种战略中选择一种的博弈。我还会假设玩家只在乎赚到最多的钱。我在前面已经论证过这个假设未必为真，但现在让我们姑且做出这个假设，以建立一个基准，先不用担心哪些情形会违反这个假设。让我们看看，如果我们假设玩家是纯粹自利的，并希望最大化自己的金钱收益，这个假设能把我们带到哪里去。

任何博弈的诀窍都是根据你认为其他人会选择的战略，选择你认为能让自己赚到最多钱的战略。当然，你得到的收益有可能是非货币形式，但为了简单起见，我将假设我们可以赋予所有实现的收益以货币价值。

让我们想想内特利和约塞连之间的博弈。他们每个人都可以从以下两种战略中选择一种:（1）努力建设军官俱乐部，我把这个战略称为工作；（2）不建设军官俱乐部，那就等于是在逃避责任和搭便车，我把这一战略称为卸责（shirk）。第二种战略类似于不为建设公园捐款，而希望其他人的捐款仍然足以建成公园，好让自己可以搭便车，以获得公园带来的好处。

我还会假设，只要有一个人致力于建造项目，军官俱乐部就能建立起来。如果他们两个人都选择了工作，那么俱乐部就会建立得更快。如果你认为由一个人建造起一个俱乐部是不现实的，那可以把内特利设想成一群总是选择工作的合作者的领袖，把约塞连设想成一群总是选择卸责的搭便

---

① 玩家也指的是一个博弈中的决策主体，其目的是通过选择行动（或战略）以最大化自己的收益（或效用）水平。——译者注

车者的领袖。

内特利和约塞连选择的每一种战略（无论是工作还是卸责）都能给他们带来某种收益。假设我们可以为这些收益赋予一个货币数值。如果内特利和约塞连或者他们各自的团队都选择工作，那么俱乐部很快就会建立起来。再假设建起俱乐部给他们两个人每人（或每个团队）带来的回报是 12 美元。也许这等同于他们在任意一天通过使用俱乐部所获得的以金钱数额来表示的满足感；或者这是他们为了在一天劳作结束后去那里喝一杯而愿意支付的金钱数额。但是现在假设只有内特利工作，而约塞连选择了卸责。请记住，在这种情况下，俱乐部仍然会建立起来，但现在约塞连的境况变得更好了，因为他现在仍然可以去那里喝一杯，但他没有付出任何努力去建设俱乐部，所以他也就没有产生任何生理或心理上的成本。假设这将使他的收益增加到 16 美元，而代价则是内特利付出努力。因为努力是有成本的，要花费时间和消耗体力，而且内特利没有得到约塞连的帮助，所以假设内特利现在只能得到 2 美元。如果由于命运的某种奇怪安排，现在变成了只有约塞连在工作，而内特利卸责，情况也会是类似的。假设是后面说的这种情况，那么内特利会得到 16 美元，而约塞连只得到了 2 美元。最后，如果他们两人都选择了卸责，那么俱乐部就无法建立起来，他们既没有变好，也没有变坏。让我们假设在这种情况下，双方卸责的收益是每人 6 美元。

我们可以用下面的方框（见图 1–1）形式表述博弈，这个方框被称为**收益矩阵**（pay-off matrix）[①]。

[①] 博弈有两种表述形式：一种为战略式表述（strategic form representation），又称标准式表述（normal form representation）；另一种为扩展式表述（extensive form representation）。其中，两人有限战略博弈的标准式表述可以用一个收益矩阵来表示。——译者注

约塞连的战略	内特利的战略	
	工作	卸责
工作	约塞连的收益 = 12 美元 内特利的收益 = 12 美元	约塞连的收益 = 2 美元 内特利的收益 = 16 美元
卸责	约塞连的收益 = 16 美元 内特利的收益 = 2 美元	约塞连的收益 = 6 美元 内特利的收益 = 6 美元

图 1-1 约塞连和内特利之间的博弈

在这个收益矩阵中，约塞连要从以两行表示的两种战略（工作或卸责）中选择一种，而内特利要从以两列表示的两种战略（工作或卸责）中选择一种。他们两人要同时做出决定，每个人在做出选择时都不知道对方的选择。一旦他们各自选择了一种战略，他们便能够通过这两种战略的交集获得特定的金钱收益。

很明显，约塞连和内特利或他们各自的团体如果都选择工作，他们的境况会更好。他们每人都能得到 12 美元。但这就是个人理性（体现在决策上就是为了实现金钱收益的最大化）所建议采取的行动吗？答案是否定的。为什么？让我们从约塞连的角度来看这场博弈。由于情况是对称的，所有适用于约塞连的论证同样适用于内特利。

假设约塞连确信内特利将会选择工作。我们需要弄清楚的是：对于内特利所选择的战略，约塞连的最佳反应是什么？在内特利选择了工作的情况下，约塞连也应该选择工作吗？答案是否定的。约塞连选择卸责实际上会更好，即获得更多的收益。要理解这一点，请再次查看收益矩阵，但这一次的收益矩阵隐去了内特利的收益（见图 1-2）。

约塞连的战略	内特利的战略	
	工作	卸责
工作	约塞连的收益 = 12 美元	约塞连的收益 = 2 美元
卸责	约塞连的收益 = 16 美元	约塞连的收益 = 6 美元

图 1-2　在内特利的每种战略下，约塞连对应的收益

假设内特利选择工作；如果约塞连也选择工作，他可以得到 12 美元；如果他选择卸责，他就能获得更多收益——16 美元。这就意味着，如果约塞连只对最大化自己的收益感兴趣，那么他就应该卸责。因此，针对内特利选择工作的决定，约塞连的最佳反应就是卸责。

假设内特利选择了卸责；如果约塞连选择工作，他只能得到 2 美元；如果他选择卸责，他还是能获得更多收益，这回是 6 美元。这就意味着，如果约塞连只对最大化自己的收益感兴趣，那么他应该同样选择卸责。因此，针对内特利选择卸责的决定，约塞连的最佳反应就是也选择卸责。

这就意味着，不管内特利怎么做，约塞连选择卸责都能使自己的境况变得更好。博弈论理论家称之为**占优战略**（dominant strategy），指的是一种无论对手选择什么战略，都能够使自己的境况更好，即产生更高收益的战略。因此，卸责是约塞连的占优战略。如果约塞连只关心如何赚到最多的钱，那么不管内特利做出怎样的选择，他都应该选择卸责。这种占优战略的存在，实际上使约塞连的决策问题变得更简单，因为现在他真的不需要再担心内特利会做什么了。约塞连应该总是选择卸责。如果内特利选择了工作，那么约塞连选择卸责会得到 16 美元，而选择工作只能得到 12 美元。所以，如果内特利工作，约塞连就应该卸责。如果内特利选择了卸责，那么约塞连选择工作只能得到 2 美元（这对约塞连来说是一个非常糟糕的结果）；如果约塞连也选择卸责，他还能得到 6 美元。因此，约塞连有一个非常明确的占优战略，那就是选择卸责。

由于情况是对称的，同样的论点也适用于内特利，他也应该总是卸责。要了解这一点，请再次查看收益矩阵，不过这次我们只关注内特利选择不同战略将会得到的收益（见图 1–3 ）。

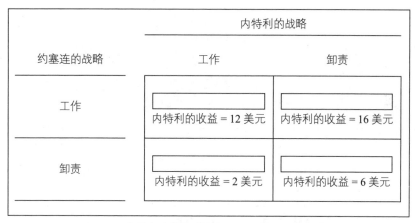

图 1–3 在约塞连的每种战略下，内特利对应的收益

很明显，如果内特利总是选择卸责，那么他是获得 16 美元，还是获得 6 美元，取决于约赛连选择工作还是卸责；同样的道理，如果内特利选择工作，那么他要么获得 12 美元，要么获得 2 美元。因此，不管约塞连做何选择，内特利从卸责中获得的收益总是大于从工作中获得的收益。就像约塞连一样，内特利只要选择卸责，就总是能使自己的境况变得更好。

这也就意味着，这两个人都不会选择工作以建造俱乐部，而俱乐部也永远建不起来。就像我前面曾说过的，如果每个人都只对自己的收益感兴趣，那么就没有人会为属于公众的公园做出捐献，公园也就永远无法建起来。

此外，一旦他们都决定卸责，他们最终都会得到 6 美元，这比他们通过合作可以获得 12 美元要糟糕。但是，谁都不愿意单方面改变自己的想法。这是因为，假设一名玩家继续卸责，而另一名玩家改变主意选择工作，他因此得到的钱会更少，在这个例子中是 2 美元。因此，尽管他们都意识到，选择卸责将使他们作为整体蒙受损失，但没有人希望改变自己的战略。此时，我们说这个博弈已经达到了均衡状态，**即纳什均衡**（见图 1-4）。

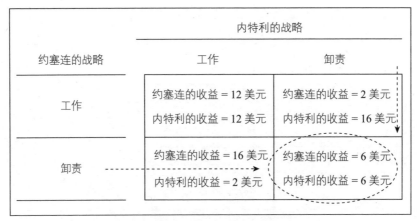

图 1-4　约塞连和内特利之间的博弈的特定结果

在这个博弈中，当每名玩家都选择将卸责作为自己对另一方玩家行动的最佳反应时，纳什均衡就产生了。更普遍地说，当玩家选择了他们认为是最佳反应的战略时，我们就得到了纳什均衡。所谓的最佳反应指的是此战略可以对抗对手的选择，帮助他们获得最好的表现，或给他们带来最大化的收益。

在这种通常被称为**囚徒困境**的博弈中，问题的关键在于，双方玩家如果合作就能获得更好的结果；但个人理性和使自己收益最大化的欲望决定了玩家会选择占优战略，即卸责；而当双方都选择占优战略时，他们作为一个整体的境况反而会变得更糟糕。因此，在合作和搭便车之间，存在着一种相互拉扯的张力。

当人们首次引入这个博弈时，似乎是把这个博弈放在了接下来要说的、涉及犯罪的故事背景当中。假设警察逮捕了两名犯罪嫌疑人。我们姑且称他们为邦妮和克莱德。警察把邦妮和克莱德带到警察局，把他们分别关在不同的牢房里，在那里他们既看不见对方，也不能交谈。一位警官对邦妮说：

> 我们知道是你们干的。但我们很确定克莱德才是主谋，你只是凑热闹而已，然后，事情就失控了。现在要拯救自己还为时不晚。你所要做的就是告发你的同伴，指认他犯了罪；这样一来，我们就可以给他定罪，让他坐10年牢，然后我们就放你走。但你必须尽快下定决心，因为我们需要的只是一个人的供词。如果克莱德先告发了你，他就和我们做成了这笔交易，那就换成是你要坐10年牢。

与此同时，另一名警官也向克莱德提出了同样的建议。"但如果我和我的同伴都保持沉默呢？"邦妮（或克莱德）问道。"那么你就不能判他有罪了，是吗？""是这样，"警官承认，但又接着说，"即使那样，我们还是有足够的证据给你们定罪，只不过这次只能判轻罪，所以你们每人要坐1年牢。""如果我们俩互相告发呢？"邦妮（或克莱德）问道。"那么我们就可以把你们两个各关5年。"警官回答道。

我们假设邦妮是理性的，这意味着她想采取符合自己利益的行动。请注意，适用于邦妮的论证也同样适用于克莱德。邦妮会考虑克莱德可能采取的每一个行动，并想出她在每种情况下的最佳反应。因此，假设克莱德告发了邦妮，那么邦妮最好的行动无疑就是告发克莱德。因为如果克莱德坦白了，邦妮却还一片忠心地守护同伴，她就会被判10年监禁；如果她也坦白了，她只会被判5年而不是10年。换一种情况，假设克莱德守口如瓶；即便如此，邦妮最好的行动还是告发克莱德。因为这样做将使邦妮重获自由，而不是被判1年监禁，而克莱德则会被判10年。所以，如果邦妮是自利的，那么告发克莱德对邦妮总是有好处的。从本质上来说，这意味着对邦妮来说，"告发克莱德"是**占优战略**；不管克莱德做什么，她都应该这样做。因为同样的论证也适用于克莱德，所以他的最佳行动是告发邦妮。但是，如果他们互相告发，那么他们两个人都要坐 5 年牢。那还不如当初他们都闭紧嘴巴，那样就都能有更好的境况，即只会坐 1 年牢。事实上，这种特殊的场景是诸如《纽约重案组》（*NYPD Blue*）这样的警匪电视剧里的常规剧情。在这个博弈达到纳什均衡时，我们预计邦妮和克莱德会互相告发。这就像约塞连和内特利的博弈达到纳什均衡时，两个人都会选择卸责一样。

在生活中，我们会遇到很多像囚徒困境这样的情况。正如我上面提到的，决定是否为公园捐款就属于这种情况。如果每个人都做出捐献，每个人的境况都能改善；就个人而言，如果我搭便车，我的境况就会更好。如果每个人都这样想，那么就没有人会做出捐献。

如果每个国家都选择减少温室气体排放，那么所有国家的境况都会改善。但是减少排放的代价高昂，需要做出牺牲。如果一个国家不减排而其他国家减排，那么这个国家就会以其他国家的牺牲为代价而使自身的境况变得更好。但是，当每个国家都按照同样的思路计算时，就没有任何国家愿意减少自己的排放量，结果就是全球气候持续变暖。

假设除了一个人以外，所有渔民都遵守分配给他们的捕捞配额，那么那个作弊并超额捕捞的渔民就改善了自身的境况，即他捕到了更多的鱼，代价是那些遵守配额的人的利益受损了。但是，如果每个人都选择这样做，因为其他人都遵守配额，过度捕捞就是一种占优战略，那么我们就会面临大规模的过度捕捞和鱼类资源或其他资源的枯竭。

如果所有人都把垃圾扔到指定的垃圾桶里（尽管这可能会带来一些麻烦），那么我们所有人的境况都会改善。如果某人把垃圾扔在街上，那么他个人的境况会改善，因为他节省了额外的努力。假设人人都做同样的事情，那么我们的生活环境就会变得一片混乱，街道会无比肮脏。

　　在所有这些情况下，如果我们合作，我们的整体境况就会改善；但合作的结果往往很难维持，因为如果每个人都合作，那么其中某个人就可以通过食言和搭便车而变得更好。如果一个人搭便车能给自己带来好处，那么其他人也会这样做；所以，在博弈达到均衡状态时，我们每个人都在搭便车，结果就以全球变暖、海洋资源快速枯竭、森林过度砍伐、街道变得无比肮脏而告终。

　　当我们真的面对那个糟糕的结果时，我们可能会后悔，但我们往往不能或不愿意改变现状，因为这要求每个人同时改变。当所有人都卸责时，一个人选择合作并不会带来什么改变，只会让合作者的境况更糟糕。但是让所有人同时改变想法会带来类似的集体行动问题，而正是这种集体行动问题导致了最开始的纳什均衡。

　　在继续往下探讨之前，我需要指出：当互动是一次性的，而且玩家没有或只有很有限的能力做出有约束力的承诺时，这意味着他们能许诺自己将会做某事，但到了真要采取行动的时候，他们可以随意食言，他人无法迫使他们遵守承诺，类似于囚徒困境的情况通常就会出现。这在现实生活中是会经常出现的，尤其是在缺乏有约束力的承诺的情况下。如果玩家知道他们将反复进行互动，或者他们可以做出有约束力的、能够由第三方执行的承诺，那么结果可能会有所不同。但这些情况超出了我们目前的讨论范围。

　　在我结束本章之前，我需要强调：并非所有博弈都与囚徒困境相似，并非所有博弈都具有占优战略，也并非所有博弈都会产生像囚徒困境博弈那样独特的结果。在第 5 章中，我将讨论另一种类型的博弈，其中的玩家并不具备占优战略。此外，在这些博弈中，当每名玩家针对另一名玩家的战略选择而选择了自己的最佳反应后，博弈最终会得到不止一个可行结果；也就是说，这些博弈将允许多个均衡结果同时存在。

第 2 章

最后通牒博弈

公平感如何影响经济行为

为什么有时候，宁为玉碎，不为瓦全

19 94 年，美国职业棒球大联盟（Major League Baseball，MLB）的球员举行罢工。这场罢工导致 938 场比赛被取消，包括整个季后赛和世界职业棒球大赛。这场罢工的起因是球队老板们要求设定工资上限，并提出新的收入分享计划，而这需要得到球员们的同意。球员工会拒绝了这一提议，因为球员工会认为这个提案只解决了老板之间的不平等问题，但是对球员来说却是不公平的。由于旷日持久的谈判未能打破僵局，MLB 代理专员巴德·塞利格（Bud Selig）于 9 月 14 日宣布取消该赛季剩下的全部比赛。这一行动意味着球队所有者将损失 5.8 亿美元的收入，而球员的损失则是 2.3 亿美元。因此，我们可以总结如下：球员们认为老板们的出价不公平，实际上球员们等于是放弃了总计为 2.3 亿美元的利益。当时球员的平均年薪约为 120 万美元，而这反过来导致球队老板损失了两倍以上的利益。

2007 年 2 月，东京制铁公司（Tokyo Kohtetsu Company）的股东出面，阻止了其竞争对手大阪制铁公司（Osaka Steel Company）对自己的收购，这是日本历史上首次出现的公司股东否决了已经得到收购方和被收购

方两家公司的董事会批准的合并方案。Ichigo 投资基金公司发起了一场罕见的代理权争夺战，反对大阪制铁公司的出价，因为 Ichigo 公司认为这个出价不公平。Ichigo 拥有东京制铁公司 12.6% 的股份，其实它并不反对收购本身，只是反对不公平的收购要约。富士投资管理公司（Fuji Investment Management）的高级副总裁冈本佳久（Yoshihisa Okamoto）认为，这场投票"传达了这样一个信息，即这种不公平的出价是不被接受的"。

来自加州理工学院的著名实验经济学家科林·卡默勒（Colin Camerer）讲述了这样一个故事：

> 有一次，我和一些朋友乘船游览，一名摄影师在我们上船时主动给我们拍照。几个小时后，我们下了船，该摄影师试图以 5 美元的价格把那张照片卖给我们，并拒绝我们讨价还价。他的拒绝是"真心"的，因为当时还有好几群人围在一起，讨论着是否要以 5 美元的价格买下他们的照片。如果摄影师降价的话，大家都会知道。他真正的损失将会比提供给我们的折扣多得多，因为他必须给所有人都打折。身为优秀的博弈论专家，我们在价格问题上犹豫不决，并指出这张照片对他来说毫无价值。我还依稀记得，我们中有个吝啬鬼（要不就是迪克·塞勒①，要不就是我本人）把价格还到了 1 美元。那名摄影师拒绝了我们无礼的提议，不愿意在价格上退让半步。

这张照片对摄影师来说基本上没有价值（不到 1 美元），但对卡默勒来说却很有价值（肯定超过 5 美元）。因此，本来有许多种方式来分配从交易中获得的收益，从而使双方都有利可图。然而，那位摄影师不愿意接受任何低于 5 美元的价格，放弃了一笔有利可图的交易。

在以上所有这些例子中，人们都因为认定某个特定的提议不公平，所以宁可放弃金钱利益也不愿达成交易。这就向我们提出了一系列问题：人

---

① 即理查德·塞勒（Richard Thaler，迪克即 Dick，是 Richard 的昵称），芝加哥大学教授，著名的经济学家，其因在行为经济学方面的贡献而荣获 2017 年诺贝尔经济学奖。——译者注

类天生公平吗？这种公平感对经济有影响吗？这些都是我在这一章中要讨论的内容。

讨价还价是许多经济交易中经常出现的一种行为。举例来说，在工作合同中为加薪而讨价还价，或就地毯或二手车的价格讨价还价，或公司所有者与罢工工人之间的谈判，等等。通常，作为讨价还价过程的一部分，尤其是在难以达成协议的情况下，一方会发出最后通牒，即类似于"这是我能给出的最佳报价了，你要么接受，要么我们就别再谈下去了……"这样的表达。例如，在有约束力的仲裁中，如果双方陷入僵局，尽管一再尝试，但仍未能达成妥协，就会发生这种情况。如果最后通牒被接受了，那么就会出现一个解决方案；但如果它被拒绝了，有时候就会意味着所涉及的双方都将蒙受巨大的经济损失。

在许多这样的情况下，争议中涉及的双方，如球员和老板、管理层和工会，已经陷入了僵局。此时，讨价还价能力更强或可预见的损失更少的那一方，就有可能会向另一方提出一个"要么接受，要么放弃"的要约——这就是我们这里所说的**最后通牒**。例如，球队老板可能会联合起来向球员工会下达最后通牒，威胁说如果球员不同意老板的最后通牒，就会取消整个赛季的比赛。然而，如果最后通牒的接受者确实决定放弃，可能是因为他们不满意这份提议对现有可分配"大饼"的分配方式，那么这通常意味着双方最终都要赔钱。在这种情况下，拒绝要约意味着觉得自己受了委屈的人宁可自己损失一大笔钱，也要确保另一方同样蒙受损失。这无异于伤人伤己。

20 世纪 80 年代初，科隆大学的三位经济学家维尔纳·居特（Werner Güth）、罗尔夫·施密特伯格（Rolf Schmittberger）和伯恩德·施瓦茨（Bernd Schwarze）研究了讨价还价行为。具体来说，就是居特和他的同事们研究了当一方向另一方发出"要么接受，要么放弃"的最后通牒时，会发生些什么事情。居特和他的同事们想要弄明白的是，人们，尤其是那些接到这种最后通牒的人会如何回应呢？那些发出最后通牒的人能准确预料到这种反应吗？

为了研究这个问题，居特和他的同事们在科隆大学里招募了一群研究生，让他们参加一个简单的游戏，这个游戏后来以**最后通牒博弈**的名称广为人知。42 名被试被分成 2 人一组，一共是 21 组。每组中的一名玩家被称为提议者，而另一名被称为回应者。[①]

每名提议者都得到了一笔从 4 马克到 10 马克金额不等的钱。每种金额都分给了 3 名提议者，这样加起来就是 21 名提议者。每组中的双方都确切地知道两人中的提议者得到了多少钱。他们的任务很简单。研究人员要求每名提议者提出一个提议，内容就是如何在自己和配对的回应者之间分配这笔初始资金。但这里埋了一个陷阱：回应者必须同意该提议，否则双方都得不到任何钱。

也就是说，假设一名分到了 10 马克的提议者说"我想留下 8 马克，给回应者 2 马克"，那么这个提议将传递给相应的回应者，而回应者则必须决定是否接受这个提议。如果回应者接受，那么提议者就真的得到了 8 马克，而回应者则得到 2 马克。如果回应者不接受提议者的提议，那么他们两人都将一无所获。假设是后一种情况，即回应者拒绝了提议者的提议，那么他们都会以零马克的回报结束这场游戏。图 2–1 表明了这种情况。

提议者和回应者分别坐在一个大房间的两端，虽然他们知道自己属于哪个群体，但是每名提议者都不知道自己到底与哪名回应者一组。在这样的设定下，你认为会发生什么状况？在你继续阅读之前，我建议你先把书放下几分钟，然后想一下：假设你是提议者，你手上有 10 马克，你会怎么做？你想留给自己多少钱？你会给回应者多少钱？对你来说，回应者很可能完全是个陌生人，而且将来有可能你再也不会遇到此人或和他打交道了。接下来，我邀请你扮演回应者的角色。你确切地知道和你配对的提议

---

① 实际上，居特和他的同事们分别称这两个角色为玩家 1 和玩家 2。其他作者在他们的论文中也各自使用不同的术语。但我不想在介绍不同研究时不断地切换术语，所以在本章其余部分中我会一直将第一名玩家称作提议者，将第二名玩家称作回应者。

者得到了多少钱。你能接受的最低金额是多少？ 1 芬尼（1 马克＝ 100 芬尼）？ 5 芬尼？还是 1 马克？请牢记，如果你拒绝对方的提议，那么你俩都得不到一分钱。

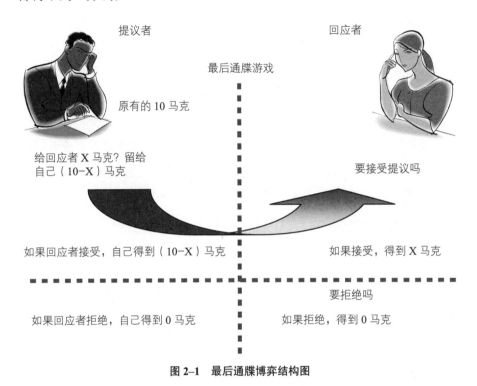

提议者　　　　　　　回应者

最后通牒游戏

原有的 10 马克

给回应者 X 马克？留给
自己（10-X）马克

要接受提议吗

如果回应者接受，自己得到（10-X）马克　　　　如果接受，得到 X 马克

要拒绝吗

如果回应者拒绝，自己得到 0 马克　　　如果拒绝，得到 0 马克

图 2-1　最后通牒博弈结构图

你预计会发生什么情况呢？在你做出预测之前，让我简要地告诉你经济学家是如何看待这种情况的。在这类情况下，经济学家依靠的是**逆向归纳法**（backward induction）的原则，即从最后一个人要做的决定开始，逆向推理回来。如果你曾经尝试过解答报纸和杂志上的迷宫题，那么你就会明白我在说什么。解迷宫题时，你很可能曾尝试过取巧，即你会通过从迷宫的出口开始往回走来解题。也就是说，你会先看看你必须要抵达哪里，然后再尝试找出到达那里的方法——具体的应用方式就是反向走迷宫。此时，你用的就是逆向归纳法。在本例中，这意味着我们要从第二个决策者，即回应者开始推论。当有人向回应者提议要给他一笔钱时，回应者应该怎

么做？这其实很简单，如果回应者认为有钱总比没钱好，那么他应该接受任何要给他钱的提议（即使他得到的只是相对较小的金额），因为拒绝提议的后果将是一无所获。因此，回应者应该接受大多数提议，甚至也包括那些所得微薄的提议。当然，如果出价真的很小，比如说 10 芬尼，回应者也许会认为 10 芬尼和什么都没有没啥区别，在这种情况下，回应者可能会拒绝对方的提议。但我们预测回应者将会接受绝大多数出价并非那么低得离谱的提议。因此，如果提议者能够**预测**回应者的这种反应（回应者愿意接受绝大多数出价不是那么低得离谱的提议，即使数目并不大），那么提议者就应该提议一个不大的数目。因为只要回应者同意，提议者提供给回应者的钱越少，他自己得到的就会越多。假设我们限制提议者报价的最小变动幅度必须是 50 芬尼，我们就会真的希望那些提议者只会对回应者提出相对较小的金额，也许是 50 芬尼，也许是 1 马克。因此，在这个博弈的**纳什均衡**中，我们预计提议者提供给回应者的钱会很少，而回应者则会接受对方提议的任何大于零的数目。

在图 2–2 中，我显示了 21 名提议者给予与他们配对的回应者的不同金钱数目，以百分比来表示（与初始可分配金额相比）。由于不同的提议者收到的初始金额不同，我需要把所有这些数字表示为百分比，而不是使用绝对数字。灰色柱形显示了 21 名提议者中有多少人提供给对方这个特定的百分比，比如给回应者 10% 或 20% 等。黑色柱形表示特定的报价被拒绝的次数。从图 2–2 中可见，实验的结果相当惊人。三分之一的提议者向回应者提供了初始金额的一半，即 50%。在 21 名提议者中，有 17 人向回应者提供了至少 20% 或更多的可分配金额。这样的结果至少可以说得上是令人惊讶的，因为看上去提议者实际提供的比他们必须提供的要多得多。关于拒绝的情况是另一个令人困惑的地方。21 名提议者中有两名被拒绝。正如你从图 2–2 中看到的，在最左边的位置，有两名提议者想要保留全部金额，一点都不提供给回应者。这两个零报价中有一个被拒绝了。这一点也不令人奇怪，因为无论是接受还是拒绝，回应者反正都会一无所获。令人惊讶的是，有一名提议者想要自己保留 80% 的可分配金额，分给回应者 20%，但是回应者拒绝了这个提议。在这个案例中，提议者一开始分到了 6 马克，他想保留 4.8 马克，并提议给回应者 1.2 马克。但是回应者拒绝了这 1.2 马克，以确保提议者无法得到那 4.8 马克。

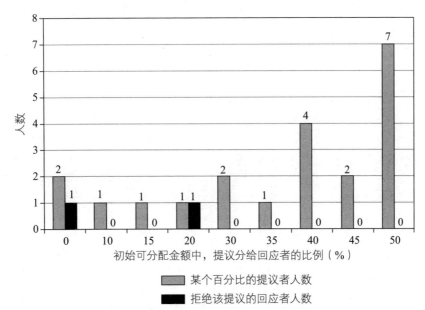

图 2–2　提议者分出的百分比和对应的拒绝率（无经验的被试）

注：此图由作者根据居特等人 1982 年的原始研究所提供的数据自行制作。

实验结果使居特和他的同事们感到既惊讶又好奇，因此他们决定再做一次。一周后，他们又把同样的 42 名被试（21 名提议者和 21 名回应者）带回来，让他们按照同样的指令进行同样的博弈。唯一不同的是随机分配的方式会使得提议者这次收到的初始金额很可能与一周前的不同，比如这次分到了 8 马克，而一周前分到的是 5 马克，而且这次和其配对的回应者也很可能是另外一个人。这一次的结果（如图 2–3 所示）可能更加惊人。图 2–3 与图 2–2 非常相似。和之前一样，灰色柱形显示了在 21 名提议者中有多少人提供给对方这个特定百分比的金额，而黑色柱形则表示这个特定的报价被拒绝的次数。

从这张图中很明显能看出几点。首先，提出对半分配的提议者减少了（21 人中有 3 人，而一周前的 21 人中有 7 人），但他们的出价仍然非常慷慨。21 名提议者中有 18 名（接近 86%，和一周前几乎相同）向回应者提供了至少 20% 的可分配金额。更令人震惊的是拒绝的情形。21 个报价中有 6 个被拒绝了。其中 3 个是提议者希望留下 80% 或更多的可分配金额，而提供给回应者 20% 或更少，结果遭到了回应者的拒绝。

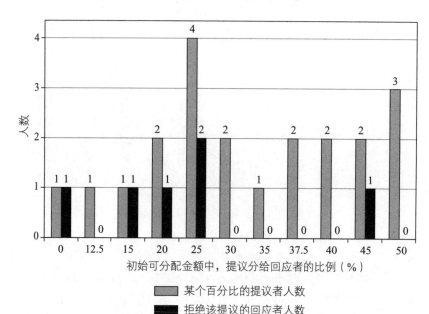

图 2-3　提议者提出的百分比和对应的拒绝率（有经验的被试）

注：此图由作者根据居特等人 1982 年的原始研究所提供的数据自行制作。

还有两个回应者，即便提议者要分给他们可分配金额的 25%，他们仍然说"不"。如果用绝对数量来表示，这两个例子中的提议者一开始都得到了 4 马克，并提议分给回应者其中 1 马克，而回应者拒绝了他们的提议。还有一个例子的情况是：某位提议者得到的初始金额是 7 马克，他想自己留下 4 马克，分给回应者 3 马克，但还是被拒绝了，最终双方都一无所获。

为了确保这样的结果并不是由于被试不能理解指令造成的，居特研究团队向被试提供了一个更困难的决策问题，以测试他们的分析能力。被试在这项更困难的任务中的表现使研究人员相信，绝不是因为他们缺乏理解能力才导致了实验出现这样的结果。

在汇报实验结果时，居特等人发表了以下观点：

> ……被试之所以偏离理论预测的最佳结果，并不是因为他们在理解游戏方面存在困难。这种偏离的主要原因似乎是，理性的解决方案不被社会接受，或被认为是不公平的。

他们接着补充说，在这个游戏中，回应者的典型思路似乎是这样的：如果提议者给我一个公平的数目，那么我就会接受；如果提议不公平，而且我要牺牲的金额也不大，那么我就会拒绝提议者的出价。相应地，一个提议者的推理过程可能是这样的：即使我给回应者的是较小的金额，这个金额也必须相对足够多，这样一来，对方接受这个金额会对他自己更有利，而不是索性拒绝我，让我们两个都一无所得。

为了更好地了解被试的心理状态，居特研究团队进行了进一步的研究。这一次他们有 37 名被试。他们要求每名被试分配 7 马克，但每个人都必须做出两个决定。一是，作为提议者，你会向回应者分多少钱；二是，作为回应者，每个人愿意接受的最小金额是多少。这种实验设计背后的思路是：如果某人说他想留给自己 5 马克，分给回应者 2 马克，并且期望回应者会接受提议，那么我们可以预计，当此人处于回应者角色时，他应该会欣然接受对方分给他 2 马克的提议。

结果表明，大多数人都保持了高度的一致。在 37 名被试中，有 15 名被试（扮演提议者角色）分给回应者的钱，恰恰就是他们在回应者身份下所愿意接受的最小数目。换句话说，如果他们提议将 7 马克中的 2 马克分给回应者，那么他们作为回应者也会愿意接受 2 马克。在这 15 人当中，有许多人实际提出的分配比例就是对半分。另外 17 名被试的表现则证明他们明确地认识到了一个事实：在这个游戏中，提议者基本上占了上风，因此即使提议者希望将可分配金额中的较大比例留给自己，这种行为也是可以谅解的。这些被试作为回应者时所愿意接受的金额，比他们作为提议者时分给回应者的金额要小。也就是说，假设作为提议者，他们给了回应者 7 马克中的 3 马克，那么作为回应者，他们愿意接受 3 马克或更少的钱。因为他们清楚地认识到两者之间的权力不对等。虽然当这些被试作为回应者时，完全愿意由于这种不对等而选择退让一步，但是当他们作为提议者时，却往往更不愿意通过这种权力不对等而从中获利。对于这种"不愿意充分利用自己的市场力量牟取更多私利"的态度，我在后面还会有更多的论述。37 名被试中只有 5 名提议者给回应者的金额竟然小于他们作为回应者时所愿意接受的金额。

这些结果清楚地表明：之前实验被试做出的那些决定绝不是由于他们无法理解游戏或犯了错，而是这些被试显然对何为公平或不公平的报价有明确的界定。提议者不愿意提出被认为是不公平的提议，而回应者在对方做出不公平提议时会毫不犹豫地拒绝——即使这意味着自己要牺牲数额不小的金钱，但只要这种牺牲也会让做出不公平提议的人遭受痛苦，那就值得去做。

这些结果引起了轰动。在很大程度上，这是因为当时经济学家的词汇中既没有不公平，也没有对相对回报的关注。经济学家通常倾向于依赖理性**经济人**假设，这种经济人主要关心在给定的情况下使自己的货币回报最大化，或者说使自己的效用最大化（此时会将货币回报看成效用的重要组成部分）。这些实验结果则指出：人们似乎非常关心结果中与规范有关的那一面，如某种分配是否公平；更重要的是，人们似乎很关心相对回报，即作为回应者的所得相对于作为提议者的所得，并愿意放弃数目不小的金钱，以避免不公平的结果出现。例如，回应者似乎很乐意通过放弃如 2 马克这样的金额来刁难提议者，使其无法得到 8 马克。由此得出的结论是，人们非常关心结果的公平性。如果回应者认为某种特定的分配不公平，他们就会拒绝金钱利益。在提议分配比例时，提议者要考虑到这样一个事实，即如果回应者认为一个提议不公平，即使这项提议分给回应者的绝对金额是相对较大的（如 3 马克），他仍然可能会拒绝。

我们厌恶的是不公平的行为还是结果

这项实验中隐藏着一个让人困惑的问题：当回应者拒绝不公平的提议，即留给提议者的份额比分给回应者的份额大得多的时，他们究竟是在抗议什么呢？是在抗议提议不公平，即提议者试图拿走更多的钱，以牺牲回应者的利益为代价来为自己谋利吗？也就是说，回应者的行为是否符合某种内隐的社会规范？该规范规定了在特定情况下什么行为是可以接受的，什么行为又是不被接受的。或者，谈判过程的结果以及回应者相对于提议者境况更差的事实，使得回应者感到不满意，是这种相对地位困扰着他们吗？可以想象，对分配的偏好和行为反应不仅受到谈判的最终结果的影响，而且受到做出当前决策时的背景的影响。如果不公平的结果是由环境或偶然因素造成的，而不是由他人的故意行为造成的，人们对此的容忍度就可能会大得多。例如，如果一架飞机不是由于风暴而是因为某个故障部件没有更换而坠毁的，人们会更愿意采取报复行动。

芝加哥大学商学院的萨莉·布伦特（Sally Blount）决定研究这种现象，即厌恶不公平的行为，而不是抗议不公平的结果。她让攻读 MBA 的学生在不同条件下参加最后通牒博弈。

第一种实验处理就是通常的最后通牒博弈，被试被随机分配为提议者和回应者。提议者得到 10 美元，可以提出针对这 10 美元的分配方式，而回应者有权接受或拒绝。在提议被拒绝的情况下，无论是提议者还是回应者都得不到一分钱。第二种实验处理采用了一种被称为"第三方"的处理，被试还是被分成提议者和回应者，但是初始金额（10 美元）的实际分配不是由提议者决定的，而是由另一个没有利益牵涉其中的被试决定的，这名做出决定的被试从金钱分配中不会得到任何好处。回应者可以选择拒绝这位公正的第三方所决定的分配，如果拒绝，无论是提议者还是回应者都得不到一分钱。最后是第三种被称为"运气"的实验处理，被试再次被分成提议者和回应者，也仍然会得到 10 美元。但这一次的分配方式既不由提议者决定，也不由第三方决定，而是通过转动一个轮盘来随机决定。在这个旋转的轮盘上，每一种特定的分配方式成为最终结果的机会是一样的，例如提议者获得 10 美元而回应者获得 0 美元，或提议者获得 9 美元而回应者获得 1 美元，等等。

在实际进行博弈之前，布伦特还要求每名被试说明，如果在即将开始的博弈中扮演回应者的角色，他愿意接受的最小金额是多少。如果回应者关心的只是他们与提议者的相对地位，也就是说，他们不希望在所获得的金钱上比提议者差太多，那么这三种实验处理中被试所能接受的最小金额不应该有差别。然而，如果真正起作用的是行为的意图，即人们更关心的是故意做出的不公平行为，而不是他们相对于另一方的所得，那么我们就会预测：相较于提议者决定如何分配，而提议者又能够从不公平的出价中得利的情况，人们会更愿意接受由"运气"（通过旋转轮盘）导致的不公平分配。

结果清楚地表明，人们关心的是出价的不公平，而不是相对的回报。第一种实验处理是提议者决定给多少钱，而分给回应者的钱越少，提议者自己得到的钱自然也就越多，回应者愿意接受的最小金额是 2.91 美元（总数是 10 美元）。如果分配是由公正的第三方决定的，可接受的最小金额是 2.08 美元。如果是由运气来决定的，可接受的最低金额为 1.2 美元。因此，当分配是由运气决定的，而不是由另一个人，尤其是通过不公平的出价获利的人决定的时，人们对结果不公平和最终回报不对等就没那么在意了。此外，在第一种实验处理中，由提议者来分配金钱时，17 个人中有 9 人给了回应者一半的钱，即 5 美元，4 人给了 4～4.5 美元，2 人给了 2.5～3 美元，还有 2 人只给了回应者 0.5 美元。很明显，与按照运气随机分配情境下的被试相比，被试更不愿意接受由提议者决定分配时所造成的巨大所得差异，因为提议者在结果中有既定利益。

苏黎世大学的阿明·福尔克（Armin Falk）、厄恩斯特·费尔和乌尔斯·菲施巴赫（Urs Fischbacher）进一步证明了意图的重要性。他们让 90 名被试参加四场各自独立的、稍微改动过的最后通牒博弈。在每场博弈中，提议者都要对初始分配的游戏得分（10分）提出分割方案。提议者和回应者所累积的总分在实验结束后可以兑换成现金。但是福尔克研究团队并没有让提议者任意分割这10分，而是限制他们只能从两个选项中选择一个。我会将这两个选项称为选项A和选项B。此外，选项A在所有四场博弈中都是一样的，它留给提议者8分，分给回应者2分。然而，选项B在每一场博弈中各不相同。其中一场的选项B分给提议者和回应者的都是5分。换句话说，在这场博弈中，供提议者二选一的两个选项分别是：其一，留8分给自己，分给回应者2分（选项A）；其二，对半分，每人得5分（选项B）。为了简单好记，我们将这场博弈称作"5/5游戏"。在第二场博弈中，选项B给回应者8分，而只给提议者留下2分，也就是说，在这场博弈中，提议者可以选择将大部分钱或留给自己（选项A：提议者得8分，回应者得2分），或送给回应者（选项B：提议者得2分，回应者得8分）。让我们称之为"2/8游戏"。还有另一场博弈，选项B给了提议者10分，回应者什么也没有。也就是说，这个游戏给提议者的两个选项都是不公平的。其中不公平程度较轻的选项A是自己留下8分，分给回应者2分；另一个更不公平的选项B则是自己留下全部10分，什么都不给回应者。我称之为"10/0游戏"。

此外，他们还实施了另一场博弈。在这场博弈中，提议者做什么选择其实并不重要，因为无论选项A还是选项B，其内容都是"提议者得到8分，而回应者得到2分"。[①]在这场博弈中，事实上提议者别无选择，只能是提出自己保留8分，而分给回应者2分。我不打算讨论这场博弈，因为针对其他三场博弈的讨论就已经足以说明我的观点了。

在每个游戏中，回应者都可以拒绝提议者的提议，这样他们双方都将一无所获。在我告诉你实验结果之前，你很可能已经对"会发生什么情况"

---

① 从实验设计的一般思路来推断，研究人员们之所以要加上这种设计，是因为一种实验控制手段旨在评估一个可能的实验结果的影响因素，并确定其并没有干扰到实验过程和实验结果。这个可能的影响因素是：被试之所以会选择"选项A"或"选项B"，是因为受到了"选项A""选项B"这种表述的影响。——译者注

有了直观的想法。让我们暂且停下来想一想，在这几种实验处理中，回应者的拒绝状况会有什么变化。需要再次指出的是，假设回应者只关心自己的回报，那么我们能够预测 8/2 的提议（提议者得 8 分，回应者得 2 分）应该永远不会被拒绝。但是，从直觉上来说，我们会有以下一些推断：首先，在"5/5 游戏"中，8/2 的提议会明显被认为是不公平的，因为提议者本来可以选择在自己和回应者之间对半分配，每人得 5 分；其次，在"2/8 游戏"中，8/2 的提议仍然可能被认为是不公平的，但这种不公平的程度可能比"5/5 游戏"中的 8/2 提议要低，因为"2/8 游戏"中唯一的其他选项只留给了提议者 2 分，而给了回应者 8 分。因此，我们预计在"5/5 游戏"中，8/2 提议的拒绝率要高于它在"2/8 游戏"中的拒绝率；最后，在"10/0 游戏"中，8/2 提议可能被认为是一个公平或者没有那么不公平的行为，因此 8/2 提议在"10/0 游戏"中的拒绝率可能在整个实验中是最低的。

结果和我们的预期完全一样。在第一种实验处理，即"5/5 游戏"中，不公平的 8/2 提议的拒绝率最高（44.4%）。在"2/8 游戏"中，8/2 提议的拒绝率为 27%。而在"10/0 游戏"中，它的拒绝率只有 9%。拒绝率的变化表明，人们认识到是什么样的意图在驱动彼此之间的行动，这是产生这些差异的主要原因之一。对另外一个备选项的拒绝率如下：没有任何人拒绝 5/5 提议，只有一名被试拒绝了 2/8 提议，几乎 90% 的人拒绝了 10/0 提议。

黑猩猩似乎不像人类那样有追求公平的倾向。2007 年，马克斯·普朗克进化人类学研究所（Max Planck Institute for Evolutionary Anthropology）的基思·詹森（Keith Jensen）、约瑟普·柯（Josep Call）和迈克尔·托马塞洛（Michael Tomasello）让 11 只黑猩猩参加了最后通牒博弈，其形式与福尔克等人的研究完全相同，唯一的区别就是黑猩猩分的是 10 颗葡萄干而不是钱。但是，就像在人类研究中一样，提议的黑猩猩必须在两个提议，即选项 A 和选项 B 之间做出选择。选项 A 总是分给提议者 8 颗葡萄干，给回应者 2 颗葡萄干；选项 B 在每个游戏中都不一样。在第一个游戏中，选项 B 会分给每只黑猩猩 5 颗葡萄干（5/5 游戏）。在第二个游戏中，选项

B 给提议者 2 颗葡萄干，给回应者 8 颗葡萄干（2/8 游戏）。在第三个游戏中，选项 B 会将 10 颗葡萄干全部留给提议者，回应者将得不到任何葡萄干（10/0 游戏）。与人类在有备选的"5/5 选项"时常常会拒绝 8/2 提议不同的是，作为回应者的黑猩猩的行为反应是："即便提议者本可以选择一个更公平的出价，它们仍然不会拒绝不公平的出价，而是会接受任何多于零的出价。它们肯定会拒绝的只有那些自己一无所得的提议。"

对于这些实验结果是否正确以及该如何解释，是有一些批评意见的。一般来说，有以下几类批评意见。第一种批评意见是，我们从小就被教育要善于交际，要与人合作。因此，当我们面对"最后通牒博弈"这样一种相对新奇的情况时，提议者也许不太明白他们在交易中其实是有优势的，因此可以多给自己一些可分配金额，少分给回应者一些。也就是说，提议者之所以提出慷慨的提议，是源于他们的利他主义观念，而这与提议的公平性或不公平性没有任何关系。当然，这种批评意见并不能很好地解释回应者为什么会拒绝接受金钱。

第二种批评意见在某种程度上与第一种批评意见有关，可以看作从前者衍生出来的变形。这种批评意见是，假设我们把一群人带到一个房间里，让他们中的一半成为提议者，让剩下的一半成为回应者。然后研究人员给了提议者 10 美元，让提议者决定如何在两个人之间分配这笔钱。对实验被试而言，这笔钱就像天上掉下来的馅饼。提议者的地位相对于回应者有优势，这一点是很明显的。但是，是什么赋予了这些人提议者的身份，以及由此而来的优势地位呢？角色的分配纯粹是一个运气问题。在这种模棱两可的情况下，提议者可能会觉得自己拿走这笔钱的资格不是很站得住脚，而更倾向于公平地与回应者分享。毕竟，提议者也完全有可能会成为回应者。伊丽莎白·霍夫曼（Elizabeth Hoffman）、凯文·麦凯布（Kevin McCabe）和弗农·史密斯一起在这个领域做了大量研究，他们对此的说法如下："就好像你和我一起走在大街上，然后我们看到人行道上有一个信封。我把这个信封捡起来，发现里面有 10 张 1 美元的钞票。于是我递给你 5 张，自己留下 5 张。"

第三种批评意见针对的是相对小额的金钱。这些批评者认为，10 马克并不是什么大数目，因此被试甚至可能没有认真对待游戏。如果游戏涉及的金额更大，行为就会有所不同，会更趋于理性；也就是说，提议者会保留更大的比例，而回应者也不会急于拒绝涉及更多金钱的报价。拒绝 1 美元或 2 美元是一回事，但谁会拒绝 10 美元或 20 美元呢？

第四种批评意见涉及一个更微妙的问题，通常被称为研究人员效应。它的意思是，即使一个提议者想要将初始分配给他的大部分钱都装进自己的口袋里，他也可能不会这样做，因为他知道研究人员可以看到他的决定，他不希望自己在研究人员眼里是个贪婪的人。因此，这种避免尴尬的想法阻止了提议者把大部分钱据为己有。同样地，研究人员效应可能会迫使回应者拒绝少量的金钱，因为他不想显得那么见钱眼开，或者像是一个俯身屈就、为五斗米折腰的人。

追求公平 vs 利他主义

让我们依次审视一下这些批评意见，看看它们是否站得住脚。首先，提议者的动机是与他人分享的愿望吗？艾奥瓦大学的罗伯特·福赛思、乔尔·霍罗威茨（Joel Horowitz）、N.E. 萨文（N. E. Savin）和马丁·塞夫顿（Martin Sefton）共同回答了这个问题，他们的方法是观察最后通牒博弈和更简单的**独裁者博弈**（dictator game）中被试的行为差异。独裁者博弈类似于最后通牒博弈，被试会被分成提议者和回应者两组。提议者会得到一笔钱，比如说 10 美元。然后，提议者被要求在自己和配对的回应者之间分配这笔钱。现在区别来了，独裁者博弈中的回应者根本没有发言权。因此，不管提议者给予回应者的数额是多少，后者都将不得不接受，没有任何拒绝的选项。

在这种设定下，基于经济人假设所能做出的预测是一目了然的。提议者应该简单地拿走所有的钱，一分也不给回应者。但是，将最后通牒博弈和独裁者博弈中提议者的行为进行比较，可以发现提议者的动机究竟是什么。假设在最后通牒博弈中，提议者的动机仅仅是利他主义，即分享的愿望，而不是对拒绝的恐惧。如果是这样的话，那么在最后通牒博弈和独裁者博弈中（后者纯粹只是一个关于如何分享金钱的决定，因为不存在回应），提议者的出价应该是相似的。如果在最后通牒博弈中，提议者的动机是害怕在自己提出不公平报价的情况下会遭到对方的惩罚，那么在这个博弈中，我们预测出价会比独裁者博弈中的要慷慨很多。

在图 2-4 中，我展示了福赛思研究团队进行的某次实验中被试的行为。黑色柱形显示了最后通牒博弈中的报价，而灰色柱形显示了独裁者博弈中的报价，两者都用提议者提供给回应者的金额在初始金额中所占百分比表示。在这两个游戏中，提议者得到的初始金额都是 5 美元，并被要求提出针对这 5 美元的分配方案。

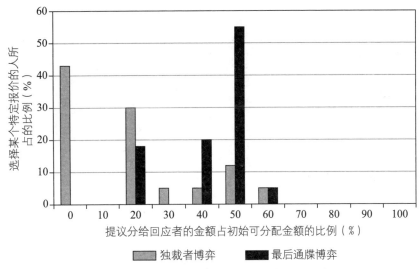

图 2-4 独裁者博弈和最后通牒博弈对提议的比较

注：此图由作者根据福赛思等人 1994 年的原始研究所提供的数据自行制作。

从图 2-4 中的黑色柱形可以很清楚地看出，比起独裁者博弈中的提议者，最后通牒博弈中的提议者会分给回应者更多的钱。很明显，最后通牒博弈中的模态报价（modal offer），即大多数被试选择的报价是初始可用金额的 50%。在游戏开始时，提议者获得了 5 美元，其中有 55% 的提议者选择分给回应者 2.5 美元。另有 20% 的人出价 40%，即在 5 美元中分出 2 美元。因此，在最后通牒博弈中，有四分之三的提议者向回应者提供了 5 美元中的 2 ～ 2.5 美元。相比之下，现在看看图中的灰色柱形，你会发现独裁者博弈中的模态报价是 0，即一分钱也不分给回应者。在独裁者博弈中，有 42% 的提议者选择了 0 这一出价。另外 30% 的人则提供了可用金额的 20%，即 1 美元。因此，虽然最后通牒博弈中 75% 的提议者在 5 美元中出价 2 美元或更多，但是在独裁者博弈中，大约 70% 的提议者只会出价 1 美元或更少。

这些实验结果作为证据，有力地反驳了提议者基于利他主义而行动这样的解释，并进一步支持了另一种论点，即提议者和回应者的行为反应都是为了符合某种内隐的社会规范，而这种社会规范教导我们要公平分配。结论一清二楚。在独裁者博弈中，因为不存在受到惩罚的威胁，提议者相当吝啬。但在最后通牒博弈中，提议者清楚地预见到这样一个事实：如果他们向回应者提出不公平的报价，那么许多回应者将会以拒绝提议的方式来抵制这种不公平，即使回应者本人为此不得不放弃相当数目的金钱。提议者和回应者都清楚地显示出：他们知道在特定情况下什么是公平的，什么是不公平的，并据此做出相应的行为反应。

提高金钱筹码会改变行为吗

在最后通牒博弈中，如果筹码提高，行为会有所不同吗？这样的疑问无疑会引出另一个有待解决的问题，那就是多大才算足够大呢？ 1996 年，伊丽莎白·霍夫曼、凯文·麦凯布和弗农·史密斯决定使用 10 美元和 100 美元两个数额来进行同样的游戏。在那时，当然现在也一样，100 美元肯定是一个不算小的数目了，尤其是如果你只是一名学生，那时间的机会成本肯定不到 100 美元（时间的机会成本就是指如果这些学生不参与实验，而是做任何其他事情，所能赚到的最大数目的金钱），而且这些实验只花了这些学生大约 20 分钟的时间。霍夫曼等人也决定这次要一并研究有关权力的问题。因此，有一种实验处理和之前一样：被试被随机分为提议者或回应者；除了这种实验处理以外，他们还研究了另一种处理，即被试的角色是根据他们事前在一个小测验中的表现来决定的。那些在测验中得分高的人就会得到提议者的角色，而其余的人只能得到回应者的角色。在最后通牒博弈中，提议者被告知，他们已经为自己赢得了分配这笔钱的权力。背后的想法是，赢得这个权力意味着提议者会觉得自己更有资格来进行分配，这也许会导致他们的出价更吝啬。[①]

霍夫曼研究团队的发现让人震惊。在那些被试随机分配角色的实验中（正如居特研究团队最初的研究那样），提议者在 100 美元游戏中对回应者的出价与在 10 美元游戏中的出价非常相似。10 美元游戏中有 24 名提议者，100 美元游戏中有 27 名提议者。这两个游戏中的模态报价，即由大多数提议者提出的报价都是 50%——手头有 10 美元就分给对方 5 美元，手头有 100 美元就分给对方 50 美元。在这两个游戏中，几乎所有的出价都在 30% ~ 50% 之间，也就是说，在 10 美元游戏中是 3 ~ 5 美元，在 100 美元游戏中是 30 ~ 50 美元。在 100 美元游戏中只有一个人希望保留全部的 100 美元（而回应者接受了），在 10 美元游戏中没有任何提议者提出将钱全部都留给自己。在 100 美元游戏中，有两名被试愿意拿出 60 美元（即 60%）给回应者。也就是说，这两个人愿意放弃 60 美元，而只留下 40 美元。这些提议被欣然接受了，这一点儿也不会让人感到奇怪！

---

① 当然，一个无足轻重的小测验是否能创造出一种真正的资格感，这是值得商榷的。那些最终成为"输家"的人可能会感到愤愤不平，并提出质疑：在一个无关紧要的小测验中的表现是否就能成为一种合适或充分的方式，为小测验中的"赢家"带来随后分配金钱的正当资格。

现在切换到另外一种实验处理，即人们通过在小测验中表现出色而"赢得"成为提议者的权力，他们的提议马上就变得更吝啬了。这一次，10 美元游戏中还是有 24 名提议者，而 100 美元游戏中有 23 名提议者。给予回应者 40% 或更多的出价的情况变少了，而给予回应者 10% 的出价的情况却增多了。在这种情况下，有些提议者似乎认为回应者会愿意接受较小的份额，比如 10%（可能是因为提议者已经"赢了"测验，并觉得自己有资格要求更大的份额）。但相当令人惊讶的是，提议者的这种权力感或资格感显然没有得到回应者的认同。之所以这样说，是因为在 100 美元游戏中，拒绝率要高得多。在 10 美元游戏中，24 个出价中只有 3 个被拒绝；而在 100 美元游戏中，23 个出价中就有 5 个被拒绝。这 5 个被拒绝的提议的具体情况是：有 4 个报价分给回应者 10 美元，其中有 3 个被拒绝了；有 5 个报价分给回应者 30 美元（提议者保留 70 美元），其中有 2 个被拒绝了。这就等于是说，100 美元游戏中的一些被试拒绝的金额，已经大于或至少等于 10 美元游戏中的全部筹码。这表明对于什么才算是公平，10 美元游戏和 100 美元游戏中被试的期望是不同的。

霍夫曼研究团队的研究表明，如果提议者和回应者的角色是随机分配的，那么出价往往密集地分布在 50% 左右。无论筹码是 10 美元还是 100 美元，这一现象都仍然成立。因此，将筹码提高至原来的 10 倍并不会导致提议者的行为发生任何可察觉的变化。当角色分配基于一次小测验中的表现时，提议者似乎觉得自己有权保留更多的钱，因此提出了更吝啬的报价。但这种权力的正当性不一定能得到回应者的认同，尤其是在 100 美元游戏中，因此更吝啬的提议导致了冲突和更高的拒绝率。

这些结果在很大程度上给出了这样一个命题：只要涉及的金钱筹码变大，行为就会不同，就会更符合利己假设。事实证明这不是真的，实际上，如果角色是随机分配的，那么更大的筹码反而会使出价向更公平的方向有一个轻微的移动。但是，100 美元就足够高了吗？如果金额更大，行为会有所不同吗？

难以使用真正大额资金的一个原因是，这些研究的资金来自研究拨款补助，绝大多数研究人员的可用资金是有限的。但有一个变通的办法可以解决这个问题，那就是在一个更贫穷的国家进行这些实验。考虑到购买力的巨大差异，在发达国家只是小额的金钱，在欠发达国家可能就算得上一大笔财富了。因此，同样数目的美元在较贫穷的国家用得更久，这使得研究人员可以用相当于被试月收入许多倍的筹码来进行实验。

莉萨·卡梅伦（Lisa Cameron）决定，要真正回答关于筹码的问题，我们需要研究行为在涉及更多金钱时会有何变化。1994 年，她去了位于印度尼西亚日惹市的加扎马达大学。当时印尼的人均国内生产总值为 670 美元，约为美国 GDP 的 3%。卡梅伦分别让被试用 5000 印尼盾、4 万印尼盾和 20 万印尼盾来进行最后通牒博弈，按照当时 1 美元兑 2160 印尼盾的汇率，分别约为 2.5 美元、20 美元和 100 美元。这三种筹码中最大的那一个，即 20 万印尼盾，大约相当于被试 3 个月的平均开支。毋庸置疑，这样的金钱筹码一定可以说是足够大了。

当然，如果我们所说的是数百万美元这样数目的金钱，那么行为可能又会有所不同。但我们绝大多数人在一生中都没有什么机会和数百万美元打交道。此外，目前也不清楚这么高的筹码是否就必然会产生影响。如果真的是那些能够用得起数百万美元来玩最后通牒博弈的人，比如比尔·盖茨和沃伦·巴菲特，假设巴菲特分给盖茨 100 万美元中的 20 万美元，那么盖茨也很可能会拒绝。毕竟，20 万美元对盖茨的意义并不像对我们绝大多数人那么大。

表 2-1 显示了提议者在这三种不同金额下提出的分配方案。这三种情况下的平均报价都在 40% 左右，而模态报价都是 50%。

令人惊讶的是（或者根据我之前所说的，其实也并不怎么令人惊讶），在 20 万印尼盾的游戏中，分出可分配金额的 10% 和 20%（分别为 2 万印尼盾和 4 万印尼盾）的提议会被回应者拒绝。在 4 万印尼盾的游戏中，

25%、30% 和 35% 的出价（分别为 1 万印尼盾、1.2 万印尼盾和 1.4 万印尼盾）也有回应者会拒绝。卡梅伦的结论是：经过对这些游戏中提议者的行为进行仔细审查，并未发现任何证据能够显示随着筹码的增加，游戏的结果会更趋向于纳什均衡。要记住，基于纳什均衡的推论是，提议者只需给出很小的报价，回应者就都会接受。卡梅伦进一步总结说："……提议者的行为不会因筹码变动而改变。"也就是说，即使涉及金额较大，提议者的出价也不会变得更吝啬。正如我在上面指出的，原因可能是，在分配很不对等的情况下（报价低于可分配金额的 25% 或更少），如果回应者觉得出价是不公平的，那么即使涉及大额金钱，他们通常也会拒绝提议。

卡梅伦还发现，随着筹码的增加，接受提议的比例也在增加，即拒绝率在下降。但她认为，这种现象不一定表明回应者的接受意愿在增长，而更像是反映了另外一个事实：随着可分配金额，即总筹码的增长，提议者通常倾向于提出更慷慨的提议，这使得他们的提议更容易被接受。所以，如果沃伦·巴菲特真的和比尔·盖茨一起玩最后通牒博弈，那么很有可能巴菲特会分给盖茨 40%～50% 的筹码，而盖茨则会接受这个提议。

表 2–1　　　　　　　　　　高筹码的最后通牒博弈中的出价

	游戏 1 5 000 印尼盾	游戏 2 4 万印尼盾	游戏 3 20 万印尼盾
提供给回应者的平均百分比	40	45	42
模态报价（大多数人提议的百分比）	50	50	50
接受率百分比	69	91	90

注：本表由作者根据原始研究所提供的数据自行制作。

是害怕惩罚还是害怕尴尬

接下来轮到另一类批评意见：提议者的提议慷慨之所以比较，是由于他们不愿意在能观察到他们所做决定的研究人员眼中显得贪婪。伊丽莎白·霍夫曼、凯文·麦凯布、基思·沙查特（Keith Shachat）和弗农·史密斯使用一种复杂的双盲（double-blind）协议进行独裁者博弈实验。通常，在实验中，被试不知道他和谁配对，但研究人员可以看到所有的决定。因此，被试之间存在匿名性，但被试和研究人员之间不存在匿名性，这样的协议被称为单盲（single-blind）协议。双盲协议指所有被试所做的决定都是完全匿名的，其他被试和研究人员都不知道特定的某一名被试所做的任何具体决定。通常，实验经济学家采用双盲协议的方式是：给被试分配字母或数字，每名被试随机选择一个字母或数字。然后，被试在纸上做决定，再将这些纸投入一个锁着的盒子里，这样研究人员就看不到纸上写的具体决定了。然后，研究人员根据指定的数字或字母给被试付钱，其方式是将这些钱投入另一个锁着的盒子里。被试使用会议开始时交给他们的钥匙从上锁的盒子里拿走与他们的字母或数字匹配的那份报酬。研究人员不知道哪一名被试被分配了哪个特定的字母或数字，因此无法将某个决定与特定的被试匹配起来。

使用这种复杂的协议可以使实验被试确信其他任何人，包括其他被试和研究人员，都永远不会知道自己的决定。霍夫曼研究团队实际上实施了另一项更严格的双盲协议，他们让一名实验被试成为整个实验的实施者。这名被试在实验开始时就被告知该做什么，他负责操作整个实验，而且他事先并不知道研究人员的目的。此外，霍夫曼研究团队还研究了另外一种处理，即不仅使用双盲协议，同时还要求被试先参加一个小测验，旨在强化提议者的权力意识。在这个小测试中，得分居于上半区的人就会成为提议者，而其余的人则只能成为回应者。

在之前的独裁者博弈实验中，大约有20%的提议者什么也没给回应者，而另外20%的提议者给了回应者足足一半的可分配金额。霍夫曼研究团队再一次对独裁者博弈进行了研究，所做的修改如前所述——提议者的权力要通过小测验中的表现来"挣得"。这一回，40%的提议者什么都没给回应者，另外40%的人只给了回应者10%～20%的可分配金额。当他们在此基础上进一步加入双盲协议时，即提议者的权力要靠在小测验中获胜来争取，而且被试之间以及被试和研究人员之间都是匿名的时，超过2/3的提议者什么都没有给回应者，84% 的提议者只给了 10% 或更少。霍夫曼和她的同事提出，被研究人员观察到，甚至有可能被其认为是贪婪的，似乎的确会干扰实验的结果。是这种害怕自己被认定为贪婪的恐惧，而不是内隐的、要保障公平的社会规范，或者是害怕由于提出不公平的提议而遭到惩罚，导致人们在最后通牒博弈中提出了慷慨的报价，这也是可以解释得通的。

当然，这种精心设计的双盲协议，再加上通过赢得测验而产生的权力感，可能会创造出一种不同类型的研究人员需求效应。考虑到现实生活中的绝大多数交易往往没有达到这种匿名程度，被试可能将这种复杂的程序理解为一种信号，提示他们确实应该为自己留下这笔钱。

宾夕法尼亚州立大学的加里·博尔顿（Gary Bolton）和奥克兰大学的拉米·兹维克（Rami Zwick）对这个问题给出了有力的回答，并毫无疑问地证明了：在最后通牒博弈中，对惩罚的恐惧在驱动着行为的发生。博尔顿和兹维克设计了一种名为**有罪不罚博弈 / 免罚博弈**（impunity game）的实验，并将被试在其中的行为与最后通牒博弈中被试的行为进行了比较。让我先解释一下何为免罚博弈。在免罚博弈中，玩家被分成提议者和回应者两组，并一一配对，就像在最后通牒博弈中一样。其他和最后通牒博弈的相同之处还有：给予提议者一定数额的金钱，并要求其提出方案，即如何在自己和回应者之间分配这笔钱。研究人员会告知回应者提议者提出的分配方案，并询问回应者接受还是拒绝该分配；如果回应者接受了提议，那么分配将按照提议进行，即提议者保留想要的数目，回应者获得剩余的数目。然而，如果回应者拒绝提议，那么提议者仍然能得到想要的数目，但是回应者什么也得不到。因此，与最后通牒博弈的不同之处在于：在免罚博弈中，回应者的拒绝并不能通过从提议者那里拿走钱来伤害提议者。换句话说，在免罚博弈中，提议者不会因为提出了不公平报价而受到惩罚。

博尔顿和兹维克决定研究最后通牒博弈中的行为。具体的实验处理有两种：（1）用双盲协议在被试和研究人员之间保持匿名；（2）用单盲协议让研究人员可以在实验中观察被试的决定。他们还决定比较提议者在最后通牒博弈和免罚博弈中的行为。其推理过程如下：假设提议者在最后通牒博弈中提供了慷慨的出价，因为他们不希望被研究人员认为是贪婪的或不公平的，那么我们应该期望在采用双盲协议的最后通牒博弈中看到提议变得没有那么慷慨，因为在采用双盲协议的最后通牒博弈中，研究人员观察不到个人的决定；而在采用单盲协议的实验中，研究人员可以看到所有的决定。同时，如果最后通牒博弈中慷慨的出价是由于恐惧——害怕在提出不公平的报价时遭到回应者的惩罚，那么我们应该能够观察到以下的现象：在免罚博弈中报价会变得更吝啬，因为即使回应者拒绝了提议，提议者仍然会得到自己想要的数目。相比之下，最后通牒博弈中的报价会更为慷慨，因为回应者的拒绝将使提议者也失去他本来可得的份额。

博尔顿和兹维克还改变了博弈的进行方式。在此前的大多数研究中，研究人员会给提议者一定数额的钱（比如 10 美元），并要求他们提出如何在自己与配对的回应者之间分配这些钱。博尔顿和兹维克做出的改变包括以下几点：每名提议者进行 10 个回合的游戏，但在每个回合中该提议者都与不同的回应者配对。在每一轮中，提议者都得到 4 美元的初始金额，并且可以在两个提议中选择一个：公平提议会给提议者和回应者各分 2 美元，而不公平提议会让提议者比回应者得到的份额大。

这种不公平提议在不同的回合中各有不同，其不平等性有时很小，有时很大。具体来说，为提议者准备的不公平报价总共有五种情形，如果用博弈论的表示方式，分别是 2.2 美元 /1.8 美元、2.6 美元 /1.4 美元、3 美元 /1 美元、3.4 美元 /0.6 美元和 3.8 美元 /0.2 美元。由于每个提议者会玩 10 个回合，所以他面临以上五个选择中的每一个选择的机会都是两次。你应该能注意到以下事实：在以上五种分配提议中，每种提议中的两个数字加起来都是 4 美元；第一个相对最接近公平，第五个最不公平，且不公平的程度从前到后依次递增。如前所述，假设被试只考虑金钱，那么明显的自利偏好指明了提议者应该选择 3.8 美元 /0.2 美元这样的分配，而回应者则应该接受。一般来说，我们预测提议者会主要选择不公平报价而不是公平报价，但无论具体选择的是哪一种不公平报价，我们都预测回应者将会接受。需要再次提醒的是，这个实验想要做的核心比较是：如果主要的影响来自研究人员观察效应，那么我们预测更大的差异将产生于采用双盲协议的最后通牒博弈与采用单盲协议的最后通牒博弈之间。同时，如果行为背后的主要动机是对惩罚的恐惧，那么我们预测更大的差异将产生于免罚博弈（回应者的拒绝无法对不公平进行报复）与最后通牒博弈（拒绝是有意义的，能够剥夺提议者的所得）之间。

研究结果清楚地支持了惩罚假设。在采用单盲协议的最后通牒博弈中，56%的提议者选择了不公平提议，其中又约20%的提议被拒绝了。公平提议，即提议者和回应者各自分得2美元，从来没有被拒绝过。随着提议变得更加不公平，拒绝的比例也变得更高。双盲协议下的选择与单盲协议下的选择差别不大。不公平提议的占比略有增加，从原来单盲协议的56%，增加到双盲协议的63%。同样，回应者表示强烈拒绝。请记住我们以前说过的话，在最后通牒博弈中，回应者有可能会拒绝少量的金钱，因为他不想在研究人员眼中显得如此不顾一切或俯身屈就。根据这一逻辑，我们可以预测：较之采用单盲协议，在采用双盲协议的最后通牒博弈中会有更多回应者接受较低的出价。请记住，即使是不公平的提议，也可以让回应者得到4美元中的1.8美元、1.4美元、1美元、0.6美元或0.2美元。表2–2列明了不同情形下的拒绝率情况。

表 2–2 不公平提议被回应者拒绝的比例

不公平提议中分给回应者的数目	1.80 美元	1.40 美元	1.00 美元	0.60 美元	0.20 美元
单盲协议下的最后通牒博弈（%）	7.7	11.8	57.1	77.8	100.0
双盲协议下的最后通牒博弈（%）	13.3	7.1	67.0	70.0	100.0

注：本表由作者根据博尔顿和兹维克 1995 年的原始研究所提供的数据自行制作。

从表 2–2 中能一目了然地看到以下几件事情：不管研究人员能观察到行为（单盲协议）还是观察不到行为（双盲协议），那些非常不公平的出价（在可分配的 4 美元中只给回应者 20 美分）无一例外地遭到了拒绝。所有给回应者的数目为 1 美元或更少的提议中，有超过 50% 的提议会被拒绝。总的来说，单盲和双盲两种实验处理之间的差异不是很明显。想要观察到真正不同的行为，那就必须看一看免除了惩罚威胁的免罚博弈。在这种游戏中，98% 的提议是不公平的，而且没有任何一个提议被拒绝，即使提议者在 4 美元中只分给回应者 0.2 美元，回应者也不会拒绝。这样的证据是不容置疑的。当回应者无法通过拒绝不公平的提议来施加报复时，提议者即便提出不公平的分配方案也不会感到内疚；当回应者知道他们的拒绝无法伤害到提议者时，回应者也不会费心去做这样的惩罚。

不同文化对公平规范有影响吗

上述研究大多以大学生为研究对象，而且除了居特研究团队最初的研究是在德国进行的以外，大多数研究集中在美国。从之前的讨论可以清楚地看出，在最后通牒博弈中，关于何为公平报价的普遍准则对行为有影响。但是来自不同文化的人对公平可能有非常不同的看法。因此，尽管上述研究可能为我们提供了线索，使我们知道了西方那些市场经济国家中的大学生认为什么是公平的，但我们是否可以将这些结果推广到其他国家和文化中去呢？

1989—1990 年，埃尔文·罗斯和他的同事维斯纳·普拉什尼卡（Vesna Prasnikar）、奥野藤原正弘（Masahiro Okuno-Fujiwara）和什穆埃尔·扎米尔（Shmuel Zamir）首次尝试回答了这个问题。罗斯研究团队决定进行一项雄心勃勃的计划，为此需要在四个不同的地点招募大学生，分别是美国的匹兹堡、斯洛文尼亚（当时还属于斯洛文尼亚）的卢布尔雅那、日本的东京和以色列的耶路撒冷。对于研究不同文化背景下最后通牒博弈中的行为来说，这项研究属于最早的尝试之一。一次典型的实验会招募 20 名被试，他们被分成 10 名提议者和 10 名回应者。10 名提议者中的每个人都要依次与 10 名回应者中的每个人配对并进行游戏，这样一来，到一场实验结束时，每名被试都进行了 10 轮最后通牒博弈。毋庸赘言，提议者和回应者彼此之间是匿名的，只能通过号码识别。在美国，每一轮游戏中，每个提议者都有 10 美元可以分配。为了与当地的购买力挂钩，这个初始金额在斯洛文尼亚是 40 万第纳尔，在日本是 2 万日元，在以色列是 20 谢克尔。然而，由于这些金额的数目不同，所以研究人员对四个国家中的提议者提出的要求都是要他们分配 1 000 枚代币。在实验结束时，研究人员会将被试挣到的代币总额转换成真实的货币发给他们。

像这样一个雄心勃勃的跨国项目难免会带来一些附带的麻烦，如语言效应（language effect）和研究人员效应（experimenter effect）。语言效应是指，因为给被试的指示是用四种不同的语言写的（英语、希伯来语、日语和斯洛文尼亚语），这可能会导致行为上的差异。比如，"bargaining" "negotiating" 和 "haggling" 这三个英文单词大致上是同义的，但具体语境中使用其中哪一个很可能会传达出截然不同的信息。以百事为例，当百事的广告语 "踏入百事时代"（Come alive with the Pepsi generation）翻译成中文后居然有 "喝了百事，你死去的祖先将重返于人世" 这样的意思时，使得百事公司非常懊恼。弗兰克·珀杜（Frank Perdue）快餐连锁店的鸡肉广告语也遇到了类似的情况。原文是 "强壮的男人才能做出嫩嫩的鸡肉"（It takes a strong man to make a tender chicken），翻译成西班牙语后，意思变成了 "亲爱的，制造一些鸡肉需要激起男人强大的情欲"。库尔斯啤酒的广告语 "解开束缚"（Turn it loose）翻译成西班牙语后的意思是 "拉肚子"。

解决这个问题的方法是先用英文写出实验说明，将其翻译成有关国家的语言，然后再把它反向翻译成英语，以确保翻译实验说明的行动不至于扭曲说明的原本意思。最初的翻译和反向翻译是由不同的人完成的。

研究人员效应这个麻烦来自不同的研究人员在不同的国家进行实验，有可能（虽然可能性很低）被试会对不同研究人员的不同行为或个性做出不同的反应。通过让每名研究人员都在匹兹堡操作实验，这个问题得到了解决。通过将地理位置固定下来，任何因特定研究人员的个性而产生的行为差异都可以被精确地识别出来。斯洛文尼亚的数据是由普拉什尼卡收集的，他也操作了在匹兹堡进行的第一次实验，罗斯在旁边观察。剩下的匹兹堡的实验数据是由扎米尔（他也收集了耶路撒冷的数据）和奥野藤原正弘（他也收集了东京的数据）分头收集的，而罗斯和普拉什尼卡则作为观察者。结论是：由谁主持实验这一点并没有产生系统性的行为差异。图 2–5 显示了这 4 个地点的实验中出现的报价类型。在这张图中，我仅仅展示了第十轮（即最后一轮）博弈中发生了什么情况。可以想象，被试，特别是提议者，会在最初几轮进行一些实验，也就是说，会尝试不同的报价。此外，他们可能会通过之前轮次中回应者或接受或拒绝的行为反应，获得一些有价值的信息。因此，如果我们进行推论，那就是与前几轮数据相比，最后一轮的报价更能反映被试内心的偏好和规范，这是说得通的。

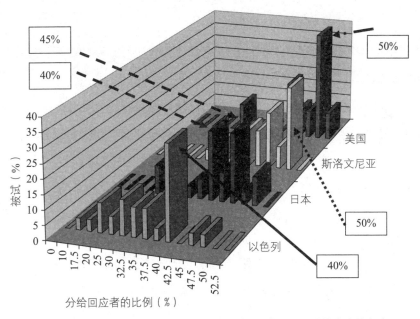

图 2–5　以色列、日本、斯洛文尼亚和美国被试在最后通牒博弈中的出价

注：本图由作者根据罗斯等人 1991 年的原始研究所提供的数据自行制作。

这张图看起来很复杂，但实际上并非如此。横轴显示了提议者分给回应者的数目在初始可分配金额中所占的百分比。纵轴显示了分给回应者某个特定百分比的提议在总提议中所占的比例。图中共有四组柱状图。由近及远，第一组显示了以色列的被试提出的报价，第二组展示了日本被试的报价，第三组显示了斯洛文尼亚被试的报价，第四组则显示了美国被试的报价。让我们拿第一组的报价为例来说明情况。通过柱状图，我们可以看出：没有任何人一毛不拔（即分给回应者 0）；约 5% 的人给了回应者10%；另有 5% 的人给了 17.5%；10% 的人分给了回应者 20%；有 32% 的人则给了回应者 40%。

有几个现象从图 2–5 中凸显了出来。不足为奇的是，提议者很少给回应者提供超过 50% 的初始可分配金额。只有一个例外。在美国，即最远端的那组柱状图，在最后一轮的所有出价中，大约有 10% 的出价已经到了超公平的程度，因为这些提议者把 52.5% 的数目给了回应者，只给自己留了47.5%。毫无疑问，这些提议都被接受了。

同时，因为没有哪个国家的提议者出价像理论所预测的那样极其吝啬，所以总体而言，这些出价看起来很相似。

如果我们更仔细地观察，也会发现一些不同之处。你应该注意到的一件事是，以色列的模态报价，即大多数人提供的报价是 40%。接近 1/3 的人把 40% 的可分配金额分给了回应者。日本有两个模态报价，分别是 40%和 45%，各自有大约 25% 的人选择。然而在斯洛文尼亚和美国，模态报价是 50%。在最后一轮中，有 30% 的斯洛文尼亚人选择了分给回应者 50%，而有 40% 的美国人选择了这一报价。统计测试证实了以下事实：美国和斯洛文尼亚的报价同样慷慨，这两个国家的报价比日本的报价慷慨，而日本的报价又比以色列的报价慷慨。

如果我们现在看一下拒绝率，就会发现，在所有回合中，美国有大约 28% 的提议遭到了拒绝，斯洛文尼亚是 29%，日本是 22%，以色列是

28%。因此，尽管不同国家的拒绝率大体相似，但令人惊讶的是，如果我们只看第十轮，也就是最后一轮，我们会发现两个低报价国家（日本和以色列）的拒绝率实际上反而比另外两个国家要低。在第十轮，即最后一轮中，日本和以色列这两个低报价国家的拒绝率分别为 14% 和 13%，低于美国和斯洛文尼亚（分别为 19% 和 23%）的拒绝率。通过观察这些行为模式，我们可以假设，不同研究对象之间的差异在于他们的侵略性或强硬程度。如果这四个国家确实在侵略性方面存在差异，那么我们就该预计回应者也具有同样的特征。这将导致报价通常都很低的两国（日本和以色列）出现高分歧和高拒绝报价的情形，但事实却并非如此。相反，报价较低的两个国家（日本和以色列）表现出的分歧并不比报价较高的两个国家（美国和斯洛文尼亚）更高。

研究人员得出的结论是：

> 这表明，不同被试群组之间的差异不在于一种类似于侵略性或强硬程度的属性，而是他们对特定情况下何为合理出价的认知不同。也就是说，虽然所有的被试群组都认为，先行者要求从交易中获得超过一半的利润似乎是合理的，但是不同的被试群组对于超过多少才算是合理的看法就相去甚远了。在某种程度上，只要报价通常被认为是合理的，再假设被认为合理的报价会被接受，那么就没有理由预计不同的被试群组之间的分歧率会有所不同，即使报价本身会有高低上的差别。因此，我们的数据支持了以下这一假设，即实验中观察到的被试群体差异与对何为可接受报价的不同预期有关。因此，我们推测，观察到的被试群体差异属于文化性质上的差异。

罗斯和他的同事所做的工作对解决文化差异问题有很大的帮助。他们的研究结果表明，不同文化之间既有相似之处，也有不同之处。相似的是，没有哪个国家的提议者会像理论所暗示的那样吝啬，绝大多数提议者都给了回应者 20% 甚至更多的份额。但也有不同之处。与斯洛文尼亚和美国相比，日本和以色列的模态报价要低一些，报价在总体上也不那么慷慨。

不同文化对经济行为的影响大吗

虽然上述 4 个国家的确代表着相当不同的文化，但这些国家的学生真的就有那么不同吗？说不定这些国家的学生会比这些国家的公民之间更相似呢。如果真是这样，也许我们应该更深入地寻找行为上的文化差异。20 世纪 90 年代中期，为了弄清楚最后通牒博弈中的行为是否存在跨文化差异，麦克阿瑟基金会旗下的"规范和偏好网络"（Norms and Preferences Network）发起了一项前所未有的、全面的跨文化研究。

美国加州大学洛杉矶分校的人类学家约瑟夫·亨里奇（Joseph Henrich）当时正在秘鲁东南部的马奇根加进行田野调查，后者是秘鲁东南部热带雨林中的一个实行刀耕火种的部落。亨里奇从他的导师罗伯特·博伊德（Robert Boyd）那里听说了上面讨论的最后通牒博弈的实验结果，于是他决定让马奇根加人也玩玩最后通牒博弈。亨里奇的发现与之前的研究结果有很大的偏差，很令人震惊。马奇根加人的行为表现与上述研究中的其他被试非常不同，最常见的报价是 15%，尽管有很多报价非常低，但却没有任何一个报价遭到了拒绝。考虑到马奇根加人生活在小型村落里，村民之间抬头不见低头见，与陌生人的接触反而非常有限，这就更加令人惊讶了。我们原以为这样的环境会让人们更倾向于追求分享、互惠和公平。

亨里奇与加州大学洛杉矶分校著名的人类学家罗伯特·博伊德和加州理工学院领头的实验经济学家科林·卡默勒分享了他的发现。后两位也是"规范和偏好网络"的成员。一个显而易见的问题出现了：究竟是马奇根加的结果属于例外，还是说这些结果指明了人类在行为上其实存在着更为实质性的文化差异，而之前从以学生为主的实验被试中没能捕捉到这些差异？博伊德和"规范和偏好网络"当时的负责人赫伯特·金迪斯（Herbert Gintis）决定组织并资助一场雄心勃勃的跨文化实验工作。

他们召集了 12 名经验丰富的实地研究人员，在五大洲的 12 个国家中开展工作，收集了 15 个小型社会的数据。这些小型社会有的是采集社会，有的实行刀耕火种，有的是游牧部落，有的则是实行定居的小规模农业社会。

毋庸赘言，考虑到这项任务的复杂性，想要控制语言或研究人员的差异是不可能的。因此，只能由那些已经在这些国家从事人类学实地工作的研究人员，在各自所在的社会中使用当地语言或方言来进行实验。研究人员试图保持匿名，方法是将提议者提出方案和回应者做出接受或拒绝的决定分开，但考虑到许多社区的小团体性质，所能达到的匿名程度肯定比通常的实验室行为研究要低。

这个实验的研究成果在 2004 年出版的《人类社会性的基础》（*Foundations of Human Sociality*）一书中可以找到。该研究成果指出：（1）没有任何一个社会的行为符合极端利己主义的假设，即提议者将绝大多数金钱都留给自己；（2）组间差异比以往研究中的大得多。构成公平行为的规范在这些不同社会中有很大的差异，更重要的是，这种差异与日常生活中的互动模式的差异是一致的。

表 2-3 大体上概述了这些不同社会在最后通牒博弈中的行为。我已按平均报价的递增顺序对不同的社会进行了排序。正如你所看到的，变化是巨大的。低的一端有马奇根加人、哈德扎人（仅指小团体）和盖丘亚人，他们的平均报价在 25% 左右，而模态报价也在 25% 左右。要记住，在罗斯等人的研究中，最低的模态报价发生在以色列，而那个模态报价也有40%。这个谱系的另一端有阿丘雅人、奥马人、阿契人和拉玛勒拉人。在阿丘雅人和奥马人中，提议者平均提供了可分配金额的 40% 多一点，这非常接近于针对工业化国家的研究结果。阿契人和拉玛勒拉人甚至更为慷慨。平均来说，提议者给回应者的报价远远超出公平的份额（分别是 51% 和58%）。

现在看看拒绝率这一栏，你可以发现，它们往往很低。在工业化国家中，平均每 10 个给予回应者少于 20% 的提议就有 5 个（50%）会被拒绝。

但是，不管出价是像马奇根加人和盖丘亚人那样吝啬，还是像阿丘雅人、奥马人、阿契人和拉玛勒拉人那样慷慨，很少有人会拒绝出价。这表明，在这些社会中，关于什么才算是公平报价，在提议者和回应者之间有着广泛的共识。奇怪的是，马奇根加人和盖丘亚人的平均报价大约是 25%，模态报价也在 25% 左右，这些低报价很容易就被接受了，其毫不犹豫的程度和面对更慷慨的出价的那些人如出一辙（在阿丘雅人、奥马人、阿契人和拉玛勒拉人中，平均报价和模态报价都在 50% 左右）。

表 2–3　　　　　多种小型社会的提议者在最后通牒博弈中的出价情况

社群	国家	平均报价	模态报价	拒绝率	低出价（低于 20%）的拒绝率
马奇根加人	秘鲁	0.26	0.15/0.25	0.05（21 人中 1 人拒绝）	0.10（10 人中 1 人拒绝）
哈德扎人（小团体）	坦桑尼亚	0.27	0.20	0.28（29 人中 8 人拒绝）	0.31（16 人中 5 人拒绝）
盖丘亚人	厄瓜多尔	0.27	0.25	0.15（13 人中 2 人拒绝）	0.50（2 人中 1 人拒绝）
马普切人	智利	0.34	0.33/0.50	0.07（30 人中 2 人拒绝）	0.20（10 人中 2 人拒绝）
托尔古德蒙古人	蒙古	0.35	0.25	0.05（20 人中 1 人拒绝）	0.00（1 人提议，另一人接受）
格瑙人	巴布亚新几内亚	0.38	0.40	0.40（25 人中 10 人拒绝）	0.50（6 人中 3 人拒绝）
哈德扎人（大团体）	坦桑尼亚	0.40	0.50	0.19（26 人中 5 人拒绝）	0.80（5 人中 4 人拒绝）
阿丘雅人	厄瓜多尔	0.42	0.50	0.00（16 人中无人拒绝）	0.00（1 人提议，另一人接受）
阿武人	巴布亚新几内亚	0.43	0.30	0.27（30 人中 8 人拒绝）	1.00（1 人中 1 人拒绝）
奥马人	肯尼亚	0.44	0.50	0.04（56 人中 2 人拒绝）	不适用（没有低出价）
阿契人	巴拉圭	0.51	0.40/0.50	0.00（51 人中无人拒绝）	0.00（8 人中无人拒绝）
拉玛勒拉人	印度尼西亚	0.58	0.50	0.20（20 人中 4 人拒绝）	0.38（8 人中 3 人拒绝）

注：本表由作者根据亨里奇等人 2004 年的原始研究所提供的数据自行制作。

　　不同文化群体之间的巨大差异表明，个体的偏好或期望会受到群体特定条件，如社会制度或关于公平的文化规范的影响。虽然很难找出这些极端多样化的社会中导致行为差异的原因，但参与这项工作的研究人员认为，有两个原因很突出。

第一个似乎可以帮助我们预测影响出价是慷慨还是吝啬的因素是"合作所能提供的回报"，也就是说，一个群体通过日常经济生产中的合作所能得到的回报有多重要、有多大。例如，马奇根加人在经济上完全独立，他们很少参与除了家庭成员以外还需要牵涉其他人的生产活动，所以提议者的出价就会非常低。同时，生活在拉马勒拉的捕鲸者会乘坐由十几个人或更多人驾驶的大型独木舟出海，这需要他们之间能够通力合作，因此他们的出价就会更为慷慨。

第二个似乎具有预测能力的因素是市场整合度，即人们在日常生活中对市场交易活动的依赖程度有多大。研究人员发现，总的来说，那些参与更多市场互动的人会在最后通牒博弈中给出更慷慨的提议。看上去，一个社会越以市场为导向，提议者所提出的条件就越公平。研究人员尝试性地提出了这种行为的一种合理解释，即当面对一个新的情况（如这个实验）时，被试会在他们的日常经验中寻找类似的情况，问问自己"这个游戏与哪些我已经熟悉的情况比较相像"，然后再以适合那种情况的方式来采取行动。

这项范围甚广、雄心勃勃的跨国研究再一次证明了：正是关于何为公平分配的社会规范（而非纯粹的利己主义），才是最后通牒博弈中驱动行为的主要力量。不过，这些实际规范在不同社会之间大相径庭，因此，某些社会（如马奇根加人和盖丘亚人）的出价非常低，而另外一些社会（如阿契人和拉玛勒拉人）的出价更慷慨。但是，在所有情况下，提议者和回应者之间的冲突和分歧并不多，这就说明了：虽然不同社会之间的规范并不一样，但是在每个特定的社会中，对于"什么是公平交易"的理念是有着广泛共识的，而提议者和回应者都会依照这种共识来采取行动。

对公平的偏好是如何影响经济行为的

正如我在概述中指出的，很多经济思想的起点都是理性经济人假设，这意味着在涉及战略决策的大多数情况下，人们做出决策时所关心的主要是他们自己的货币收益或效用。此处所谓的效用，基本上就只是这些决策者或再加上其亲属所获得的货币收益的函数。在大多数经济交易中，个人或家庭试图将其效用最大化，而企业则试图将其利润最大化。典型情况下，这种最大化效用或利润的尝试并不涉及明显的道德或伦理考虑，与何为公平的观念也没有关系。这种想法并不新鲜。1776 年，被公认为现代经济学先驱的亚当·斯密（Adam Smith）就已经在他的著作《国富论》（*An Inquiry into the Nature and Causes of the Wealth of Nations*）中写道：

> 我们每天所需的食物和饮料，不是出自屠户、酿酒师或面包师的恩惠，而是出于他们自利的打算。我们不要求助于他们的爱他心，只要求助于他们的自爱心。我们不要向他们说我们必需，而只要说对他们有利。

正如我在概述中指出的，道德哲学家固然可能会反对这种相当具有霍布斯主义（Hobbesian）①气息的关于人性的观点；但是，为了能够建立对真实生活中的行为进行现实预测的模型，我们总是必须从某个地方开始，如此才能看到这样的出发点能给我们带来什么；理性的自利假设就是经济学家们的出发点。正如我已经向你展示的，这个假设并不总是错误的，它确实能预测一些人的行为。而且，也正如我在概述中指出的，如果你一开始就对人类合作持乐观态度，你会失望，更重要的是，你会做出错误的预测。真相与生活中的大多数事情一样，更为微妙，它位于中间的某个地方。更

---

① 霍布斯主义是对 17 世纪英国哲学家托马斯·霍布斯的论述及类似思想的概括和统称。霍布斯本人提出了"自然状态"和"国家起源说"，指出国家是人们为了遵守"自然法"订立契约而形成的，是一部人造的机器，他反对君权神授，主张君主专制。此处所说的霍布斯主义主要是指其在伦理哲学和法哲学上的观点，即他相信"性恶论"，主张用绝对专制和强制来保证秩序。——译者注

重要的是，正如我试图说服你们的，很多时候，为了私利猖獗行事的倾向都受到公平观念的牵制。

公平限制了逐利行为

三位学者在 20 世纪 80 年代中期做了一项研究，旨在理解关于公平的规范是否会对营利行为产生积极的影响，并因此导致了不同于自利模型所预期的结果。他们算是这个领域内最早的一批耕耘者。这三位学者包括普林斯顿大学的心理学家丹尼尔·卡尼曼（Daniel Kahneman）和西蒙·弗雷泽大学的经济学家杰克·克内奇（Jack Knetsch）和康奈尔大学的经济学家理查德·塞勒。他们使用一份调查问卷来了解人们对企业所采用的多种战略的态度。下面是问卷中的一个例子。

一家五金店一直以来都以 15 美元的价格出售雪铲。一场暴风雪过后的第二天早上，商店把价格提高到了 20 美元。

受访者要对这一举动做出评价，选项包括：（1）完全公平；（2）可接受；（3）不公平；（4）非常不公平。在 107 名受访者中，82% 的受访者认为这不公平或非常不公平。

他们的研究成果说明了公平规范在日常定价决策中所起的作用，以及这些规范是如何为如烈马般不受约束的逐利行为套上缰绳的。卡尼曼研究团队提供了许多关于这种现象的例子。下面我将讨论其中的一些。

利用更强的市场统治力进行剥削

企业的市场力量反映了企业向客户收取更高价格的能力。例如，在暴风雪的情况下，卖方的提价能力显然增强了，因为人们对雪铲的需求增加了。在情况紧急时，人们通常会想储备必需品；这就为卖方提供了抬高这些商品价格的机会。总体而言，受访者似乎认为这种哄抬价格的行为是不公平的，因为这种行动算得上是乘人之危的机会主义行为。下面是一些人对这种"利用短缺"的行为表示反感的例子。

> "红美味"苹果在某个社区里出现了严重短缺，每家杂货店和农产品市场的货架上都没有这种苹果。所有商店里摆的都是其他各种各样的苹果。一家食品店以常规批发价买到了一批"红美味"苹果，并将这些苹果的零售价格提高了 25%。

在 102 名受访者中，只有 37% 的人认为这种提价是可以接受的。同样地，拥有市场力量的企业经常运用这种力量来增加利润，其方法是根据不同顾客的支付意愿，向他们收取不同的价格。在工作日的晚上和周末，电影院的票价要比工作日白天的票价高得多。对于同一等级的客舱服务，航空公司对那些在最后一刻匆忙购票的乘客收取的票价要比那些提前购票的乘客高得多。这就是所谓的价格歧视，从本质上来说，就是卖方试图从每位顾客那里得到该顾客愿意为商品支付的最高价格。

卡尼曼等人的调查结果也显示，还有一些限制条件也需要进一步考量。有许多形式的价格歧视都被人们认为是蛮不讲理的。

> 某房东出租了一栋小房子。当租约到期时，房东得知房客得到了一份工作，工作地点离该出租房很近，因此不太愿意搬家。房东把每月房租提高了 40 美元，该涨幅超出了他原来的涨价计划。

157 名受访者中只有 9% 的人认为这是可以接受的，而 91% 的人认为这是不公平的。在另一个问题上，大多数受访者认为一家受欢迎的餐馆为周六晚上的订座收取 5 美元的额外费用是不公平的。对这类问题几乎一致的回答表明，故意利用特定个体对交易的依赖而产生的定价战略通常被大多数人认为是蛮横无理的。

定价决策的背景

接下来的两个问题探讨的是，当企业为了保护自身的利润而提高价格时，又会产生什么样的反应。

假设，由于运输混乱，某地的生菜出现了短缺，批发价格上涨。当地的一个杂货商以每棵高出 30 美分的价格购买了通常数量的生菜，然后将每棵生菜的零售价格提高了 30 美分。

房东拥有一栋小房子，把它租给了一个靠固定收入生活的房客。租金上涨意味着此房客必须搬家，还有其他小型出租房可供选择。在过去的一年中，房东的成本大幅增加，当该房客的租约到期再续租时，房东提高了租金，以弥补自己增加的成本。

分别有 79% 和 75% 的受访者认为这些加价是可以接受的。这表明公司保护自己不受损失是可以接受的，即使这意味着必须提高价格。但是，195 名受访者中有 77% 的人认为以下情况不可接受。

一家小公司雇用了几名工人，一直付给他们平均工资。这个地区的失业率很高，公司可以很容易地用更低的工资雇到优秀的工人，以取代现有的员工。这家公司一直在赚钱。老板们把现有工人的工资降低了 5%。

关于定价的规则似乎是：卖方当然可以保护自己不受损失。但在最后一个例子中，公司降低工资不是为了弥补损失，而是它们知道工人当前在该地区更难找到工作并从这一事实中牟利，这使得工人们处在了劣势中。

强制执行

在这次调查中，68% 的受访者表示，如果离他们近的一家药店由于竞争对手被迫暂时关门而提价，他们会转而光顾路程要远 5 分钟的另一家药店。此外，在另一个受访者样本中，69% 的人表示，如果对自己而言本来是更方便的商店歧视它们所雇用的年长员工，他们就会转去其他商店买东西。在传统经济理论中，契约的履行有赖于强制执行。在强制执行的力量明显缺失的情况下，买卖双方也可能依然愿意遵守公平的规范。以下场景可以说明这一点：

如果服务令人满意，那么你认为大多数人享用完 10 美元的餐点后会留下多少小费？要注意这是一家他们经常光顾的餐馆！

调查结果（122 名受访者）显示平均小费为 1.28 美元。但是，如果上述情景转换为：

……这家餐馆位于他们去往另一个城市的旅途上，而他们预计自己这辈子也不会再有机会来，那你认为大多数人又会留下多少小费呢？

这次 124 名受访者给出的平均小费是 1.27 美元。受访者显然不认为强制执行的可能性会是控制小费多少的重要因素。这与美国人们普遍遵守的 15% 的小费规则的做法完全一致，即使是那些一次性顾客也不例外，虽然他们完全无须担心将来会遭到愤怒的服务员的报复。

我研究生毕业后的第一份工作是在位于美国西北太平洋地区的华盛顿州立大学执教。当我离开华盛顿州立大学去韦尔斯利学院开始新教职时，我和妻子决定开车横穿美国，从华盛顿开到波士顿。行程的首个夜晚，我们住在蒙大拿州的比尤特。在此之前，我从未去过比尤特这个城市，同时我也发自内心地认为我不会再有机会去那里。我甚至都不记得我们吃晚饭的那家餐馆的名字了。但我清楚地记得晚饭后我给了 15% 的小费。对于接下来的几天里所停留的地方，如南达科他州的拉皮德城，以及俄亥俄州的扬斯敦，我也怀疑自己是否还会再去一趟，我们也留下了相同比例的小费。

重要的问题其实是：该理论假设企业会追求利润最大化，那么企业是否也会因为无法强制遵守公平规则而无法充分利用某些经济机会呢？下面的调查就是用于探讨这个问题的，即人们对汽车修理工分别与老顾客或游客打交道的行为是否有不同的期望。

一名（老顾客 / 游客）把车停在（他经常去的那个 / 某一个）服务站，留下指示给汽车修理工说自己要更换一个昂贵的零件，然后就暂时离开了。（老顾客／游客）离开后，汽车修理工检查汽车，发现这辆车其实并不需要更换零件，而是可以很便宜地修好。如果按照指示更换零件，汽车修理工赚到的钱比修理该车来说要多得多。假设无法联系到（老顾客／游客），你认为汽车修理工在这种情况下会怎么做呢？

大致相同比例的受访者（老顾客为 60%，游客为 63%）认为汽车修理工会更换零件，以赚更多的钱。同样，没有证据表明公众认为强制执行是一个重要因素。受访者认为，在这种情况下，大多数汽车修理工都不是圣人。不过，他们似乎也认为，在两个例子中，假设汽车修理工能够公平地对待客户，那也并不是出于对客户制裁行为的预期。

劳动力市场上的公平

鉴于公平规范似乎适用于各种定价决策，我们预计它应该也能适用于劳动力市场。在劳动力市场上，人们经常观察到这样的现象：即使失业人数持续高企，企业原本可以很容易地以较低的成本雇用工人，因此可以压低现有工人的工资，但是企业并没有这样做。通常情况下，人们认为一个特定的交易是否公平，取决于他们所选的相关参照点是什么。市场价格和买卖双方的交易历史可以作为交易参考。历史情况在"工资"的交易中所起的作用可以通过下面的调查来说明：

> 一家小型复印店有一名雇员，他在这家店工作了 6 个月，每小时挣 9 美元。复印店的生意一直以来都令人满意，但该地区有一家工厂关闭了，失业率因此上升。其他的小商店现在用每小时 7 美元的工资也雇用到了可靠的工人，做类似于复印店员工所做的工作。复印店的老板把雇员的时薪降低到了 7 美元。

在 98 名受访者中，有 17% 的人认为可以接受，83% 的人则认为不公平。在本书第 3 章，我将针对"劳动力市场上的公平"这一特殊话题进行更多的阐述。

追求公平在经济上的后果

卡尼曼研究团队的成果表明：

> 许多行为既在短期内有利可图，也不是明显地不诚实，但很可能被视为利用市场力量进行不公平的盘剥……而且，即使政府不会干预，那些希望避免不公平名声的公司的行为也会在很大程度上背离经济行为的标准模式。

上面的所有说法看上去都很好，但毕竟前述的这些结果是基于对调查问题的回答，而正如我在概述中已经指出的，有时实际的行为确实会和"说出口的态度"不一致。例如，一位受访者可能会说，他不会惠顾一家在紧急情况下通过哄抬某种基本商品的价格来牟利的公司，但是当事情真的到了紧要关头，买家很容易就会让步。现在的问题是，很难证明人们不买东西是为了表示他们的抗议，因为要证明一件不存在的事情是很困难的。

以色列的本·古里安大学的布拉德利·拉弗尔（Bradley Ruffle）决定构建一个实验，来测试买家是否真的会尽力避免以他们认为不公平的价格购买商品。拉弗尔关注的是这样一种情况：卖家给商品贴上价格标签，而买家可以选择要么以那个价格购买，要么就不买。在经济学中，这被称为公开报价（posted-offer）制度。大多数零售店都是按照这个原则运作的，意思就是，你在走进商店时会发现每件商品上都有一个价格标签，你可以按照这个指定的价格来买，或者也可以不买，但是没有讨价还价的余地。例如，美国的土星汽车公司就有一个不讨价还价的政策，而其他大多数汽车销售商则允许就价格进行谈判。本田汽车公司在新西兰也有类似的不讨价还价政策，即它们的汽车会以固定的价格出售。这种不讨价还价的政策把这些汽车的销售变成了一种公开报价制度。在这种情况下，经济学家以前通常倾向于只关注卖家的行为，而没有意识到：如果买家出于公平规范的动机，并关心自己与卖家的相对回报，那么实际上买家也可能压根就不会购买，而这反过来对这些市场也会产生影响。

在公开报价的市场中，卖家公布价格，而买家可以接受或拒绝。假如接受，卖家的回报是它所公布的价格减去每单位销售成本后的余额。买家的回报是他对该商品的估值减去他实际支付的价格后的余额。如果买家拒绝这个价格，那么双方都没有获得任何剩余。因此，公开报价制度是最后通牒博弈延展到多方后的一种自然形式。

所谓对该商品的估值是什么意思呢？其背后的理念如下所述：经济学家假设，当某人购买某件商品时，他愿意支付的最高价格取决于此人从该商品中获得的满足感（也可称为幸福或效用）。假设你愿意花 200 美元去看布鲁斯·斯普林斯汀（Bruce Springsteen）①在巨人体育场的演出。你为什么愿意出 200 美元呢？因为你已经考虑过从参加这个活动中你将获得的满足感，你认为这对你来说最多值 200 美元。现在假设你设法以 150 美元买了一张票。然后，用经济学家的话来说，你享受到了 50 美元的盈余，这就是你的**消费者剩余**（consumer surplus）。所以任何时候，只要你愿意为某物支付一定金额，而你最终支付的又比你愿意支付的最大金额要少，那么你就享受到了盈余。**生产者剩余**（producer surplus）指的是卖家销售商品的价格与其生产成本之间的差额。生产者剩余本质上只是利润的另一种说法。

拉弗尔在亚利桑那大学招募了 92 名被试，并建立了一系列有买家和卖家参与的公开报价市场。此实验假设卖家所销售的是同质商品。在每个市场中，买家和卖家都互动了 20 轮。在每一轮中，卖家都有一批同质商品可供出售。在每一轮中，买家对所购买的每单位商品都赋予了一个特定的估值。同样地，在每一轮中，卖家对所销售的每单位商品也都赋予了一个特定的成本。拉弗尔研究了一些不同条件设定下的影响。

- **买家和卖家的数量**。在某些情况下，市场上只有两个买家，而在其他情况下，则有 4 个买家。卖家的数量始终保持在两个。

---

① 布鲁斯·斯普林斯汀是 1949 年出生于美国的当代著名摇滚歌手和词曲创作者。——译者注

- **买卖双方的相对利润。**与买家相比，卖家从每单位商品的交易中总是能获得更丰厚的利润。在某些情况下，卖家的回报是买家的3倍。假设卖家生产一件T恤的成本是12美元，买家愿意为此最高支付20美元。在这种情况下，要分割的总剩余是20–12=8（美元）。假设卖家给T恤定了18美元的价格，而买家同意购买，那么卖家就会得到18–12=6（美元）的剩余，而买家得到了20–18=2（美元）的剩余。因此，卖家在总剩余中所占份额（6美元）是买家所占份额（2美元）的3倍。在其他情况下，卖家分得的利润是买家的6倍。在前面的例子中，假设买家的估值是20美元，卖家的成本是13美元，而不是12美元。在这种情况下，总剩余是20–13=7（美元）。假设卖家报价19美元，而买家以这个价格买进。那么，卖家分得的剩余是19–13=6（美元），而买家分得的剩余是20–19=1（美元）。因此，卖家分得的剩余份额是买家的6倍。

- **买家和卖家可获得的信息。**最后，在有些情况下，买家知道卖家的成本，而卖家知道买家的估值。而在其他一些情况下，买家和卖家不仅知道彼此的成本和估值，还向彼此展示了在不同交易价格下双方所获得的利润。这样做的目的是"让收益的不平等在买家眼中清晰可见，以试图刺激他们放弃本来有利可图的购买行为"。

拉弗尔发现，买家的需求抑制（demand withholding，即买家基本上拒绝以让卖家获得大部分剩余的价格购买），确实是这些市场中的一个影响因素。如果满足以下几个条件：（1）有两个而不是四个买家；（2）卖家所得剩余是买家所得剩余的6倍；（3）通过向买家提供有关各方所得利润的信息，使买家意识到这种对剩余的不公平分配。此时，这种抑制的效果将更显著。在采用这种特定处理的一次实验中，有一个买家在20轮中有6轮对市场采取了完全抵制的行动，因此放弃了在那6轮中赚钱的所有可能性。请记住，买家如果参与交易，其实是能获得正利润的，只是这些利润相比卖家获得的利润较少而已。如果买家完全不参与，那买家和卖家都赚不到钱。这与在最后通牒博弈中拒绝小额报价非常相似，只是现在的这些拒绝行动明确地发生在市场交易背景下。

这种需求抑制往往会促使卖家在之后的轮次中降低自身收取的价格，而价格的降低反过来又意味着买家和卖家可以更公平地分享剩余。事实上，两个买家（而非 4 个买家）往往可以更成功地协调彼此的行动，并达成对需求的抑制。这种现象可以用另一个事实来解释，那就是选择抑制需求会给买家带来搭便车问题。需求抑制能使买家受益（因为这将导致他们随后获得更低的价格和更大份额的剩余），但每个买家都希望其他买家来抑制。实验证明，如果只有两个买家而不是 4 个买家，这种抑制需求的协调行动会更成功。4 个买家在维护契约方面往往要差得多，因为卖家会抵制买家抑制需求的尝试，坚持收取更高的价格。最终，可能会有一个或多个买家就此让步。而两个买家能够更好地协调，从而成功地压低价格。

拉弗尔的结论是：

> 对于给定的价格，收益不平等越极端，拒绝原本有利可图的购买行为带给卖家的惩罚力度就越大。因此，对于给定数量的买家而言，剩余分配的不平等程度越大，抑制需求的行为就会发生得越频繁，这一观察结果与公平性是一致的。

本章精华

在这一章中，我提供了一些证据以证明：如果人们认为自己受到了不公平的对待，他们将会拒绝那些会给他们提供可观金钱收益的交易。这种不公平可以表现为两种形式。在某个层面上，人们的确会关心相对收益，所以他们可能会拒绝那些对方所得比自己所得多很多的提议。套用经济学家罗伯特·弗兰克（Robert Frank）的话来说，这种对相对地位的关心可以简洁地总结为：一个人开的是宝马，如果他周围的每个人都开着丰田，那这个人就会很高兴；假设他周围的每个人都开着保时捷，那这个人就会很不开心，或者就如弗兰克幽默评论的，一个人只要挣得比连襟多，那他就是幸福的。

与此同时，我也已经向你表明，无法将拒绝提议的行动仅仅归因于对相对地位的考虑。意图也是很重要的。人们非常乐意接受由计算机产生的不公平提议，因为这种情况与意图无关；但如果另一个人提出同样的提议，人们就不愿意接受，尤其是如果这个人能从你接受提议的行动中获益时。

不过，我应该指出，加里·博尔顿、乔迪·布兰茨（Jordi Brandts）和阿克塞尔·奥肯费尔斯（Axel Ockenfels）最近的一项研究表明，有时候，公平的程序可以替代公平的结果。也就是说，如果人们相信一个不公平的出价是执行一项公平的政策所带来的结果，那么他们就有可能愿意接受这个出价。在他们所研究的最后通牒博弈中，提议者一开始有三个提议，分别是：（A）一个超公平的出价（200，1800），即提议者得到 200 元代币，回应者得到 1800 元代币；（B）公平出价（1000，1000）；（C）不公平的出价（1800，200）。他们发现，有 41% 的不公平提议，即提议 C 遭到了拒绝。在第二种实验处理中，提议是通过掷骰子而不是由提议者人为选择的。他们使用了两种抽签机制：一种是非对称的，这种抽签有很高的概率（98%）会抽中不公平的出价，即提议 C；另一种是对称的，所有三个提议各有 33% 的概率被抽中。他们发现，在非对称的抽签机制下，对不公平的出价，即提议 C 的拒绝率与对真人提议者的拒绝率非常相似；但是在对称的抽签机制下，拒绝率则要低得多。研究人员得出的结论是，结果的公平性和程序的公平性都很重要，一个公平的程序可以替代一个公平的结果。

这项研究似乎与萨莉·布伦特的研究非常相似，但还是有一个细微的区别。在布伦特的研究中，人们愿意接受那些通过抽签得到的不公平报价，而不愿意接受其他被试人为提出的报价。博尔顿研究团队发现，人们在充分认识到结果可能不利于自己的情况下，仍然愿意事先承诺自己会接受抽签的结果。但这有一个前提条件，即必须确定抽签本身是公正的，也就是说，抽签赋予了公平和不公平的结果大致相等的概率。

最后，我还指出，公平的观念可能因文化而异，因为在一个社会中被认为是不公平的、经常会遭到拒绝的那些提议，在另一个社会中却可能轻易地就被接受了。在不同社会中运作的社会规范可能已经规定了什么是公平，什么不是公平。

第 3 章

信任博弈

分享和互惠哪一个作用更大

日常生活中的信任和可信度

在维克多·雨果的《悲惨世界》中，主人公冉·阿让曾是一名苦役犯，他历尽沧桑、饱受折磨。刑满释放后，他出现在了米里哀主教的门前。令他惊讶的是，主教热情地欢迎他，邀请他共进晚餐，并为他提供了过夜的床铺。更值得注意的是，他对冉·阿让始终彬彬有礼，绝口不提他过去的耻辱。可是，冉·阿让在半夜悄悄爬起来，偷了主教的银器逃跑了。后来他被警察抓住了，警察把他带回主教那里。这一次他的罪行将会使他被判终身监禁。米里哀主教却谎称被盗的银器是他送给冉·阿让的一件合法的礼物，他还以一种无上的慈爱姿态，把他最宝贵的财产（一套银烛台）也送给了冉·阿让。冉·阿让走时，主教说："别忘了您曾答应过我，要善用这些财富，做一个诚实的人。"当对方是一个完全陌生的人时，要表露出这种程度的信任和善意，是我们大多数人无法做到的。

然而，生活中的许多日常事务都要求我们信任陌生人。例如，每次我们在线上拍卖及购物网站 eBay 上买东西时，我们会将自己的信用卡资料告诉卖家，本质上就是假设卖家将诚实地履行交易，不会痛宰我们。同样地，当我们以对方所报的工作小时数为基础来给我们的律师、会计师、汽车修理工付费时，我们也必须首先相信这些人准确地报出了他们花在我们所交付工作上的总时间。信任的概念跨越了各个学科。除了经济学家以外，许多其他学科（如政治学、社会学或管理学）的人，都在谈论信任所发挥的各种作用，包括国家之间的信任、团体之间的信任、组织中员工之间的信任、工会和管理层之间的信任等。在经济交易中，信任在降低交易成本方面通常很重要。以致经济学家现在开始相信，陌生人之间的这种信任对于经济体的整体表现也是有影响的。与那些公民之间不那么信任的国家相比，那些公民之间更加信任的国家经济增长更快。我将在本书的第 6 章讨论公民之间的信任对一个国家的发展有什么影响。

这种信任在很多情况下都是普遍存在的。2002 年，我参加了在佐治亚州亚特兰大举行的美国经济学会的年会。我在参加这次会议的过程中面试了好几份工作。我和某所大学的代表约在一家酒店进行面试，我打车去了那家酒店。当我抵达时，却发现自己既不知道他们的房间号码，也没有他们的电话号码。为了得到这些信息，我不得不让出租车司机送我回举办会议的那家主酒店。赴约前的时间所剩不多了，所以车一到会议主酒店，我就拜托出租车司机，让他等我一会儿，好让我跑进酒店大堂，从布告板上得到我需要的信息。要知道，会议主酒店是一家熙熙攘攘、人来人往的酒店，有数百名与会者在周围转来转去。一旦我进去，就可以轻而易举地从另一扇门出去，赖掉这一趟出租车的费用。附近有很多其他出租车，我可以很轻易地跳上另一辆。这将为我省下大约 15 美元，也就是说，司机会为此损失 15 美元。然而，当我让司机等着的时候，他却二话没说就答应了。当然，我很快就找到了必要的信息，冲出酒店重新上车，然后我们一路开回我有约会的那家酒店。我们在生活中常会有类似这种情况的交易。然而，如果你仔细想想就会发现，出租车司机并不能保证我会回来给他付钱。但他相信我的话，他等着我。

在世界上的许多农村地区，农民通常会把新鲜的农产品放在路边的桌子上。桌子上有一个盒子，人们可以往里面投钱。这背后的思路是，开车经过的人可以随意挑选一些农产品，然后把钱投进盒子里。在这种情况下，农民本质上是相信人们会留下钱来换取农产品的，因为在没人看管的情况下，其他人当然也可以拿起农产品就扬长而去，而不在盒子里留下任何钱。然而，大多数人确实会留下钱。慈善机构经常采用类似的做法。他们会在加油站和零售商店的柜台上放一些糖果（上面标有价格）。当你拿起一块糖果的时候，他们期待你会把他们要求的钱款放进旁边的盒子里。

虽然以上案例应该能够让我们确信信任确实在许多交易中扮演着至关重要的角色，但重要的问题是，我们应该如何衡量信任？毕竟，如果我们想在组织、群体或国家之间进行某种定量比较，以了解一个群体的成员是否比另一个群体的成员更容易信任他人，那么有一种简便的方法来衡量信任就会非常有用。

明尼苏达大学的乔伊斯·伯格（Joyce Berg）、约翰·迪克霍特（John Dickhaut）和凯文·麦凯布想出了一个设计巧妙的博弈，用以衡量信任。可将他们的博弈称为**投资博弈**（investment game，又称信任博弈）。被试两人配成一对，其中一个人被称为"发送者"，另一个人被称为"接收者"。[①]发送者和接收者被安置在不同的房间，没有人知道自己和谁配对。博弈开始时，发送者和接收者各自获得 10 美元。然后研究人员告诉每名发送者，她可以选择简单地保留所有的钱，然后离开。如果她这样做，博弈就此结束。在这种情况下，发送者和接收者都会得到 10 美元。不过，如果发送者愿意，她就可以将 10 美元中的一部分或全部送给配对的接收者。对于发送者所送出的任何数目，研究人员都会把这个数目翻成三倍给接收者。例如，如果发送者选择送出 5 美元给接收者，研究人员就会给接收者 15 美元。然后，研究人员会告知接收者：他可以选择简单地保留所有的钱，然后离开。如果他这样做了，那么博弈就会在那一刻结束。如果他愿意，

---

① 实际上，原来的研究人员将这两群人分别称为"A 房间内的玩家"和"B 房间内的玩家"。但是，我会始终如一地使用"发送者"和"接收者"这两个说法，而不是跟随不同的研究人员切换使用不同的术语。

他也可以将其中一部分返还给另一个房间里与他配对的发送者。在任何情况下，随着接收者做出决定，不管他是否决定要返还任何数目的钱，博弈都会宣告结束。此外，接收者返还的钱只会保持原来的数目，而不会翻成3倍。图3-1展示了这个博弈的架构。

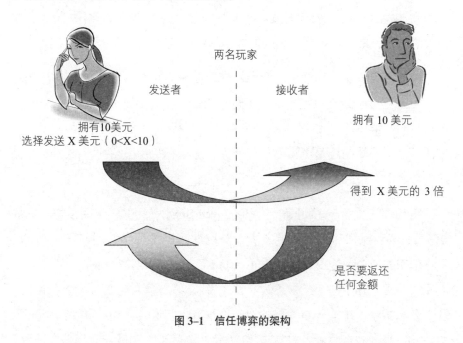

图3-1 信任博弈的架构

你认为这场博弈中会发生什么情况？首先，根据逆向归纳法的原理，让我们从接收者的决定开始。接收者从一名发送者那里收到了一笔钱（比如说15美元），他不认识这名发送者，而且很可能再也不会见到她。接收者知道，在他做出决定后，博弈将结束。一名自利的接收者不会有动机返还任何钱。无论接收者得到了多少钱，他都应该简单地将钱全部都留给自己，一分钱也不返还。接下来，让我们站在发送者的角度来看。如果发送者正确地预测了接收者的反应（即接收者没有动机返还任何金额），那么如果发送者一开始还是要送出钱，那她肯定就是个笨蛋。因为一旦这样做了，发送者就很容易被接收者利用，她的情况很轻易地就会变得更糟。

针对这种情况还有另一种思考方式。假设发送者决定信任接收者，将所有的 10 美元都给了他，那么 10 美元就会变成 30 美元。现在，发送者什么都没有剩下了，而接收者有了 40 美元（别忘了发送者和接收者一开始各自得到了 10 美元）。再假设接收者虽然明知他自己可以不返还任何金额，只是利用发送者的信任让自己得利，但是仍然决定返还 20 美元来回报发送者的信任。此时，发送者得到 20 美元，而接收者也得到了 40–20=20（美元）。或者接收者送回 18 美元，那么发送者最后能得到 18 美元，而接收者能得到 22 美元。在这两种情况下，发送者和接收者的所得都比在没有钱转手的情况下要好。如果没有钱转手，那么发送者和接收者各自只赚到了 10 美元。具体的数字结果还有许多其他可能性。不过，关于上述第二个场景，值得注意的一点是，在所有这些情况下，发送者和接收者的收益都会比发送者一开始无法信任接收者时要来得更多。也就是说，如果发送者信任接收者，而接收者是可信的，接受者就会回报发送者的信任。

这个博弈提供了一种简单的方法来衡量信任和可信度。当然，它排除了许多现实生活中的交易特征（如沟通、口碑、面对面的互动、握手、承诺等），但这恰恰就是这个博弈的魅力所在。它试图用一种纯粹抽象的方式来衡量信任。以上提到的那些因素都有很大的可能导致信任增加。如果我们能在这种抽象且无具体背景的情况下证明信任的存在，我们就能宣称，信任是许多人类交易的基本要素。一旦我们知道在最简单和最抽象的场景中会发生什么，我们就总能向其中添加复杂的层次。

伯格研究团队设计的这个博弈是另一个博弈的简化版本。1988 年，美国加州理工学院的科林·卡默勒和纽约大学的基思·韦格尔特（Keith Weigelt）首先研究了后面的这个博弈。卡默勒和韦格尔特的博弈建立在这样的场景设定之上：某个企业家向银行申请贷款。银行在这个博弈中充当发送者的角色，可以选择是否发放贷款。如果银行发放了贷款，那么企业家（类似于接收者）将决定自己是要连本带息还贷，还是违约不还。与银行压根就不发放贷款的情况相比，偿还贷款会使双方都过得更好。然而，在这个实验中，企业家可以是两种类型中的一种。他也许属于诚实的类型，更愿意偿还贷款和利息，从而使双方都变得更好；他也可能属于不诚实的类型，更倾向于食言并卷款潜逃，从而利用银行对他的信任使得银行蒙受损失，而自己过上好日子。虽然银行不确定每个特定的企业家诚实或不诚实，但银行知道两种类型各自出现的概率。例如，银行可能知道企业家有三分之一的概率是诚实的，有三分之二的概率是不诚实的，等等。卡默勒和韦格尔特的博弈以及相应的分析比伯格研究团队研究的简化版本要复杂得多。

在伯格研究团队的博弈中，如果发送者一开始选择发送任何数额的金钱，那么我们可以说发送者决定信任接收者，其信任程度可以用发送的金额来衡量。类似地，如果接收者返还的金额足以让发送者和接收者都较之前变得更好，那么我们可以说接收者是可信的，并使用返还的金额来度量接收者互惠性。通常情况下，我不会使用接收者返还的绝对金额，而是使用返还金额占收到金额的百分比。这是因为不同的接收者收到的金额不同。例如，接收者 A 接收到 15 美元，返还 7.5 美元；接收者 B 收到了 30 美元，只返还了 10 美元。虽然在返还金额的绝对数量上 A 的 7.5 美元要比 B 的 10 美元少，但其实接收者 A 比接收者 B 更值得信赖。

伯格研究团队招募了 64 名被试参加这个游戏，并将他们分成了 32 组（包含发送者和接收者），给了每名被试初始的 10 美元。他们还实施了一种复杂的双盲协议，在该协议中，研究人员无法观察单个发送者或接收者在采取什么行动。因此，对于其他被试和研究人员来说，发送者和接收者所做的所有决定都是完全匿名的。你可以猜猜发生了什么情况。要记住，从纯粹自利的角度来看，我们的预测是发送者什么都不会发送；如果发送者确实发送了，那我们的预测就是接收者什么都不会返还。

在图 3–2A 中，我显示了不同发送者发送的金额。数据按发送的数目降序排列，并相应地重新给发送者编号，目前的编号与原始研究中分配给他们的实际编号不同。32 名发送者中，有 5 人（图中最左端的编号 1 ~ 5）

送出了全部 10 美元，编号 6 的发送者送出了 8 美元，编号 7、8、9 的发送者送出了 7 美元，编号 10 ～ 14 的发送者送出了 6 美元，接下来的 6 位发送者（编号 15 ～ 20）送出了 5 美元，编号 21 和 22 的发送者送出了 4 美元，编号 23 ～ 26 的发送者送出了 3 美元，编号 27 和 28 的发送者送出了 2 美元，然后是编号 29 和 30 的发送者，他们送出的金额是 1 美元。在全部 32 名发送者中，只有 2 人（图中最右端的编号 31 和 32 的发送者）没有送出任何金钱。因此，32 名发送者中有 30 人选择了送出某个数目，其中有 20 人（63%）送出了一半以上，即 5 美元或更多的金额。这似乎表明，大多数发送者都愿意给予陌生人极大的信任。

他们的信任得到回报了吗？这里的答案更复杂，两种情况都存在。在某些情况下，发送者的信任得到了回报，发送者和接收者的境况都比发送者完全不信任接收者要来得更好。这并非故事的全部，在某些情况下，发送者沦落到被利用和被剥削的地步，接收者卷走了所有的剩余，只归还给发送者很少的数目或根本不归还。

在图 3–2B 中，我展示了接收者的行为。与前一幅图类似，数据按照接收者收到的总数降序排列，并相应地编号。请记住，有 5 名发送者把 10 美元全部送出去了，而发送者送出的任何金额都会由研究人员翻成 3 倍。因此，有 5 名接收者收到了 30 美元。我把这 5 名接收者的编号设为 1 ～ 5。在这 5 个人中，1 号接收者返还了 20 美元。这意味着发送者和接收者最终都得到了相同的金额，即 20 美元。2 号和 3 号接收者返还了 15 美元。因为接收者在游戏开始时就得到了 10 美元。这就意味着，在这两个例子中，发送者最终得到了 15 美元，而接收者得到了 25 美元。接收者固然比发送者赚得更多，但发送者还是多得到了 5 美元（最终收益是 15 美元，而不是 10 美元）这要比完全不信任接收者的情况更好。但是 4 号和 5 号接收者就不那么与人为善了。4 号接收者返还了 1 美元，这意味着发送者最后只有 1 美元，而接收者最后得到了 39 美元。5 号接收者没有返还任何金额，这意味着与其配对的发送者所得为 0，而 5 号接收者自己得到了全部的 40

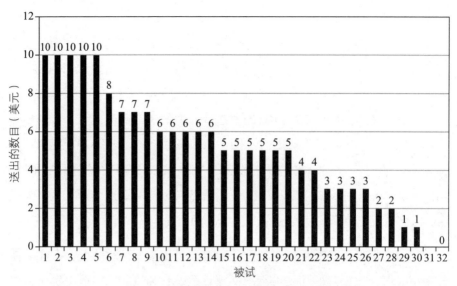

图 3-2A　信任博弈中 32 名发送者送出的数目

注：本图由作者根据伯格等人 1995 年的原始研究所提供的数据自行制作。

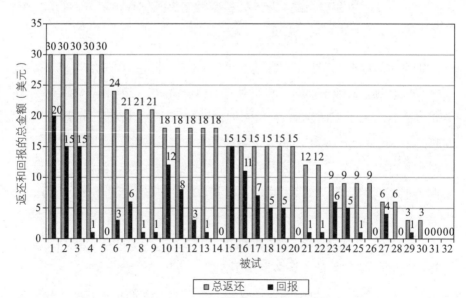

图 3-2B　信任博弈中返还和回报的总金额

注：本图由作者根据伯格等人 1995 年的原始研究所提供的数据自行制作。

美元。其他接收者返还了不同的数目。因此，虽然确实有很多接收者没有选择互惠，但也有很多人选择了互惠，而且所展示出的互惠水平超出了自利假设下的预测。送出了 5 美元或更多的发送者整体上实现了获利。5美元的投资带来了 7.17 美元的平均回报，而 10 美元投资的平均回报则是10.20 美元。

就像居特研究团队在最后通牒博弈中所做的，伯格和她的同事也意识到，不能排除被试之所以做出信任他人或对等互惠的决定，可能是由于他们犯下了错误，或者没有充分理解指令。因此，他们决定进行第二个实验，叫作**社会历史**（social history）**实验**，上面所描述的第一个实验被称为**无前史**（no history）**实验**。在社会历史实验中，他们招募了 56 名（即 28 组）没有参加过无前史实验的被试，并让他们参加同一个博弈，但有一点不同：参与社会历史实验的每名被试都得到了一份报告，其中总结了无前史实验中 32 组被试所做的决定。

假设在第一次实验中，发送者没有预料到接收者不具有返还金钱的动机。那么，提供之前博弈的历史，就可能会让第二次实验中的发送者更多地意识到第一次实验中某些接收者并没有采取互惠行动，这可能会让第二次实验中的发送者对送出金钱产生怀疑。或者也有可能的是，社会历史处理下的发送者会更多地注意到 5 美元和 10 美元的投资带来了正的净回报。这可能会使信任增加，产生更多送出 5 美元或 10 美元的决定。最终，社会历史实验的结果与无前史实验的结果大体相似。28 名发送者中只有 3 人没有送出任何数目的钱。在 24 名收到 1 美元以上的接收者中，有 13 人的返还金额超过了配对的发送者最初的投资额，这就使得两者都得到了正的净回报。5 美元投资的平均回报是 7.14 美元，而 10 美元投资的平均回报则是 13.17 美元。事实上，社会历史处理下的被试似乎比无前史处理下的被试表现出略高一些的信任和互惠行为。因此，历史似乎并没有教导被试"信任他人和值得信赖是愚蠢的"，反而强化了这两种行为反应。

这样看来，似乎很多发送者都持有与拉尔夫·沃尔多·爱默生（Ralph Waldo Emerson）^①类似的观点，即"信任他人，他们就会对你忠诚；善待他人，他们就会显示出自己的伟大"。

信任和互惠是否就等同于利他主义

与最后通牒博弈一样，有这样一个问题：在这个游戏中，发送者送出款项的决定是出于分享的愿望，而不是基于对互惠的期望？如果转手这些金钱的确是出于信任，那就应该是基于对互惠的期望。类似地，某些接收者的返还决定究竟是出于慷慨，还是出于互惠呢？

伯格研究团队已经预料到这种可能的批评意见，并先发制人地给了发送者和接收者各10美元。试想一下，假设发送者关心的确实是公平分配，那么他们还应该送出金钱吗？不一定。因为即使他们没有送出任何数目的钱，接收者也不会两手空空地回家，这一点可不像独裁者博弈或最后通牒博弈中的回应者。两个人现在手头都有10美元，即使没有任何金钱从发送者手上转移到接收者那里，最后每个人也还是会得到10美元，这可是完全公平的一种分配方式。不过，还有一个问题：在这个游戏中，送出的每1美元都翻了3倍。因此，如果发送者关心的是共同的福利，即发送者和接收者加在一起的收益，那么他仍然有可能会选择送出金钱，因为每送出1美元都将给接收者带去3美元。发送者手头少了1美元，但接收者手头却多了3美元，所以两者作为一个整体的境况变好了。因此，如果发送者有**他虑偏好**（other-regarding preferences），而不是只有**自虑偏好**（self-regarding preferences），那么即使他不信任接收者，发送者仍然有可能送出金钱。因为他虑偏好意味着他们也会关心接收者的福利（或共同的福利），

---

① 爱默生是19世纪的思想家、文学家、诗人。他是确立美国文化精神的代表人物，是新英格兰超验主义最杰出的代言人。他倡导个人主义学说，主张亲近自然，强调精神的力量远过于物质，相信个人潜能的无限性，认为人能超越感觉和理性而直接认识真理，强调直觉的重要性。——译者注

而非只关心他们自己的货币收益。

亚利桑那大学的詹姆斯·考克斯认为，伯格研究团队当初的实验设计既没能区分由信任导致的金钱转移和由他虑偏好导致的金钱转移，也没能区分由接收者的互惠性导致的返还行为和由他虑偏好导致的返还行为。考克斯设计了一个实验，让每名被试都参与三个实验，分别是：（1）前述的伯格－迪克霍特－麦凯布版本的信任博弈；（2）本书前面福赛思等人研究过的独裁者博弈[①]；（3）**独裁者博弈改良版**。你已经知道伯格等人设计的信任博弈以及独裁者博弈是如何运作的了。考克斯提出了以下观点：假设比较信任博弈中发送者送出的金额与独裁者博弈中提议者分给回应者的金额，你会发现，在信任博弈中，有可能从接收者（回应者）那里得到回报，所以有可能获得净收益；但在独裁者博弈中，没有可能从接收者（回应者）那里得到任何回报。在独裁者博弈中进行的任何金钱转移必然只是出于**他虑偏好**，而在投资博弈中进行的金钱转移则既有可能是出于信任，也有可能是出于他虑偏好。如果在投资博弈中送出的金额超过了独裁者博弈中送出的金额，那么增加的数额必然只能归因于信任他人的动机。

考克斯的第三种实验处理被称为**独裁者博弈改良版**，这是一种相当复杂的设计，在此我只会简略介绍一下这个游戏是如何运作的。假设在信任博弈中，我们有两对组合，分别是（1）邦妮和克莱德，以及（2）塞尔玛和路易丝。其中，邦妮和塞尔玛是发送者，而克莱德和路易丝是接收者（记住：排在前面的那个就是发送者，排在后面的那个就是接收者）。假设在信任博弈中，邦妮将 10 美元中的 4 美元送给克莱德，而塞尔玛将 10 美元中的 7 美元送给路易丝。这意味着邦妮还剩下 6 美元，而塞尔玛还剩下 3 美元。同时，由于送出的金额会被放大到 3 倍，所以克莱德得到了 12 美

[①] 在这里帮读者回忆一下：在独裁者博弈中，研究人员会给提议者一笔钱（比如 10 美元），并要求提议者提出一个在他自己和配对的回应者之间分配这笔钱的方案。这个游戏和最后通牒游戏的区别是，回应者没有发言权，只能接受提议者提出的任何报价，哪怕提议者分给回应者的是 0。也就是说，如果提议者给回应者 X 美元，那么提议者最终将得到 10-X 美元，而回应者则得到 X 美元。

元，而路易丝得到了 21 美元。考克斯就是从这一点开始，建构了所谓的独裁者博弈改良版。

假设在独裁者博弈改良版中，我们也有两对组合，分别是：（1）弗兰基和约翰尼；（2）布奇和圣丹斯。此时，考克斯会给两名发送者弗兰基和布奇一笔钱，其数目取决于另外两名发送者（邦妮和塞尔玛）保留给自己的数目。也就是，弗兰基得到 6 美元（邦妮留给自己的数目），而布奇则得到 3 美元（塞尔玛留给自己的数目）。与之类似，考克斯给约翰尼和圣丹斯的数目，也恰恰就是克莱德和路易丝分别得到的数目，即 12 美元和21 美元。

然后，考克斯会让约翰尼和圣丹斯用这两笔钱（分别是 12 美元和 21美元）来进行一个独裁者博弈，并问他们是否愿意分别给弗兰基和布奇送去一部分。这种操作背后的思路如下所述：因为在这个改良版的独裁者博弈中，提议者（或发送者），即弗兰基和布奇，并没有真正送出任何金钱，所以接收者不会被积极的互惠心理所激励。也就是说，他们不会觉得自己必须回报发送者的友好行为。因此，在这个改良版中，如果接收者给发送者送去金钱，那么这个决定一定是出于他虑偏好，而不是互惠；相反，在信任博弈中，接收者返还金钱的举动，既有可能是出于互惠心理，也有可能是出于无条件的他虑偏好。因此，如果在投资博弈中返还的金额超过了在独裁者博弈改良版中接收者送出的金额，那么超出的金额必然是出于互惠心理，而不是任何利他主义倾向。

考克斯发现，被试同时受到这两组因素的激励，即无私的他虑偏好，以及信任和互惠。信任博弈中的平均转手金额（10 美元中的 5.97 美元）高于独裁者博弈中的平均转手金额（10 美元中的 3.63 美元）。这表明被试的动机包含了信任，而不仅仅是他虑偏好。投资博弈的平均返还（4.94 美元）也高于独裁者博弈改良版中的平均返还（2.06 美元），这同样证明了：除了利他主义倾向，互惠以及要奖励发送者对自己信任的愿望同样发挥着重要作用。

哈佛商学院的纳瓦·阿什拉夫（Nava Ashraf）、艾里斯·博奈特（Iris Bohnet）和尼基塔·皮亚科夫（Nikita Piankov）也在一个项目中研究了信任和互惠的问题。这个雄心勃勃的研究项目的被试来自南非、俄罗斯和美国，采用了与考克斯近似的方法。他们还研究了伯格 – 迪克霍特 – 麦凯布版本的信任博弈以及独裁者博弈，但他们没有使用考克斯的独裁者博弈改良版，而是研究了 **3 倍独裁者博弈**。在独裁者博弈中，如果提议者给了回应者 X 美元，那么提议者自己就得到 10–X 美元，而回应者得到 X 美元。3 倍独裁者博弈与此相似，研究人员给回应者的金额 X 美元会是原来提议者给出金额的 3 倍，所以提议者所得到的还是 10–X 美元，就像在独裁者博弈中一样，但是回应者得到了 3X 美元。回应者无须做出任何决定，也就是说，回应者不会返还任何金钱。

投资博弈和 3 倍独裁者博弈的相似之处在于，在两个游戏中，送出的金额都会翻成原来的 3 倍。不同之处在于，在投资博弈中，发送者可以期待拿到返还的金钱，从而获利；而在 3 倍独裁者博弈中，发送者不可能拿回任何钱。假设 S 为投资博弈中发送者送出的金额，R 为接收者返还的金额。阿什拉夫和她的同事通过观察在投资博弈中所送出的金钱的数目（S）来衡量信任，再通过观察接收者从 3 倍的收入中所返还的金钱的比例（R/3S）来衡量互惠。他们的观点和论证如下所述。

首先，如果发送者的动机是信任，那么发送的金额（S）应该与预计接收者将会返还的金额（R/3S）相关。但是，如果发送者之所以送出钱，是因为他们有他虑偏好，并意识到每送出 1 美元就能为接收者创造 3 美元的盈余，那么投资博弈中送出的金额，应该和 3 倍独裁者博弈中送出的金额的相关性更强，而和投资博弈中预计接收者将会返还的金额的相关性较弱。

其次，如果接收者的动机是互惠，那么所返还的金额的比例（R/3S）将更多地取决于 3S（送出金额的 3 倍）。如果接收者的动机是利他主义，那么 R/3S 会更多地与在独裁者博弈中送出的金额相关，而不是与在投资博弈中收到的金额相关。在考克斯主持的研究中，这些研究人员发现了大量证据是支持信任和互惠假设的。不过，他们也确实报告说，也有一些证据表明：发送者和接收者双方同样也受到了他虑偏好的驱使。

预期在信任决策中所起的作用

由于信任是如此多交易的基础，而背叛这种信任可能会造成心理创伤和金钱损失，因此确保投资博弈中的行为确实反映出信任陌生人的意愿是很重要的。上述两项研究表明，信任和他虑偏好都很重要。但是，如果人们的动机主要是分享的愿望，而信任的程度较低，那该怎么办呢？在这种情况下，如果我们过分强调信任，就可能搞错了对象。

尤里·格尼茨（Uri Gneezy）、维尔纳·居特和弗兰克·韦尔博文（Frank Verboven）试图通过让人们参与一个经过特殊设计的信任博弈来理解发送者的行为。在这个游戏中，他们针对接收者可以返还的金额进行了系统调整。在这项研究中，所送出的金额只会增加一倍而不是两倍，即如果发送者送出了 10 美元，那么接收者就将得到 20 美元。在第一种处理中，接收者不管从发送者那里收到多少钱，也只能返还 2 美元。在第二种处理中，他可以返还 10 美元，这就保证了接收者至少可以全额返还发送者所送出的任何金额，即使接收者不保证（也不能保证），发送者也可以得到正的净回报（在发送者将 10 美元全部发送给接收者的情况下）。在第三种处理中，他最多可以返还 18 美元，因此无论发送者开始时送出多少，接收者都能够做到给发送者一个正的净回报。

如果在这个游戏中，发送者的动机纯粹是分享的愿望，那么接收者能够返还的金额应该不重要，也不应该对开始送出的金额产生影响。同时，如果发送者的动机是期望接收者能够回报，那么我们就预计：当更高的回报成为可能时，他们应该会投入更多。这个猜想得到了证实。当接收者只能返还 2 美元时，发送者送出的平均金额是 2 美元。但是当返还额是 10

美元或 18 美元时，发送者送出的金额要高得多。当接收者最多返还 10 美元时，送出的平均金额是 6.5 美元，而最多返还 18 美元时，送出的平均金额是 5.63 美元。后面这两个数字在统计学上没有显著的差别。为什么返还上限是 18 美元而不是 10 美元时送出的平均金额不会显著增加呢？这可能是因为，即使返还上限提高了，发送者也不会预计接收者能够返还远远超过 10 美元的金额，所以将返还上限从 10 美元提高到 18 美元对决策没有什么影响。

缅因州鲍登学院的安德烈亚斯·奥特曼（Andreas Ortmann）、约翰·菲茨杰拉德（John Fitzgerald）和卡尔·波音（Carl Boeing）决定采用一种不同的方法。他们首先复制了伯格等人最初的研究，但随后进行了一些修改，这些修改可能有助于解释金钱的转手行为是否符合信任和互惠假设。他们采用了五种实验处理。

第一种是作为比较基准的无前史处理，与伯格等人最初研究中的无前史处理完全相同，旨在复制该实验。

第二种是社会历史处理，同样类似于伯格等人研究中的社会历史处理。和伯格研究团队的做法一样，研究人员将作为比较基准的无前史处理的实验结果呈现给被试。

第三种处理除了将先前的投资和返还的金额在一个表中展示以外（伯格等人的研究也是这样做的），奥特曼研究团队还另外向被试提供了一幅类似于图 3–2B 的图，显示了不同的接收者收到的金额和返还的金额。

第四种处理与作为比较基准的无前史处理有相似之处，区别是：在决定是否要送出金钱之前，会要求发送者首先填写一份问卷。

问卷的设计有两个具体目的:（1）要确保发送者理解设计，并在做出决定之前深思熟虑;（2）通过让发送者在做出决定之前考虑决定的后果，以帮助被试决定投资的数额，从而减少意识混乱的可能性。具体地说，问卷向发送者提出了以下问题。

- 你认为自己会送出多少钱？

- 如果你送出这个数目，与你配对的接收者会收到多少钱？

- 你认为接收者会返还给你多少钱？

- 如果你是接收者，你会返还多少钱？

研究人员认为第四种处理应该能够促进战略推理，并将导致送出和返还的金额都显著下降。

第五种处理是研究人员不仅让发送者填写了调查问卷，还让他们看了一幅类似于图 3-2B 的图，图中显示了接收者返还的不同金额。

令人惊讶的是，这些实验操作并没有产生任何区别。在不同的实验处理中，发送者所送出的平均金额在统计学上没有差异。表 3-1 列出了发送者在最初所得的 10 美元中平均送出的金额。研究人员最后说，他们的发现表明，伯格等人最初的实验结果是相当可靠的。即使是关注相对回报而非绝对回报，再加上旨在诱导战略推理的调查问卷，也不能消除发送者之间的信任。

表 3-1	不同实验处理中所送出的金额		
		配对的组数	平均送出的金额（总数为 10 美元）
伯格等人的实验			
1	无前史处理	32	5.20 美元
2	社会历史处理	28	5.40 美元
奥特曼等人的实验			
1	无前史处理	16	4.40 美元
2	社会历史处理	16	4.70 美元
3	社会历史加配图的处理	24	4.70 美元
4	无前史加配问卷的处理	12	5.80 美元
5	社会历史加配图再配问卷的处理	16	5.50 美元

注：本表由作者根据伯格等人和奥特曼等人原始研究所提供的数据自行制作。

奥克兰大学的阿纳尼什·乔杜里与墨尔本大学的拉塔·甘加达兰（Lata Gangadharan）联手，从墨尔本大学招募了 100 名被试来研究期望所发挥的作用。在他们的研究中，被试在信任博弈中要扮演两个角色——发送者和接收者，但是每个角色都配了不同的伙伴。被试还会玩独裁者博弈。像奥特曼研究团队的做法一样，他们也决定通过以下方式来激发被试进行战略推理：(1) 在实验中询问每名发送者，他是否期待从与他配对的接收者那里收到任何返还，如果他确实期待，那么他预计会得到多少；(2) 除此之外，他们还要求发送者写下他们送出金钱给接收者的动机。发送者的书面回复采用自由形式，不受任何限制。

乔杜里和甘加达兰发现，期望从接收者那里返还的金额对于送出的金额有着重要影响。假设信任博弈的设定是发送者送出的每 1 美元都会翻成 3 倍，那么只要接收者返回收到金额的 1/3，发送者的境况就至少不会变得更糟。如果多于 1/3，还会变得更好。但是如果返还少于 1/3，那么发送者的境况就会变得更糟了。

那些期望值小于 1/3 的人和期望值大于 1/3 的人在行为上有着显著差异。有 44 名被试预计得到的返还小于接收者所得金额的 1/3，他们在 10 美元中平均送出了 2.14 美元。模态报价（44 人中有 18 人选择）是 0。同时，有 37 名被试预计返还将大于 1/3，他们平均送出的金额为 6.05 美元。有 17 名被试的期望值恰好是 1/3，他们平均送出了 5.41 美元。在 54 名期望得到至少 1/3 或更多的被试中，模态报价是 10 美元（54 人中有 17 人将他们的初始所得全部送出）。

发送者送给配对接收者的数额与发送者预计接收者将返还的百分比数字（即发送者对接收者所具备的互惠性的预期）正相关。乔杜里和甘加达兰还查看了发送者写下的自由形式的书面回复，上面记载了他们在信任博弈中给配对接收者送出（或不送出）金钱的动机。他们发现大部分回复都明确地谈到了信任的作用，发送者认为信任可以为自己和接收者双方都带来正的净收益。

例如，其中一条书面回复是这样写的：

我想要那 10 美元，但如果我们一起合作的话就可以赚到更多，因为平分这 30 美元会使得我们每人都赚到 15 美元。这总是有风险的，因为对另一个人来说，把 30 美元全部留给自己是一个不小的诱惑。我希望，我表露出一个明显的慷慨姿态能让我拿回一些钱，至少是 10 美元。

写下这条回复的那位被试将他分到的 10 美元全部送给了配对的接收者。

乔杜里和甘加达兰还发现，接收者返还的比例与接收者从配对发送者那里收到的金额密切相关。这意味着，当接收者收到发送者初始所得中较大的百分比时，接收者也会返还较大的百分比作为回应。从表面上看，这些结果表明"在不熟悉的情况下，信任可能是被试用来指导行为的一种本能状态"。

信任他人是否就等同于冒险

在投资博弈中，在任何时候，只要发送者决定信任接收者，也就是当某人决定信任一个陌生人时，此人无疑是在冒险。信任的对象有可能是值得信赖的，会采取互惠行动报答信任，从而使交易双方的境况都能改善。但是接收者也有可能违约，攫取了全部利益，使得信任他的那个人的境况变得更糟，还不如当初压根就不做出信任的决定。因此，信任他人的决定可以被认为类似于买彩票，即有机会赚到很多钱，但也有机会一无所获，连买彩票的本钱都亏掉了。人们在面对需要信任一个陌生人的情况时，其行为表现会类似于他们本质上就是在买一张彩票吗？总的来说，答案是否定的。当人们遇到必须信任一个陌生人的情况时，所调用的心理算法似乎与买彩票时所调用的完全不同。

克里斯·斯尼德斯（Chris Snijders）和吉迪恩·克伦（Gideon Keren）的研究，属于最早一批试图将信任与风险分离的尝试。他们采用的是伯格等人的投资博弈的一个简化版本。在斯尼德斯－克伦版本的博弈中，发送者只有两个选择：（1）送出全部的 10 美元，这样接收者就能得到 30 美元；（2）什么都不送出。① 如果发送者选择了第二种选择（类似于发送者在投资博弈中不送出任何金额的决定），那么发送者和接收者最终都会得到某个预设的金额。为了方便起见，我们假设这个金额是 10 美元。在缺乏信任的情况下，双方各得到 10 美元。然而，如果发送者决定信任并送出金钱（这意味着送出全部 10 美元），那么接收者也只能有两种选择。他可以选择返还，在这种情况下，双方都能得到比如说 20 美元。或者他可以背叛发送者的信任，在这种情况下，发送者得到 0 美元，接收者得到全部 40 美元。在实际操作中，斯尼德斯和克伦使用了"发送金钱"或"返还金钱"这样的非情绪化的说法，而不是类似于"信任"和"互惠"这样的措辞。

在本例中，发送者决定先发送 10 美元，这样做实际上有两种可能的结果：（1）返还 20 美元，即收益为 10 美元；（2）返还 0 美元，即损失为 10 美元。通过改变接收者可以返还的金额设定，我们可以操纵与送出全部 10 美元的决定相关的潜在风险。例如，假设接收者面临的选择不是如之前描述的那样残酷，而是：（1）从 30 美元中返还 10 美元并留给自己 20 美元；（2）从 30 美元中返还 20 美元并留给自己 10 美元。在这种情况下，发送者可以获得保证：即使他没能获得正的净回报，他也不会有任何金钱损失。在这种情况下，发送者考虑的两种可能结果就会相应地变成：（1）净收益 10 美元，或（2）损失 0 美元，也就是说没有蒙受损失的可能性。因此，与第一种情况相比，在第二种情况下发送者可能更有可能送出金钱。因此，通过改变接收者可以返还的金额设定，以及因此改变发送者潜在的收益和损失预期，我们可以看到发送者送出金钱的决定会发生什么变化。斯尼德斯和克伦进一步指出，潜在的收益和损失以及与之相关的风险似乎对发送者送出金钱的决策有着至关重要的影响。

---

① 斯尼德斯和克伦在实验中使用的金额并非如此。为了简单、方便，也为了与我之前讨论的投资博弈实验案例保持一致，从而方便比较，我将换用 10 美元或 20 美元的说法。这样读者更容易理解我的观点和论证过程。

　　此后的许多研究对这一发现提出了质疑。艾瑞斯·博奈特和哈佛大学肯尼迪政治学院的理查德·泽克豪瑟（Richard Zeckhauser）认为，斯尼德斯和克伦得出的结论有一个缺陷，那就是他们试图在投资博弈的背景下评估人们对风险的态度，而更好的选择其实是使用别的任务来评估。博奈特和泽克豪瑟让被试参加三个不同的游戏。他们会先玩只有两个选择的投资博弈。其中的发送者面临两个选择，就像斯尼德斯和克伦的设计那样。

　　接下来，被试会参加第二个游戏，在这个游戏中，发送者实际上是在做抽奖的选择。研究人员为他们设计的情景如下：假设他们送出了所有的10美元，就会有一定机会收回20美元，即多赚10美元；也有一定机会收回0美元，即损失10美元。研究人员要求发送者说明在什么情况下他们愿意送出10美元。如果收回20美元的概率是50%，收回0美元的概率也是50%，这意味着预期收益是10美元，他们会这么做吗？假设收回20美元的概率提升到60%或70%等不同数字呢？

　　在实验开始之前，研究人员就已经决定了收回20美元的实际概率。假设收回20美元，因此多赚10美元的概率是50%，什么都得不到的概率也是50%。如果某名被试表示：只要有50%的概率收回20美元，他就愿意把全部10美元都送出去，那他就必须玩这个游戏。如果被试表示，除非收回20美元的概率超过50%，否则他不会送出任何金钱，那么他就没必要玩这个抽奖游戏，只需保留初始的10美元即可。

　　然而，抽奖游戏有一个问题，它实际上是一个不涉及任何接收者的个人决策游戏，而投资博弈中则有一个发送者和一个接收者。我们已经发现，通常来说发送者确实关心接收者的情况。因此，博奈特和泽克豪瑟让他们的被试参加第三个游戏——**冒险的独裁者博弈**。冒险的独裁者博弈类似于抽奖选择游戏。不同之处是，如果发送者送出了钱，结果将是发送者和接收者都收到了正的净回报，那么这个独裁者博弈中设置的新角色——被动回应者，也会得到一些钱。例如，假设实际的结果是发送者和接收者均得到 20 美元，那么这个独裁者博弈中的被动回应者实际上也会得到 20 美元。

博奈特和泽克豪瑟发现，在投资博弈中，发送者的行为与抽奖选择游戏或冒险的独裁者博弈不同。在投资博弈中，人们更不愿意送出钱，也就是说，不愿意承受被人利用的风险，而在抽奖选择游戏或冒险的独裁者博弈中，他们的行为并没有什么不同。博奈特和泽克豪瑟评论道："我们的研究结果表明，信任的决定不仅仅受到风险的影响……他们的行为就好像无论付出的金钱代价有多高，都不及背叛的代价那么大。"

凯瑟琳·埃克尔（Catherine Eckel）和里克·威尔逊（Rick Wilson）也研究了信任和风险之间的关系。埃克尔和威尔逊在两个不同的地点——弗吉尼亚理工学院暨州立大学以及莱斯大学，招募被试来完成四项不同的任务。

- 进行投资博弈，其方式是：每组配对中的一名成员在弗吉尼亚，另一名成员位于休斯敦。这使得这一配对中的成员在未来几乎不可能和对方打交道。

- 填写一份有 40 个问题的心理调查问卷，即朱克曼感觉寻求量表（Zuckerman Sensation Seeking Scale），这是为了引出被试对于寻找新奇刺激活动的偏好。[①] 这份调查要求被试从两组关于危险活动的陈述中选出他们更喜欢的选项。例如，有一对语句是：（1）在高高的山坡上滑雪是作死的好方法，拄着拐杖将会是你的结局；（2）我想我会享受从高高的山坡上快速滑雪飞驰而下的感觉。

- 从 10 张彩票（每一张彩票都提供了两种选择）中逐一选出他们喜欢的选项，例如，1 号彩票：选项（1）有 10% 的概率得到 2 美元，有 90% 的概率得到 1.6 美元；选项（2）有 10% 的概率得到 3.85 美元，有 90% 的概率得到 0.1 美元。2 号彩票：选项（1）有 20% 的概率得到 2 美元，有 80% 的概率得到 1.6 美元；选项（2）有 20% 的概率得到 3.85 美元，

① 这是一种人格特征测量工具，由美国心理学家朱克曼于 1969 年首次编制而成，其英文首字母简称为 SSS 或 ZSSS。——译者注

有 80% 的概率得到 0.1 美元。其余彩票依此类推。

● 最后，做出另一个有风险的选择——他们要么选择确定地获得 10 美元，
要么选择一张彩票，分别有 10%、20%、40%、20% 和 10% 的概率获
得 0 美元、5 美元、10 美元、15 美元或 20 美元的报酬。被试在填写调
查问卷时会得到 5 美元的报酬，同时会根据他们在任务三和任务四这
两次抽奖中的选择而获得报酬。

埃克尔和威尔逊发现，以上三种风险度量方式的结果（朱克曼感觉寻
求量表和两种彩票选择）都与信任博弈中送出金钱的决定（即信任的决定）
没有任何显著的相关性。也许有人会认为，信任一个陌生人的决定和人们
从事有风险的赌博有共性，都是出自相同的心理过程。虽然这个推论在逻
辑上说得通，但是上述研究结果似乎表明了，人们并没有将信任他人的决
定感知为一种充满风险的选择。

苏黎世大学的迈克尔·科斯菲尔德（Michael Kosfeld）、马库斯·海因
里希斯（Marcus Heinrichs）、乌尔斯·菲施巴赫和厄恩斯特·费尔，以及
克莱蒙特研究生大学的保罗·扎克（Paul Zak），采用了一种极其新颖的方
法来测试信任与风险之间的关系。他们研究的是一个稍微修改过的信任博
弈，在这个游戏中，发送者和接收者起初各有 12 美元（他们在实验中使
用的是一种虚拟代币，在实验结束时会将其转换成现金。为了简单和方便，
我将继续使用美元的说法）。发送者在送出金额上有四种选择，具体来说，
他可以选择送出 0 美元、4 美元、8 美元或 12 美元。送出的金额会翻成 3
倍，这意味着接收者将分别得到 0 美元、12 美元、24 美元或 36 美元。然后，
接收者可以返还不超过自己所得金额的任何数目。例如，假设发送者送出
了 8 美元，那么接收者将得到 24 美元，他可以选择返还 0 ～ 24 美元之间
的任何金额。

在第二种处理中，发送者面临与信任博弈相同的选择，但有一点不
同——一个随机的机制（而不是某个人）决定了发送者能收回多少钱。因

此，第二种处理类似于抽奖，既可能有好结果，也可能有坏结果。这些研究人员实施了一种双盲协议，在该协议中，研究人员不知道每个人做出的决定，而且也不能追溯到这些决定的决策者。

现在我们要说到这项研究的新奇部分了。在信任博弈和有风险的抽奖选择游戏中，某些被试会得到一剂鼻内催产素，而其余的被试得到的只是安慰剂。催产素是一种神经肽，在社会交往中起着重要作用。催产素除了有促进泌乳和分娩的生理功能外，它的受体还分布在大脑的不同区域，这些区域与配偶结合、母性关怀、性行为和形成正常的社会依恋能力有关。

在这个信任博弈中，共有 58 名发送者，其中一半被试得到催产素，而另一半被试得到安慰剂。数据显示，催产素大大提高了发送者信任他人的程度。在 29 名得到催产素的被试中，有 13 人（45%）将他们的全部初始所得都送给了配对的接收者，表现出了最大程度的信任。然而，在安慰剂组中，29 人中只有 6 人（21%）这样做了。催产素组的平均送出金额为 9.6 美元，显著高于安慰剂组的 8.1 美元。催产素组送出金额的中位数是 10 美元，而安慰剂组的中位数是 8 美元。

有 61 名被试参与了有风险的抽奖选择游戏，其中催产素组有 31 人，安慰剂组有 30 人。这两组人的行为没有显著差异。催产素组送出金额的平均数或中位数与安慰剂组并没有什么不同。因此，使用催产素会增加信任博弈中的信任，但不会影响抽奖选择游戏中的行为。这再次表明，信任的决定与接受有风险的赌博的决定是完全不同的。

信任他人的人就必定可信吗

大多数关于信任的研究中都有一个隐含的假设，即信任和可信度必定会有相似的心理结构，也就是说，一个信任他人的人，当他有机会时，他也会以互惠行为回报他人的信任。令人惊讶的是，事实证明并非如此，那些信任别人的人并不一定会回报别人。乔杜里和甘加达兰有很好的机会可以调查这个问题，因为在他们前述的研究中，每名被试都扮演了一次发送者（这使得我们可以衡量该被试信任他人的程度）和一次接收者（这使得我们可以衡量该被试的可信度）。

如果被试在投资博弈中将其初始所得 10 美元的 50% 或以上（即 5 美元或更多）送了出去，乔杜里和甘加达兰就将这名被试界定为"信任他人"。如果被试送出的比例小于 50%，那么就将此被试界定为"不信任他人"。这样一来，我们就可以找出：被界定为"信任他人"的被试是否比"不信任他人"的被试表现出了更强的互惠性，答案是否定的。使用 50% 作为分界线，有 58 名被试被界定为"不信任他人"（送出的金额少于 50%），有 42 人被界定为"信任他人"（送出了 50% 的金额或更多）。"不信任他人"的被试平均返还了他们所收到金额的 18%，而"信任他人"的被试却仅仅返还了 16%。这种差异并不显著，但是即使两名研究人员尝试换用其他方式来定义"信任"时，结果也并没有发生改变。

那些信任他人但却不回报信任的人似乎不太会被纯粹的信任打动，而只是热衷于利用他人的信任和可信度来增加自己的收益。这类被试采取的行动似乎是这样的：作为发送者，他们会信任其他玩家，希望从对方那里激发出互惠行动，从而得到更大的收益。然而，作为接收者以及与之配对的发送者所信任的对象，他们虽然要依靠发送者的信任才能将饼做大，但是仍然会选择不采取互惠行动，而是一口吞下全部或大部分盈余，从而为自己获取更大的收益。

以上证据表明，虽然这个游戏中的大多数被试都表现出信任，但当他们有机会回报信任时，并不是所有人都一定会这样做。因此，许多被试虽然信任他人，但其本人可能不值得信任。反过来看，那些选择了回报信任的人，是否也更倾向于信任他人呢？答案是肯定的。让我们假设，一名被试如果返还了所收到金额的至少 1/3 或更多，那么此人就是值得信任的。满足这个标准的被试有 27 个人。剩下 55 人的返还金额少于 1/3，可以认

为他们"不那么值得信任"。实验结果是，27 名值得信任的被试在充当发
送者时，在 10 美元中平均会送出 5.33 美元，高于其余 55 名不那么值得信
任的被试平均送出的 3.82 美元。[①]

我们从乔杜里和甘加达兰的研究中得出了一个有趣的观点：信任和可
信赖之间的不同步。换句话说，信任他人的人不一定值得信任，但值得信
任的人更愿意信任他人。乔杜里和甘加达兰进一步提出，许多先前的研究
所解读的信任其实有两个不同的组成部分：其一是既信任他人又值得信赖，
这样的人通常具备与人为善的社会取向；其二是倾向于信任他人但不愿意
回报信任，这就隐含了机会主义因素。前者绝对是一种可取的品德，但后
者就未必是了。哈佛大学的著名社会学家罗伯特·帕特南（Robert Putnam）
在他的著作《独自打保龄：美国社区的衰落与复兴》（*Bowling Alone: The
Collapse and Revival of American Community*）中评论道：

> 在其他因素相同的情况下，信任他人的人更多地参加志愿活动和
> 慈善捐款、更频繁参与政治和社区组织、更愿意出任陪审员、更多地
> 参与献血、更充分地履行纳税义务、更能容忍少数派的观点，并会展
> 现出许多其他形式的公民美德。

说到社会取向，可信度其实比信任更重要、更相关，上面对帕特南
的引用所表明的其实也是同样的观点。如果一个人值得信任，那么他肯
定愿意信任他人，但是信任他人的人却不一定值得信任。在这一引用中，
帕特南对"信任"一词的使用应该被解释为可信赖。罗宾·道斯（Robyn
Dawes）和理查德·塞勒所讲述的以下轶事对这个观点进行了很好的概括：

> 在希腊伊萨卡岛附近的农村地区，农民通常会把一些新鲜农产品
> 放在路边的桌子上。桌子上有一个钱箱，这种做法就是期待顾客拿走

---

① 敏锐的读者可能已经注意到了，27 和 55 加起来等于 82，而不是这个特定研究中被试
的人数即 100。这是因为在这项研究中有 18 名接收者没有从发送者那里得到任何金额，
因此，这 18 名接收者自然也就无法决定返回多少。所以，这 18 个人被排除在针对返还
数量的讨论之外，只留下了 82 个观察样本。

农产品时把钱放在钱箱里。这个钱箱只有一个小口子，所以没有钥匙的话，钱只能放进去，但取不出来。而且，盒子是固定在桌子上的，所以没有人可以（轻易）地偷走钱。我们认为农民对人性的理解是正确的。他们觉得会有足够多的人自愿为自己拿走的新鲜玉米付钱，所以放些农产品和一个钱箱在那里是值得的。但是农民们也知道，如果拿走钱很容易，就会有人做出这样的举动。

信任和互惠对经济行为的影响

信任行为的普遍存在是人类这个物种的一个显著特征。几乎所有的人类社会互动和许多经济互动都以信任为特征。在本章的这一部分，我将集中讨论这其中的几个问题。

经济学中的一个常见且基本的问题是所谓的**代理**（agency）问题，或者用经济学家的话来说是**委托－代理**（principal-agent）问题。代理问题出现在许多或者也有可能是绝大多数雇佣关系当中。这样的例子不胜枚举：咖啡馆或餐馆的老板雇用经理来经营；地主雇用农业工人耕种土地；公司的股东雇用 CEO；州政府或联邦政府雇用主管来经营国有企业。在所有这些情况下，问题的关键都是相似的：所有者和工作者努力要做的往往并不一致，因为工作者的目标和目的可能与所有者非常不同。

让我们举一个咖啡馆老板雇用经理来经营的例子。很明显，老板希望生意兴隆，能多卖些咖啡和糕点，这样他就能赚钱了。为了实现这一点，经理需要努力工作。但是，如果经理不能分享企业产生的利润（假设经理拿的是固定工资），那么他可能就没有那么强的动力去努力工作，因为努力工作意味着付出精力、绞尽脑汁，虽然经理努力工作将为老板带来更多的钱，但不一定对经理有利。因此，如果经理的工资是固定的，那么他付出的努力少一些反而会过得更好。假设生意不好，他可以将其归咎于位置不好或天气炎热。经理也许会对老板说："最近天气太热了；老板，实在是没人会喝咖啡啊！我们需要拿到卖酒的执照，这样我们就可以卖啤酒和混合饮料了。"这种情况的问题在于，如果生意不好，那么老板无法确定是由于位置或天气不好，还是因为经理懒惰，或者是经理的态度不好，提供的服务很糟糕。为了找到答案，所有者必须对经理实施不间断的监督或管控，但如果真能做到那样，那么所有者也许还不如自己来经营呢。因为所有者可能还要把时间花在其他生意或事情上面，所以他不可能把所有的时间都用来监督经理。

面对这样的代理问题，经济学家的建议是：必须对员工提供适当的激励（胡萝卜加大棒），以便让员工履行自己的职责到令人满意的程度。胡萝卜可能包括工资、薪水、基于绩效的奖金、提成以及得到晋升的可能性，而"大棒"则包括指责、将糟糕的表现记录在案（使以后的晋升更加困难）、罚款、惩罚、降级，当然还有解雇。事实上，激励对于实现雇佣关系的最佳结果至关重要的观点乃是经济思想的基础。尽管经济学家在许多问题上意见不一，但在有必要为员工设计适当的激励方案这一点上，他们却有着广泛共识。共识是如此之强，以致 N. 格里高利·曼昆（N. Gregory Mankiw）——最受本科生欢迎的经济学教科书之一的作者，所列出的"绝大多数经济学家都认同的十大基本原则"的第四条就是"人们会对激励做出反应"。

这进而导致以下结论：雇佣关系必须由包含**激励相容**（incentive compatible）的**显性契约**（explicit contract）来管理。所谓激励相容，意味着合同必须明确规定激励措施，包括对良好表现的奖励和对不佳表现的惩罚。如果没有一个设计良好的、激励相容的合同，以同时提供胡萝卜和大棒，员工就没有努力工作的动力，必然会逃避责任，导致所有者的利润降低。虽然大多数经济学家会欣然同意激励的重要性，但是现在越来越多的证据表明，经济学家可能过分强调了**显性激励**（explicit incentive）的重要性。一个本质上依赖于老板和员工之间的相互信任和互惠的**隐性契约**（implicit contract）制度，经常会和一个依赖奖励和惩罚的显性契约制度同样有效。

这并不是一个新观念，它已经存在一段时间了，至少可以追溯到 20 世纪 70 年代早期。当时，加州大学伯克利分校的经济学家乔治·阿克洛夫（George Akerlof）提出了将劳动合同视作礼物交换的想法。阿克洛夫的论点建立在 20 世纪 50 年代中期社会学家乔治·霍曼斯（George Homans）所做的一项研究的基础上。霍曼斯关注的是位于美国东海岸的东部公用事业公司内的一份叫作"现金招贴"的工作。他研究了由 10 名年轻女性组成的一个小组，她们的工作是当收到客户的付款时用分类卡进行记录。该公司对此类工作的政策是每小时至少处理 300 份。不同员工的工作速度都被仔细地记录下来，那些低于定额的员工会受到主管的温和斥责。霍曼斯发现，平均每小时的处理数量是 353 份，比雇主设定的要求多了 18%。

标准经济理论很难解释两点：（1）为什么手脚更麻利的员工没有降低处理速度，以求仅仅达到每小时 300 份的标准就好；（2）为什么企业没有提高对更麻利的员工的速度要求。所有做这份工作的人的时薪都是一样的，速度更快的员工并不能指望获得更多的绩效奖金。如果员工得到提升，他们将会背负更多的责任，但只能收到一样的工资。此外，员工辞职的频率很高（大多数情况下是为了结婚），这导致企业与员工之间的雇佣关系并不是特别长久；因此，没有什么机会去培养长期的忠诚感。由于时薪是固定的，和努力程度无关，而且员工也不认为未来晋升能提供多大的回报，因此经济学理论对此的推测会是：员工应该调整他们的工作习惯，以求仅仅达到企业设定的标准就好。但很明显，员工们付出的努力远远超出了企业对他们的期望。

这促使乔治·阿克洛夫提出了一种基于雇主和雇员之间礼物交换的雇佣关系新模式。阿克洛夫表示，员工在互动中会对彼此及企业产生感情。由于对企业有了感情，员工通过与企业交换礼物可以获得效用或满意度，而满意度的水平则取决于礼物交换的规范。员工赠予企业的礼物是指完成超过最低工作标准的工作；企业赠予员工的礼物则是目前工资高出这些女性假如换份工作所能得到的工资水平。如果企业支付给员工的工资超过了员工换一份工作所能获得的收入，或者超过了劳动力市场上由供求关系所决定的工资水平，经济学家就称之为**效率工资**（efficiency wage）。这种效率工资在许多行业被用来：（1）培养员工的忠诚度；（2）防止员工辞职（因为替代工作的工资可能比目前的数额要低得多）；（3）吸引更熟练的员工。根据社会学文献中的研究发现，阿克洛夫认为：员工的努力程度往往由工作群体中占主导地位的规范来决定，而不仅仅由所支付的工资决定。

这反过来又对劳动力市场产生了重要的、有点违背直觉的影响。古典经济学理论认为，劳动力市场上的工资率是由企业对劳动力的需求和工人对劳动力的供给两者之间的相互作用所决定的。[①]只要一家企业愿意支付这种由市场决定的工资，它就可以雇用任何数量的员工，想要多少就可以雇多少。如果企业不愿意提供市场工资，那么它将无法雇到任何员工。但如果企业与员工互动关系的礼物交换模式是正确的，那么企业很可能会发现，它支付高于必要水准的工资反而对自身有利。作为回报，员工可能会付出超过必要水准的努力。

劳动力市场上的礼物交换意味着：那些只做出为保住工作所需的最低限度努力的员工，可能至少会遭受名誉上的轻微损失；反过来，那些只支付足以留住员工的最低限度工资的企业也会失去一些声誉。在标准的经济学模型中，追求利润最大化的企业永远不会选择支付高于市场均衡水平的工资，因为这样做没有任何好处。然而，在礼物交换模式中，企业发现，在足以获得劳动力的工资水平上再多支付一点是有利的，因为支付更高的工资能够换来好处。

耶鲁大学的杜鲁门·比利（Truman Bewley）在劳动合同领域做了大量的研究，他发现礼物交换模式确实适用于现实生活中的劳动管理实践。在

---

① 暂时让我们假设存在一个包罗万象的劳动力市场。如果你对此不能认同，那么你可以认为存在着许多不同的劳动力市场，比如一个蓝领工人的市场、一个白领的市场、一个CEO 的市场等。每个市场中都存在着对劳动力的需求和供给，两者共同决定了出卖劳动的人（即工作者）的工资和薪金。

20世纪90年代前半期，经济衰退导致失业率高企。在美国东北部，基于对246名企业管理者和19名工会领导人的访谈，比利做了一项研究。他发现，即使在存在普遍失业的背景下可以轻易地以较低的工资雇用到人，大多数企业的管理者仍然不愿削减现有员工的工资。反对减薪的主要阻力来自上层管理人员，而不是员工。比利认为，不愿减薪的主要原因是减薪会打击士气，他评论道：

> 士气有三个组成部分。一是对企业的认同感，以及对企业目标的内化。二是自己与企业和其他员工之间的隐性交换中所包含的信任——员工们相信，给予企业和同事的帮助最终都会得到回报……三是一种有助于做好工作的情绪……经理们之所以关心士气，是因为士气对于员工流动率、新员工招聘和生产力都有影响……减薪会影响现有员工的士气，因为减薪意味着一种羞辱。员工习惯了定期加薪，并将之视为对良好工作和忠诚的奖励，因此他们将减薪视为一种冒犯，认为它违背了隐性的互惠协议。对减薪的抵制和对内部薪酬公平的需求源于公平的理念，而所谓公平通常指向某种参照工资。减薪的参照工资就是以前的工资。

虽然似乎有足够的证据，如霍曼斯在东部公用事业公司的研究，支持阿克洛夫关于礼物交换的观点，但这些都是不可复制的一次性观察的结果。苏黎世大学的厄恩斯特·费尔和他的合作伙伴——西蒙·加赫特（Simon Gächter）、乌尔斯·菲施巴赫、格奥尔格·克什施泰格（Georg Kirchsteiger）、阿尔诺·里德尔（Arno Riedl）、克劳斯·施密特（Klaus Schmidt）和亚历山大·克莱因（Alexander Klein）等人，开始了一项雄心勃勃的研究项目，他们使用一系列精心设计的实验来测试礼物交换模式在雇佣关系中的有效性。这些实验的最大优势是，费尔研究团队可以通过多种方式改变实验设计，从而了解影响行为的因素。这样就可以梳理出各种因素对雇佣合同效力的影响。

费尔研究团队使用各种不同的实验设置对这些问题进行了详细的研究。尽管实际游戏中的表述在不同的论文中有所差别，为了简单方便，我将使用统一的说法来讨论他们的实验结果。研究的基本思想是考察企业和员工之间的雇佣关系。被试在实验开始时会分到企业或员工的角色，这些角色在整个过程中保持不变。员工需要付出努力以生产出一份交给企业的产品。这种努力对员工来说是有成本的（也可能是心理上的成本）。付出的努力越多，产出也就越大。但更大的努力同时会导致员工产生更高的成本。费尔研究团队为这一成本赋予了货币价值。企业出售产品以获得收入，并给员工发工资。企业的利润是其销售收入减去付给员工的工资之间的差额。员工的利润是工资与其劳动成本（以货币形式计算）之间的差额。

毋庸赘言，付出的努力越多，企业的境况就越好，因为更多的努力会产生更高的产出，从而为企业带来更高的销售收入。然而，由于努力并非是无代价的，对员工而言，投入更多的努力意味着更高的成本；因此，如果努力得到的报酬数量是固定的，那么降低努力水平对员工来说反而会更好。因此，企业的目标和员工的目标之间存在着分歧：企业希望员工努力工作，投入大量精力，从而创造出更大的产出和收入；与此同时，如果员工的工资是固定的，那么他就没有努力工作的动力，反而会努力卸责，即只投入最低限度的努力，让自己不至于被解雇就行了。

在大多数实验设置下，为了简单起见，每家企业一次只能雇用一名员工。但通常情况下，员工数量比企业数量要多，这意味着在每一轮中都会有一些员工无法就业。鉴于员工要为得到工作机会而竞争，因而企业可以支付较低的工资，并要求员工付出更多的努力，所以这样的设置赋予了企业更强的市场力量。一些员工可能会对低工资、高要求的工作心生抵触，但拒绝工作的结果就是什么也赚不到。面对两手空空和还有一些微薄收益的两种不同前景，可能会有一些员工不假思索地选择后者，尤其是当他们认为如果自己不接受还会有其他人抢着要接受的时候。然而，在每一轮企业和员工都会随机重新配对，这就使得同一家企业和同一名员工之间不太可能再次打交道。这种实验设置产生的效应是：每次互动都是一次性的。鉴于同一家企业在未来遇上同一名员工的可能性几乎不存在，企业和员工都有更强的动机要按照自利的方式采取行动，将注意力集中于在每一轮中最大化自己的收益，而不用担心未来遭到另一方的报复。①

厄恩斯特·费尔、格奥尔格·克什施泰格和阿尔诺·里德尔对礼物交换模式进行了首次实验测试。他们的出发点是：如果企业和员工都按照经济学的规律行事，那么我们在任何劳动力市场上都应该能看到这样一幅景象：企业将向员工支付由劳动力供求决定的市场工资，作为回应，员工只会付出足以保住工作的、最低限度的努力。他们设计了一个实验，在第一阶段，企业向员工提出关于工资的提议。对于任何一个特定的工资提议，员工都可以选择接受或拒绝。如果员工接受了，那么员工就要决定选择一个努力水平作为回应。在实验中，员工没有受到任何金钱上的激励，但要付出高于最低限度的努力；能够预测到这一点的企业没有动力去提供高于市场均衡水平的工资，而这个市场均衡水平是由劳动力供求决定的。同时，如果礼物交换模式可以很好地预测实际行为，那么我们的预期会是：企业提供的工资通常会高于它们必须提供的最低报价，而员工则付出高于最低限度的努力作为回报。

费尔等人的研究结果强烈地支持礼物交换模式。他们发现，平均而言，企业提供的工资远远高于市场均衡工资。虽然它们并没有必要出这么高的价，特别是考虑到人浮于事，员工本该愿意接受以相对较低的工资来工作。反过来，员工回应的努力水平达到了预期努力水平的 4 倍。

此外，他们发现，员工的平均努力程度随着工资的提高而提高；也就是说，如果企业付给员工更高的工资（这类似于信任的举动，因为员工可以简单地拿走工资，而只付出最低的努力作为回报），员工就会回报更高的努力水平。费尔等人得出的结论是：对公平的考虑确实阻止了工资下降到

① 在任何一种实验设置下，这些互动都是匿名的，并通过计算机软件来进行。因此，在任何一轮游戏中，玩家都不会知道与他们互动的人的身份。

市场均衡水平。这是令人惊讶的，鉴于工作机会比员工更少，因此每一轮中总会有一些员工失业。我们本来的预计是：员工之间为了稀缺的工作岗位相互竞争的压力会把工资压低到市场均衡水平。但很明显，事实并非如此，企业继续支付高于实际需要的工资以吸引员工。企业预期员工会表现出互惠性，即提供更高的工资会促使员工回报以更高的努力。在一项后续研究中，厄恩斯特·费尔和西蒙·加赫特允许这些企业提供两种类型的合同。

一种是信任合同。在这种情况下，企业付给员工固定工资，并要求员工付出一定的努力作为回报。这与费尔、克什施泰格和里德尔的研究中给出的工资提议相似。员工如果接受了合同，就可以领取工资并决定自己愿意付出多少努力。员工并没有受到任何强迫去付出企业所要求的努力，因为企业既没有机会以任何方式惩罚员工，也不能在未来的某一轮中施加报复——因为双方不可能会再次互动。因此，企业对员工付出努力的期望更多的只是一种请求（或道德劝说）的性质，员工是否要遵守这一请求只在自己，不受任何强迫。我们再次按照古典经济学理论的原则来推演。在这种情况下，企业付给员工固定工资，而员工可以选择回报以任何水平的努力（不管企业要求的是多少）。员工没有受到任何显性激励要在最低限度之上付出更多。因此，我们预测员工的行为会是：拿走工资，只付出最低限度的努力。换句话说，信任合同只为员工提供了一种隐性的或内在的动机——具体方式为信任员工和尝试激发其互惠行为，但没有任何显性的动机。

另一种是激励合同。在激励合同下，企业付给员工工资，并要求他们付出某种程度的努力，这就如信任合同一样。不同之处在于企业可以选择监控员工。如果员工没有付出企业要求的努力水平，企业可以通过罚款来惩罚员工（比如降低工资），而且企业能将这笔罚款收入囊中。监控会增加企业的成本，因为企业必须花钱引入监控手段，例如闭路摄像头或由监工对员工实施随机检查。此外，监控并不能达到完美的效果，因为当员工卸责时，监控手段有可能发现并因此惩罚员工，但这种卸责行为也有可能不会被发现。然而，通过对支付给员工的工资和可能施加的罚款精心赋值，企业应该能够提供正确的激励，以促使员工付出更多的努力。这是一种更传统的以胡萝卜和大棒为基础的显性激励方式，按照预测，这种显性激励合同比起以信任和互惠为基础的隐性合同能够诱导员工付出更多的努力。

费尔和加赫特有一系列惊人的发现。一是，与激励合同相比，平均而言，在基于信任的合同中，企业会提供更高的工资，并要求员工付出更高水平的努力。二是，员工在激励合同下付出的努力水平低于在信任合同下付出的努力水平。即便对不遵守约定的员工规定了明确的罚款，许多员工仍然选择卸责。鉴于监控手段不完善，无法百分之百地准确发现他们的卸责行为，这一事实进一步拉大了两种合同下的努力水平的差别。研究人员用"员工付出努力超过企业要求水平的幅度"作为指标，来衡量自愿性的合作行为。与激励合同相比，信任合同下的自愿合作程度要更高，也就是说，在信任合同下，员工实际付出的努力常常会超出企业要求他们付出的最低限度；在激励合同下，愿意这样做的员工更少。这表明，企业在合同中明确规定惩罚措施，可能会减少员工的自愿合作行为。在基于信任的合同中，工资的提高会促使员工付出更高的努力。整体而言，与激励合同相比，依赖于企业和员工之间的相互信任和互惠行为的合同会为双方带来更高的收益。

在另一项研究中，费尔、加赫特和克什施泰格在雇佣合同中加入了第三个阶段。在第一阶段，企业向员工提供一份合同。如果是信任合同，就会包括工资方案和企业建议员工付出的努力水平。如果是激励合同，就会包括工资、要求的努力水平，以及预先规定的、员工支付给企业的罚款（如果企业发现员工有卸责行为，即所提供的努力低于要求）。与之前相同，监控手段是不完善的，员工卸责可能会被发现，也可能会躲过监控。在第二阶段，员工首先决定是否接受合同，如果他接受了合同并收取了工资，那么他就要决定自己会付出多少努力。在费尔和加赫特的研究中，如果是信任合同，员工没有受到任何激励要去付出高于最低限度的努力；如果是激励合同，通过适当调整罚款数额和卸责被抓到的机会的乘积，企业可以保证员工将付出更多的努力。

在这次实验中，费尔、加赫特和克什施泰格加入的第三个阶段如下：企业可以看到员工在第二阶段选择的努力水平，以及该努力水平是高于、等于还是低于企业要求的水平。观察到员工的努力后，企业可以决定是否要在罚款以外对员工施加进一步的惩罚（如果努力水平低于要求），或反过来以奖金方式奖励职工（如果努力水平高于要求）。然而，不管是奖励还是惩罚都会给企业带来金钱成本，因为如果企业想奖励或惩罚员工，就必须动用企业自身的利润。请记住，所有这些都是一次性的互动，双方未来打交道的可能性极小。

因此，在第三阶段，企业没有动机花钱对员工所付出的努力实施奖励或惩罚。假设员工卸责导致企业亏损，企业花更多的钱去惩罚员工仍然是没有意义的，因为企业不会再和这个员工打交道了。因此，企业可能会选择忍气吞声，继续进入下一轮互动。同样地，即使员工付出的努力比要求的多，企业也没有动机去奖励员工。员工已经得到了工资，而他也没有办法强迫企业支付奖金。企业不关心员工是否会感到不满，因为这家企业很有可能再也不会与这个特定的员工打交道了，所以即使员工不开心，未来也不会对企业有影响。

意外的是（或者其实也不是那么让人意外），费尔和他的同事发现：员工有大约 50% 的概率在第二阶段选择卸责；假设这种情况发生，企业在第三阶段会选择惩罚这些员工，尽管这种惩罚只会增加该企业的货币成本，而不会产生任何未来的好处，比如说为企业挣得一个严厉的名声，因为同样的双方未来不大可能会再相遇。此外，有大约 50% 的概率，员工只是恰恰达到了企业要求的努力水平，或者极个别情况是员工付出了高于要求的努力；假设这种情况发生，企业会发放奖金，作为对员工的奖励，即使企业本来没有这样做的必要，而且发奖金是要增加企业的货币成本的。虽然企业在第三阶段没有奖励或惩罚的动机，而且奖励或惩罚机会的存在不应该产生任何差异才对，但是只是奖励或惩罚机会存在这个事实本身，就已经足以导致企业在这个实验设置下提出更高的要求，而员工也以更高的努力水平作为回应。

费尔、加赫特和克什施泰格进一步指出，从企业和员工双方的角度来看，这种高工资换高努力的战略对双方都是更好的，企业和员工之间的相互信任和互惠为他们创造了更好的成果。他们的建议是：

> ……完全依赖自私，特别是忽视互惠动机，可能会导致错误的预测和错误的规范性推论。我们认为，互惠行为可能导致可执行合同的增加，并因此可能实现不可小觑的效率增进。

雇主和员工之间的礼物交换想法在理论上可能听起来不错，但作为一种商业实践，它真的有效吗？它能降低员工流失率吗？执行这种模式的企业比依赖传统的命令和控制系统的企业表现得更好还是更差呢？斯坦福大学的詹姆斯·巴伦（James Baron）、迈克尔·汉南（Michael Hannan）以及麻省理工学院的黛安娜·伯顿（Diane Burton）在斯坦福新兴企业研究项目的支持下，以加利福尼亚州硅谷的高科技初创企业为样本，研究了组织实践对员工流失率的影响。巴伦和他的合作伙伴提出的研究问题是：鉴于硅谷地区不同的高科技初创企业似乎在所有者和员工之间实施了不同类型的合同关系，那么这些人力资源实践对员工辞职倾向的影响是什么呢？

巴伦和他的同事接触了 376 家成立于 20 世纪 90 年代、员工人数至少在 10 人以上的企业。其中，173 家企业同意参与这项研究。经过培训的 MBA 学生和博士对企业 CEO 进行了半结构化访谈。访谈要求 CEO 找出最能提供企业起源信息的创始人（或创始团队成员），以及组织内人力资源管理实践的最佳人选。这些人首先被要求填写调查问卷，然后再接受访谈。研究人员发现，在许多初创企业的组织中，雇佣关系中的一个重要方面是**依恋关系**（attachment）。

企业创始人阐述了员工依恋的三种不同基础，研究人员将之称为爱、工作和金钱。某些创始人希望创建一种强大的、家庭式的感觉，以培养员工与管理层之间的情感纽带以及员工之间的情感纽带，这将鼓舞大家卖力工作，让那些人人都想挖走的员工更愿意留下来，从而避免困扰许多这类初创企业的员工频繁辞职的问题。在这种框架下，将员工与企业捆绑在一起的是一种归属感和对企业的认同感，这与上面讨论的礼物交换模式是一致的。另一些创始人希望通过提供有趣的和有挑战性的工作机会来激励他们的员工。最后还有一些创始人认为雇佣关系仅仅是一种简单的金钱劳动交换。至于谈到协调和控制员工的行动，似乎有两种方法：一种是通过建立一种特殊的组织文化，通过同事进行非正式的控制；另一种方法与更传统的观点相吻合，即建立一套正式的、基于胡萝卜和大棒的程序和制度。

基于广泛的调查和访谈，研究人员将高科技初创企业的组织结构分为五种不同的模式（尽管它们之间有某种程度的重叠）：

- 工程模式（engineering model）：通过富有挑战性的工作来创造依恋，借助于同伴群体控制，并基于特定的任务和能力来选人；

- 明星模式（star model）：通过富有挑战性的工作来创造依恋，依靠自主控制和专业控制，以长远潜力为标准选择精英人才；

- 承诺模式（commitment model）:管理层和员工之间，以及员工彼此之间，有着基于相互信任和互惠的、充满情感的、家庭式的依赖；

- 官僚模式（bureaucracy model）：通过富有挑战性的工作来创造依恋，但员工的选择是基于特定角色的论资排辈，实施的是正式控制；

- 专制模式（autocracy model）：依赖于以金钱考虑为前提的雇佣，通过对个人的密切监督来实现协调和控制，根据预先指定的任务来遴选员工。

基于我们前面讨论的内容，承诺模式与礼物交换模式最为相似，而专制模式最接近于经济学理论用以处理雇佣关系的经典方法，官僚模式在很大程度上也是如此。如果你认同这样的原则，即为使员工更努力，有必要为他们提供明确的和外在的动机，那么合理的推断会是：依赖承诺模式的组织应该比使用专制模式或官僚模式的组织表现得更差。

巴伦研究团队发现，在人力资源管理实践方面，最大的反差存在于专制模式和承诺模式之间，前者的员工流失率最高，后者则最低。此外，无论是专制模式还是官僚模式，其 CEO 的流失率都远高于执行承诺模式的企业。不过，员工流失率毕竟只是衡量企业经营状况的一个指标，而比员工流失率可能更重要的议题是企业的盈利能力，尽管过高的员工流失率可能会产生破坏性影响并削弱企业的盈利能力。因此，巴伦和他的同事决定研究这些不同模式对一个引人注目的业绩指标，即收入增长会有什么影响。考虑到高科技初创企业需要大量的启动成本，这可能会抑制盈利能力，增加营业收入的能力会是未来成功的良好指标。巴伦研究团队发现，员工流失率和营收增长之间存在着一种强烈的负相关，这就意味着，那些人员流失率过高的企业（如专制模式或官僚模式），相比那些能够留住员工的企业（如承诺模式），其收入增长的速度也会更慢一些。

本章精华

图卢兹大学（University of Toulouse）的经济学家保罗·西布莱特（Paul Seabright）在其著作《陌生人群：一部经济生活的自然史》（*The Company of Strangers: A Natural History of Economic Life*）中指出：大型人类群体中存在着复杂的劳动分工，想要充分利用这种分工带来的好处，决定信任陌生人并报答他人的信任是至关重要的一步。因此，信任和互惠的概念构成了经济生活的基础。如果人们目光短浅、自私自利、投机取巧，那么日常生活中的大量交易，尤其是那些通过互联网进行的匿名交易将永远不可能发生。这是因为许多经济交易都不是同时进行的。有时买方先付款，然后卖方再送出货物；另外一些时候卖方先送出货物，然后再给买方开账单。这就要求关系中较脆弱的一方要去信任较为强大的一方。是什么让信任陌生人（使自己变得可以被剥削和利用）成为一件合理的事情呢？西布莱特认为，这是因为我们创造了社会生活的结构，在这种结构中，信任的判断是有意义的。这些结构之所以有效，是因为它们很符合我们的自然倾向。

信任行为并不是天真的，它是建立在预计信任对象会采取互惠行为的期望之上的。信任和互惠这两种倾向缺一不可，两者都无法单独促成合作。一方面，那些天真地信任他人、不去考虑预期互惠的人，很容易被利用。另一方面，那些心机颇深、通过做出战略性信任姿态以骗取他人信任，但是却不愿意以互惠行动回报他人信任的人，则未免太过投机取巧，很难经常性地获得信任。

在前面我们已经发现，当做出信任他人的决定时，似乎至少存在着两种人：第一种人通常既信任他人也回报信任，对他们来说，信任和互惠是一种对待他人的普遍社会取向；第二种人倾向于将信任看作一场精心策划的赌博，同时他们倾向于不以互惠行为回报他人的信任。从短期来看，后一种人可能通过利用他人的善意回报而获利更多。但从长期来看，可能只有前一种人才能更好地利用完全不同的大量陌生人之间的分工，进行复杂的经济交易，并从中获得好处。

我还列举了证据表明，在许多雇佣关系中，与基于显性激励，即胡萝卜和大棒的显性契约相比，依赖相互信任和互惠的隐性契约在员工生产力方面或其他衡量成功的方法上可能表现得更好，或者至少也不会更糟。我将在本书的最后一章再一次探讨外显 / 外在激励和内隐 / 内在激励这个话题。

社会困境
如何让合作顺利进行

社会困境中的合作

现在我想回到我在概述中提过的建造公园的例子，从而更详细地考察人们的动机。经济学家把公园称为**公共品**。公共品是这样一种物品，即人们对它的消费具有**非竞争性**（non-rival）和**非排他性**（non-excludable）。当一个人对某商品的使用并不妨碍其他个人使用（即消费）同一商品时，该商品的消费就具有非竞争性。非排他性则意味着，此商品（公园）一旦提供了，任何人都不能被排除在对此公共品的消费之外，即便此人并没有为提供这个商品支付过费用。

公共品的例子包括清洁的环境、国防、警察、消防、公路、公园、公共图书馆、公立医院等。当然，其中一些具有相对更强的排他性。例如，我们无法阻止任何人呼吸清新的空气。同样，如果军队参与战争，它的目的是保护每个公民，不管这个公民是否缴纳了税款。如果你的房子着火了，消防队员就会来救火，而不会询问你是否已经及时完税，或者你在上个月消防队举办的烘焙糕点公益售卖会上是否也捐了款。但是，如果在一个阳光明媚的夏日周末你开着车去海滩，那么高速公路上的车越多，速度就会越慢。慢到有些人可能会在了解过交通状况以后，决定自己还是索性别出门了。在这种情况下，那些决定待在家里的人就被排除在了对高速公路的消费之外。因此，与环境相比，高速公路更具排他性，或者换个说法，其"公共品"的属性更低一些。

我们想要找到答案的问题是：人们的动机是什么？谁会捐款或做贡献？谁又不会？捐款的人为什么要这样做？不贡献力量的人又是出于什么原因而拒绝？鉴于我们在这里所探讨的问题的本质是人们内在的偏好和信念，自然发生的现场数据对我们没有多大用处，因为它们不能让我们真正窥探到人们的内心。当然了，我们可以使用调查问卷。我们可以问人们是什么动机促使他们采取特定的行动。问题是，无法保证人们会提供给你诚实的答案。在无人发现的情况下，没有捐款的人一旦到了公共场合，很容易就会因为尴尬而否认这一点。

研究这一问题的经济学家设计了一个出色的博弈来模拟这种决策情形。这个博弈的操作如下：四名被试聚集在一个房间里。开始时研究人员会给他们每人一笔钱（比方说 5 美元），并告知被试可以将这笔钱在私人账户和公共账户之间进行分配。分配到私人账户的钱保持不变，永远属于他们自己。然而，任何捐献到公共账户的金额都会乘上一个大于 1（比方说 2）的系数。然后，这个乘积会被平均分配给小组的四名成员。因此，一个人对公共账户所做的任何捐献都会产生正的外部性，因为即使对于那些对公共账户一毛不拔的群体内的其他成员来说，这种捐献也能带来收益。

在这个博弈中，社会最优或社会理想的结果是每名玩家都将全部的钱投入公共账户中。这样一来公共账户中的捐献总额就会是 20 美元，研究人员把这些钱翻倍到 40 美元，再重新分配给小组成员，每人可以净得 10 美元。每名成员的初始投资都会得到 100% 的回报。然而，个人理性暗示了一种不同的行动方式。想想一名个人玩家会如何决定自己要捐献多少。如果这个人捐了 1 美元，其他人什么都不捐，那么这 1 美元就会翻倍为 2 美元，将其平均分配给四名玩家，每名玩家得到 0.5 美元。做出捐献的玩家的境况变得更糟了（蒙受了 50% 的投资损失），而以这名玩家的损失为代价，其他玩家的境况则变得更好了。因此，如果一名被试不做出捐献的话，那么即使没有任何其他人做出捐献，他的情况也不会变得更糟，但只要其他人做出捐献，他的情况实际上就会变得更好。为公共利益做出捐献和利用他人的捐献搭便车两者之间的紧张关系造成了一个**社会困境**，经济学家和心理学家都对此进行了广泛研究。

加州理工学院的约翰·莱迪亚德（John Ledyard）在这一领域做了大量的工作，他指出，关于社会的组织架构的一些最基本的问题，其实都是围绕着公共品的存在以及如前所述的社会困境展开的。比如说，当前的政治制度在公共品的生产和筹资方面表现如何？志愿服务能在多大程度上帮助我们有效地提供公共品？在更基本的层面上，对公共品的捐献引出了人们通常是自私还是合作的基本问题。

基于理性**经济人**假设的经济理论表明，面对这样的情况，每一个理性的、自利的被试都会强烈地倾向于搭便车，根本不会向公共资金池捐款，就像《第二十二条军规》中的约塞连那样。但现在我们有机会进行经济学实验，从而可以看到人们在面对这种特殊情况时的行为反应。

这一领域的许多早期工作是由亚利桑那大学的马克·艾萨克（Mark Isaac）、印第安纳大学的詹姆斯·沃克和加州理工学院的查尔斯·普洛特完成的，此外还有他们的合作者阿灵顿·威廉斯、苏珊·托马斯（Susan Thomas）、奥利弗·金（Oliver Kim）和肯尼思·麦丘（Kenneth McCue）。这些研究人员发现，如果你把一群人聚集在一起，无论这些人是完全的陌生人、熟人或好朋友，他们的行为总是会表现出显著的规律性。对公共资金池的总捐献总是位于最大可能捐献值的 40% ～ 60% 之间。也就是说，如果最大捐献总额是 20 美元，那么平均捐献通常在 8 ～ 12 美元之间。我要指出的是，这并不意味着每个群体成员的捐献都在 40% ～ 60% 之间。相反，有些人会捐献 100%，而有些人什么都不捐。这种行为似乎很稳定，因为在不同的国家和文化中，它都表现得非常相似。

如果同一组人不止一次地进行这个博弈，也就是说，假设你让他们持续玩 10 轮，会发生什么情况呢？在每一轮中，他们都会得到一笔钱（比如 2 美元），针对"要向公众账户捐献多少"这件事，他们必须做出 10 次决定。因此，如果他们简单地选择一毛不拔，而只是保留每轮中会分到的 2 美元，游戏结束时他们会赚到 20 美元。在这种实验设置下所发生的情况如图 4–1 所示。一开始，捐献通常在 40% ～ 60% 之间，随着时间的推移而下降，然后平均捐献越来越低，但即使人们玩了 50 ～ 60 轮，捐献值也不会低到零。有些人从头到尾什么都不做，一直在搭便车；另一些人一开始时捐献很多（100% 或接近 100%），随着时间的推移，他们会减少捐献。

这就产生了很多谜团。为什么有些人捐献而另一些人一毛不拔？为什么有的人一开始选择了合作，后来却搭便车？如果他们要搭便车，为什么不从一开始就这么做呢？我们已经说过，搭便车就是这个游戏中的利己行为。因此，也许人们为什么搭便车这个疑问较之前的疑问会更容易理解一些。搭便车的人以自我为中心，希望以牺牲他人为代价最大化自己的金钱收益。但是对于那些捐献较多的被试，我们又能了解些什么呢？他们是纯粹的利他主义者吗？也就是说，他们做出捐献是因为他们关心他人的福利吗？想要回答这些疑问，一条简单的出路就是干脆反问：这有什么好令人惊讶的呢？这个世界上当然存在着不同种类的人。有些人很慷慨，更在乎与他人达成合作，有些人则不然，就像史诗《奥德赛》中的独眼巨人：

> 我们来到了独眼巨人的土地上，这是一群凶猛、无法无天的人，他们从来不动手耕种或犁地，只把一切交给不朽的神来决定……独眼巨人不会召开会议制定法律，也没有现成的法典，他们住在高山上的洞穴里，每个人都是自己孩子和女人的规矩制定者，没有人对他的邻居的决定有丝毫的兴趣。

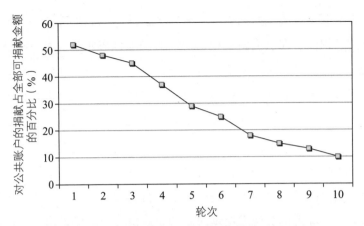

图 4-1　随着时间的推移，对公共账户的捐献呈下降模式

注：此图由作者根据自己的某项研究中的数据制作而成。

捐献是因为玩家没想明白吗

对于为什么这些捐献会随着时间的推移而下降，有一个可能的解释是：当你把被试带进实验室，让他们为了钱来进行这个游戏时，这些被试面临的情况相对来说是新奇的。他们得到的指示通常是用抽象的措辞写就的，而不是使用情感化的措辞，比如为慈善事业做捐献。因此，人们可能需要一些时间来理解这个博弈所对应的是现实生活中的哪些情境。一开始时人们并未真正理解博弈中的激励结构，所以他们会捐献，但随着理解的逐渐加深，他们意识到理性的做法是搭便车，于是也就开始这样做了，从而导致了对公共账户的捐献呈下降模式。不同的人可能花了不同的时间才认识到这一点，这就解释了捐献为何只是缓慢下降，而不是突然迅速下降。我们将这种解释称为学习假说，也就是说，被试并没有立刻意识到他们应该搭便车，而是随着时间的推移、随着他们对情况的熟悉，"学会了"这样做。

一群经济理论家，包括戴维·克雷普斯（David Kreps）、保罗·米尔格罗姆（Paul Milgrom）、约翰·罗伯茨（John Roberts）和罗伯特·威尔逊（Robert Wilson），提出了另一种假说，以及对这一现象更复杂的解释。他们做了如下假设：假设有两种人——精于世故的人和单纯质朴的人。前一类人都能意识到，在这场游戏中，理性的行动是搭便车，而后一类人则不然。因为单纯质朴的玩家不明白他们应该搭便车，所以他们会向公共账户捐款。那些精于世故的玩家明白自己应该搭便车，但他们也意识到，如果他们从一开始就这么做，那么那些不老练的玩家就会看到他们的行为，并很快也想明白了应该搭便车。因此，老练的玩家可能决定一开始时自己要模仿不老练的玩家的行动，也向公共账户捐款，这样就不会提醒那些不老练的玩家想到搭便车。一旦不老练的玩家被哄骗而有了一种安全感，即认为群体中的其他人也会做出捐献，老练的玩家就会开始搭便车，即利用不老练玩家的捐献。这种做法保证了老练的玩家能够获得比从一开始就搭便车更高的金钱回报，同时也诱导了不老练的玩家搭便车，我们称之为策略假说。

这些猜测正确吗？如何测试它们呢？这是调查问卷或实地数据根本帮不上多大忙的另一个例子。威斯康星大学的詹姆斯·安德烈奥尼想出了一个巧妙的方法来验证这些猜想。安德烈奥尼招募了70名被试，将他们分成5人一组，进行10轮公共品博弈。每一轮中，每名被试会分到50枚代币，要将其分到私人账户和公共账户当中。私人账户里的代币每个值1美分。放在公共账户里的每枚代币都会乘以2.5，再平分给5名被试，每人得到0.5枚代币，即0.5美分。这意味着，任何被试向公共账户捐献的单枚代币都会给群体中的其他成员带来0.5美分的回报，而不管该成员是否向公共账户做出任何捐献。

安德烈奥尼研究了两种不同实验处理的效果。在陌生人处理中，40名被试通过电脑被随机分成8个小组，每组5人。研究人员告知这些被试：他们将会进行10轮该博弈，但是每一轮之后，电脑将重新把这40名被试随机分配到8个小组中，即小组的人员组成将会以一种不可预测的方式改变。尽管被试知道他们会被重新分组，但他们在任何一轮中都不会知道小组其他四位成员的身份。这种对被试的随机重新分配严重限制了策略游戏玩法所能获得的收益。在第二轮伙伴处理中，30 名被试被随机分成 6 个小组，每组 5 人。他们进行的博弈和陌生人处理中的被试完全一样，除了一点——小组的人员组成在整个过程中都不会改变。

之所以设计出这两种实验处理，是因为研究人员旨在通过以下方式检验策略假说：假设一名被试最初向公共账户投资了一定数量的代币，再假设这名被试在某个特定的回合中突然意识到在这个游戏中搭便车才是合乎理智的行动。如果这名被试处在伙伴处理中，与同一组的被试一遍又一遍地发生交互，那么此人可能有动机继续合作，即向公共账户捐款，以免警醒可能还没有领悟搭便车策略的其他玩家。但如果这名被试处在陌生人处理中，那么此人在每一轮中都与不同的人互动，因此这种处理中的每一轮都类似于一次性互动。假设是这种情况，采取策略性行动，比如模仿不老练的被试的行为，或者发送有关自己合作态度的信号，也不会带来任何好处，因为此人将来不会再和同样的这些人互动了。因此，一旦这名玩家明白了合理的行动是搭便车，在陌生人处理中，他最好从一开始就这样做，反正每一轮此人都会遇上不同的被试。这就意味着，与陌生人处理相比，我们应该能够期待在伙伴处理中看到更多的合作，以及对公共账户的更高捐献。

为了隔离学习假说，使之不产生干扰，安德烈奥尼决定加入一个令人惊讶的处理——重新开始。在被试完成了 10 轮互动之后，他告诉他们还有时间再玩几轮，这样被试就可以赚到更多的钱。然后，安德烈奥尼让他们再参加 3 轮博弈。这个处理的思路如下：如果捐献的下降主要是由于被试逐渐弄清楚了他们的理性策略应该是搭便车，那么一旦他们学会了搭便车，就应该持续这样做，即使游戏重新开始也不应有所改变。因此，重新开始的安排不应以任何方式改变行为。即使在重新开始之后，捐献也会继续呈现同样的下降模式。但如果不是，那么这可能意味着单靠学习假说无法解释捐献下降模式。

　　结果令人惊讶，既不支持策略假说，也不支持学习假说。总的来说，陌生人处理中的捐献比伙伴处理中的要高。伙伴处理中搭便车的程度更高。这两个现象都与策略假说相矛盾。更令人震惊的是，在重新开始后，伙伴处理下的捐献和陌生人处理下的捐献都大幅上升，这又与学习假说相矛盾。在图 4–2 中，我展示了最初 10 轮的捐献模式和重新开始后增加的 3 轮捐献模式。前 10 轮捐献显示出了我们在图 4–1 中已经看到过的、熟悉的下降模式，但与策略假说的预测相反，陌生人处理中的捐献几乎总是比伙伴处理中的捐献要多。完成 10 轮重新开始后，第 11 轮的捐献增加了，这又与学习假说相反，而这种增加在伙伴处理中更明显。

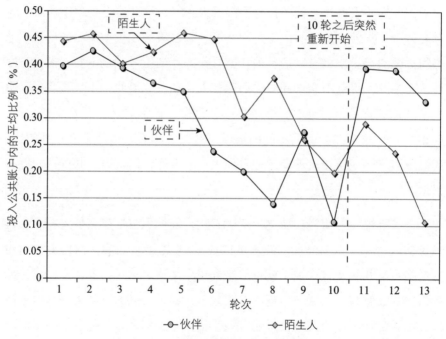

图 4–2　重新开始前后的捐献模式图

注：本图由作者根据安德烈奥尼 1988 年的原始研究所提供的数据自行制作。

　　随后，美国和世界其他国家的大量研究人员重复了安德烈奥尼的实验。宾夕法尼亚大学的蕾切尔·克罗松（Rachel Croson）和詹姆斯·安德烈奥尼在最近的一篇论文中就此做了一次全面的综述，其中讨论了使用伙伴对陌生人这种范式的 9 篇论文。在这 9 项研究中，有 2 项是跨文化研究，观察了不止一个国家的被试的行为。其中一项雄心勃勃的研究是由乔迪·布兰茨、西条达义（Tatsuyoshi Saijo）和阿瑟·施拉姆（Arthur Schram）进行的，他们比较了四个不同国家（日本、荷兰、西班牙和美国）的被试的行为。另一项研究由罗伯托·伯兰多（Roberto Burlando）和约翰·海伊（John Hey）实施，比较了英国和意大利两国的被试的行为。因此，这 9 项研究总共分析了 13 组不同被试的行为差异，结果参差不齐。在 13 组被试中，有 5 组的伙伴处理比陌生人处理捐献更多；有 4 组恰恰相反，陌生人处理中的捐献更多；而在其余 4 组中，伙伴处理和陌生人处理之间没有什么差别。

寻找其他解释

无论是策略假说，还是学习假说，都不能给我们上面提出的问题以令人满意的解释。

1993 年，加州大学伯克利分校的马修·拉宾（Matthew Rabin）在其题为《将公平纳入博弈论和经济学》（*Incorporating Fairness into Game Theory and Economics*）的论文中，对公共品博弈中的行为提出了不同的解释。他建议人们以不同于以往的方式来看待这个博弈。他认为，从本质上讲，人们认为这个博弈需要被试采取协调行动，并且存在着多种可能的结果。在某种结果下或某个群体中，被试可能会成功地产生一种内隐的、高尚的规范，这种规范促使每个人都设法协调自己的行动，以选择提高对公共账户的捐献。从社会的观点来看，这当然是最理想的结果。但结果也有可能会是，有些时候被试就是无法协调他们的行动，以达到社会期望的结果，所以最终只好选择了低捐献。选择低捐献成了一个坏的平衡。此时每个人都意识到，总体上他们还没能达到社会理想的结果，但是一旦他们所有人在行动上达成了协调一致，集体选择了低捐献，那么也不会有任何人想要提高自己的捐献，除非其他所有人也能同时提高他们的捐献。例如，正如我们在本书第 2 章中已经讨论过的，拉玛勒拉人和阿契人在最后通牒博弈中似乎已经形成了一种提出慷慨报价的规范，而马奇根加人则似乎已经形成了一种提出吝啬报价的规范。无论慷慨还是吝啬，反应者通常都会接受这些符合规范的报价。

因此，拉宾指出，实际的行为比乍看起来的要微妙得多，而这些行为背后的动机也相当复杂。根据他的观点，那些捐献很多的人并不是无私利他的（至少大多数人不是）。更确切地说，大多数人是**有条件的合作者**，因为他们的捐献主要取决于他们相信群体中其他成员会做出什么样的捐献。那些有乐观信念的人，也就是那些相信他们的同伴会慷慨大方地向公共账户捐献的人，一开始自己也会捐献很多。本质上来说，这些乐观主义者试图协调大家的行动，以达到社会所期望的高捐献结果。但那些相信别人不会做出什么捐献的人，则会选择以同样的方式行动，结果导致每个人都处在搭便车或接近于搭便车的边缘状态。因此，人们既不是纯粹的利他主义者，也不是纯粹的搭便车者（当然，这并不排除有些人天生就是利他主义者，而另外一些人总是习惯搭便车），只不过大多数人都会根据他们对自己所属群体成员的看法来采取行动。

然而，拉宾的论文只是理论性的，并没有提供能支持有条件的合作这一观点的实际证据。这些证据后来由苏黎世大学的 3 位瑞士研究人员提供了，他们是乌尔斯·菲施巴赫、西蒙·加赫特和厄恩斯特·费尔。他们设计了一个独创性的实验来验证这一观点。他们招募了 44 名被试，然后分成 11 组，每组 4 人。每名被试只玩一次博弈，这就产生了 44 个独立的观察结果。被试所玩的公共品博弈与本章前面的描述非常相似。被试将获得 20 枚代币，可以将之分配给私人账户或公共账户。分配给公共账户的代币会乘以 1.6，再在小组成员之间平均分配。除了实验指导语以外，研究人员还向被试提供了包含 10 个控制问题的练习，以便他们能够理解博弈的机制。

然后，研究人员要求被试填写两份表格。第一份是无条件捐献表格，被试必须在不知道其他人捐献的情况下决定自己向公共账户捐献多少款项。第二份是有条件捐献表格：由于群体其他成员的平均捐献数值总共有21 种可能（0，1，2，…，20），研究人员要求被试依次写下，在每种可能成为现实的情况下他们各自愿意捐献多少。四人中随机挑选的一名成员必须按照自己填写的有条件捐献表格来进行后面的博弈，而其他三人则可以随意捐献，不附带任何前提条件。这种设置促使被试认真填写有条件捐献表格，因为每个人都意识到他们中会有人将不得不遵守他们在这个表格上的回答来进行博弈。

图 4–3 总结了他们的研究结果。这些研究人员发现：（1）50% 的被试是有条件的合作者。从图 4–3 中可以看到，这些被试的捐献随着组内平均捐献的增加而增加。如果这些被试与群体的平均水平完全匹配，那么他们的捐献曲线的形状将与 45 度的斜线重合，但事实并非如此，有条件的合作者的捐献曲线实际上都略低于 45 度的斜线，几乎所有的群体捐献水平都表明有条件的合作者的内心还是有那么一点点自私自利的想法。（2）有 30% 的被试是搭便车者。（3）有 14% 的被试的捐献模式呈现驼峰状，先升后降。随着群体平均捐献的增加，这一组被试的捐献先是增加，直到达到 10 枚代币左右的水平（占初始可分配金额的 50%），但一旦群体的平均捐献超过 10 枚代币的水平，这些人的捐献反而会下降。[①]（4）最后，还有 6% 的被试的行为方式无法轻易归类。考虑到大多数被试都是有条件的合作者，即如果其他人捐献更多，他们自己也愿意这样做，所以整个群体的平均捐献也会随之增加。也就是说，只要其他人捐献得更多，整个群体平均也会捐献得更多。

针对捐献水平随着时间的推移而下降的现象，菲施巴赫研究团队进而

---

① 到目前为止，我还不知道有任何研究能够令人满意地解释被试所呈现的驼峰状捐献模式。但是，这些驼峰状的捐献者却出现在大多数针对有条件的合作现象的研究中，虽然他们总是只占一小部分。

提供了一种解释。他们指出，任何异质的被试群体都由有条件的合作者和
搭便车者组成。那些有条件的合作者对他们的同伴持有乐观的信念，相信
同伴会向公共账户捐款，因此他们自己也向公共账户捐款。但随着时间的
推移，他们开始意识到，这个群体中的每个人并不是都像他们一样，有部
分成员是搭便车者。作为回应，随着时间的推移有条件的合作者也会减少
他们的捐献，这就导致了捐献呈现出下降的模式。

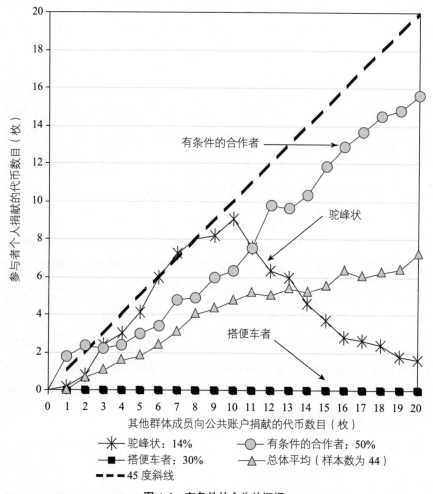

图4-3　有条件的合作的证据

注：本图由作者根据菲施巴赫等人2001年的原始研究所提供的数据自行制作。

即使大多数被试都属于有条件的合作者（只有少数几个人是搭便车者），只要这些有条件的合作者对同伴的看法不同，捐献也有可能减少。简单起见，让我们考虑一组有三名被试的情况，其中两人是有条件的合作者，另外一人是搭便车者。有条件的合作者如果相信同伴会对公共账户捐献很多，比如80%或更多，那么此人也会这样做。假设第一名有条件的合作者将其初始所得的80%投入公共账户，但是另一名有条件的合作者很有可能对其同伴持有悲观的看法，因此开始时只将20%的所得捐献给公共账户。搭便车者对公共账户没有任何捐献，所以这一组的平均捐献只达到了最大可能捐献值的33%。这种情况会诱导最乐观的有条件的合作者向下修正他的信念，并在随后的回合中减少捐献数额。当然，这也会促使悲观的有条件的合作者向上修正他的信念，并在未来的回合中增加捐献数额。但似乎乐观主义者的信念幻灭和随之而来的不满导致的捐献减少的数额，会远远超过悲观主义者捐献数额的增加，从而导致了捐献总体上呈现下降模式。[①]

事实上，奥克兰大学的两位研究人员——阿纳尼什·乔杜里和提尔努德·派查扬特维吉特（Tirnud Paichayontvijit）实施了一场公共品博弈实验。那场实验中的被试一共玩了24轮，但直到24轮博弈全部结束之后，他们才了解到有关其他人捐献或自己收益的信息。他们发现，在这种情况下，捐献根本不会减少。那些期望自己的同伴对公众账户捐献60%或更多的人，在整个24轮中也平均捐献了60%或更多。那些期望自己的群体成员捐献40%～60%的人，自己的捐献也一直在40%～60%之间。那些预计别人捐献不到40%的人，也会在整场实验中捐献不到40%。因此，下降现象取决于被试是否能够了解他们同伴的行为。这进一步证实了菲施巴赫、费尔与加赫特的观点，即捐献额的下降源于这样一个事实：有条件的合作者随着时间的推移减少了他们的捐献，因为他们开始意识到这个群体中的其他

---

① 我将避而不谈这些信念从何而来的问题。它们可能是先天或后天（教养和社会化）的产物。对这个话题的讨论超出了本书的范围。

人要么捐献得更少，要么就完全是在搭便车。

澳大利亚管理研究生院的安娜·冈索斯多蒂（Anna Gunnthorsdottir）联合丹尼尔·豪泽（Daniel Houser）和凯文·麦凯布共同实施了一项研究（后两者均来自乔治梅森大学）。他们的研究成果进一步证实了捐献额下降主要是因为有条件的合作者的捐献减少了。

冈索斯多蒂研究团队所做的研究如下。他们在亚利桑那大学招募了264名被试来参加一个公共品博弈。每次实验有12名被试，他们被分为3组，4人一组，共互动10轮。被试被分配到两种实验处理中。在对照基准或称控制组的处理中，被试是随机分组的。具体来说，虽然两种实验处理都规定了每一轮结束时要将被试重新分组，但在所谓的控制处理下，这种重新组合是随机进行的。这样一来，每名被试与其他三名被试被分到同一组的概率是相等的。

然而，还有一个为了实验服务的分类处理。在这种处理中，每一轮中在被试做出决定后，往公共账户中捐献最多的四个人会在下一轮中被分到同一组，捐献数额排名第五到第八的捐献者会被安排到一个小组，依此类推。研究人员不会告知被试这些小组确切的形成机制，但不能排除被试有可能通过观察公共账户的捐款模式来推断出这一点。

当更有合作精神的人被分到同一组时，与随机组成的组相比，他们能够维持较高水平的捐献，这种现象可能不会让你感到惊讶。在随机分组的处理中，人们能观察到通常的下降模式再次出现；但在分类处理中，志同道合的被试被组合在一起，其捐献额的下降要小得多。

然而，这项研究的创新之处，也是与我们的研究目的直接相关的部分，来自它对合作性强与合作性弱的人的行为有不同的分析。冈索斯多蒂研究团队从这样一个前提出发：一个人对公益事业的最初捐献数额，是对此人合作倾向的一个有用且可靠的衡量指标。只使用第一轮的捐献数额，研究人员将被试分为两类：那些捐献30%或更少的人被称为搭便车者，而其余的人则被称为合作者。此分类只执行一次，在整场实验期间不会更改。

　　冈索斯多蒂研究团队发现，在分类处理中，当合作者和其他合作者组合在一起时，他们能够在整个过程中保持较高的捐献额。而且，分类处理中合作者的捐献总是多于随机处理中合作者的捐献。这在很大程度上是由他们所遇到的人际互动的性质决定的。在分类处理中，合作者通过观察群体的平均捐献额，意识到自己是在与其他合作者互动，而他们共同的过往历史所显露出的合作性也使他们更倾向于合作。在对照处理中，小组是随机形成的，合作者会频繁地遇上搭便车者，因此也就缺失了进行这种长期合作的共享历史。在这种处理中，随着时间的推移，合作者减少了捐献，而且减少的速度有时会非常迅速。

　　事实上，通过比较随机处理中合作者的捐献和搭便车者的捐献（随机处理中也出现了我们早已熟悉的捐献下降模式），冈索斯多蒂研究团队发现，这种实验处理中捐献的下降同样主要是源于合作者减少了捐献。基于这些发现，我们有很大的把握可以做出如下推断：在通常是随机分组的公共品博弈实验中，人们所观察到的那种熟悉的捐献下降模式之所以产生，主要是因为一开始选择了高额捐献的那些合作者失去了信心，他们由于理想的幻灭而逐步减少了捐献。

　　随后，其他一些研究人员的成果也重复验证了这一发现，即当面对这种社会困境时，大多数人既不是纯粹自私自利的搭便车者，也不是戴着玫瑰色眼镜看世界的、无可救药的乐观主义者。相反，他们是精明的个体，他们要么已经拥有，要么会逐渐形成关于同伴将如何行动的信念，并据此行事。如果他们认为同伴会合作，那么他们自己也会合作；否则，他们也不会合作。阿姆斯特丹大学的克劳迪娅·凯瑟（Claudia Keser）和弗兰斯·范·温登（Frans van Winden）也研究了这一现象，并根据被试对上一轮群体平均捐献额的反应将他们分类。与有条件的合作的概念一致，大约80%的被试会在下一轮改变自己的捐献额，以此作为对"群体平均捐献额"这一信息的回应。上一轮个人捐献高于平均水平的人会在下一轮减少捐献，而低于平均水平的人则会增加捐献（凯瑟和范·温登可能是最早正式使用"有条件的合作"这个术语的实验经济学家）。

阿纳尼什·乔杜里和提尔努德·派查扬特维吉特分析了 88 名被试的行为，发现其中 62% 的人是有条件的合作者，只有 16% 的人是搭便车者。还有大约 9% 的被试表现出熟悉的驼峰状捐献模式。此外，他们还发现，当向被试提供信息，说明群体中还存在其他有条件的合作者时，他们对公共账户的捐献就会增加，但更重要的是，这种增加在有条件的合作者身上表现得最显著。这反过来表明，让人们更愿意合作的一个方法是培养更乐观的信念，因为那些认为同伴会合作的人，自己也愿意合作。因此，你可能拥有一群有条件的合作者，但他们未必就会合作，除非他们确信其他人也会采取合作行为。因此，想要让合作生根发芽，通常的诀窍就是让这些人相信群体中还有其他合作者存在。

在继续讨论之前，我要指出的是，在经济学家开始研究这种现象之前，社会心理学家就已经在研究这种现象了，即对他人行为的信念会影响人们在社会困境中的行为；尽管心理学家可能实际上没有使用过**有条件的合作**这个术语，而且通常也没有关注它的经济含义。1970 年，加州大学洛杉矶分校的哈罗德·凯利（Harold Kelley）和安东尼·斯塔赫尔斯基（Anthony Stahelski）最早对这个问题进行了研究。凯利和斯塔赫尔斯基研究了囚徒困境博弈中被试的信念是如何影响合作的。有大量的社会心理学文献，包括这个研究和其他一些随后的研究，广泛地研究了合作和自私的问题。通常这些研究使用的是囚徒困境博弈。[①]

被试是否表现出了从众心理

"有条件的合作"是一个全新的概念，它不仅为社会困境中的合作提供了一种新的思考方式，而且正如我们将在下文中看到的，它还为我们如

---

① 我要感谢西蒙·加赫特，他向我指出社会心理学中关于有条件的合作的研究早于经济学。

何在这种困境中加强人类之间的合作提供了思路。但我们还面临着一个问题。有证据表明，人们往往喜欢随大流，因为不与大众保持一致（在心理上）是痛苦的。假设有人问你："如果小组中其他人都捐献 18 枚代币（即90%），那么你会为了公共利益捐献多少？"你可能会很容易地回答说你也会捐献 90% 或接近 90% 的数目；并非因为那就是你想做的，而只是因为那是你认为你应该做的，这样你就可以和群体中的其他人保持一致了。

所罗门·阿希（Solomon Asch）曾做过的某个实验，就是关于群体中一致性的最著名的例子之一。在图 4-4 中，我展示了阿希在他的研究中使用过的卡片。他要求被试进行视力测试，并向他们展示了两张卡片。左边的卡片上有一条作为参考标准的线，右边的卡片上有三条用来进行比较的线。事实上，每个实验组中除了一名被试之外，所有其他人都是研究人员的同事。真假被试都坐在教室里，依次被问及以下问题：与左边卡片上的参考线相比，右边卡片上的哪条线更长、更短或一样长。假被试事先已经得到了指示，要提供错误的答案。虽然的确有一些真实被试给出了正确的答案，但有很高比例（32%）的人选择了和大多数人的观点保持一致，即使这种观点明显是错误的——大多数人声称长度相等的两条线，其实相差了好几英寸。

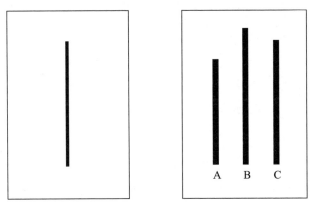

图 4-4　阿希实验中使用的图片

注：本图由作者自行制作。

总体而言，对有条件的合作的后续研究表明，从众心理或羊群效应并不是有条件的合作现象背后的主要驱动力。宾夕法尼亚大学的罗伯特·库兹班（Robert Kurzban）和乔治梅森大学的丹尼尔·豪泽通过让 84 名被试参与数场公共品博弈，对人员类型的异质性进行了探究。在每场游戏中，被试被随机分成四人一组。每名被试分到 50 枚代币，所有被试必须同时决定如何在私人账户和公共账户之间分配这些代币。在所有人做出决定之后，接下来每一场游戏还会进行若干轮，每轮的具体操作如下：先向每组中的一名玩家告知当前小组全体成员对公共账户的总捐献额，此人有一次机会改变他对两个账户的分配数额。然后，再对下一名玩家做同样的事情，依此类推。每场游戏都如此一轮又一轮地反复进行，每名被试都至少得到一次机会可以改变他的想法，游戏会在一名被试事先不知道的时刻突然结束。在每场游戏中，被试的回报是由游戏结束那一刻其私人账户和公共账户之间的代币最终配置情况决定的。每次实验都包含至少 7 场游戏，每场游戏都包括最初同时做出捐献决策的环节，然后再续以多轮游戏，每一轮中被试都有机会改变他们的分配决定。

从前述中可见，关于每名被试希望向公共账户中捐献多少这个问题，库兹班和豪泽的实验设计其实是存在信息重复诱导的。这样设计旨在保证两件事：（1）允许被试多次思考他们的答案的这种做法，使被试能够充分了解问题，确保其行动经过了深思熟虑，而不是无意之失；（2）允许被试匿名做出选择，并为其提供多次改变想法的机会，这就降低了从众行为发挥主要作用的可能性。毕竟，被试第一次或者开头几次有可能会选择与小组其他成员保持一致，但如果此人内心其实并不愿意遵从大众，在经过前几次尝试后，他很可能会转而坚持他的真实偏好，尤其是该实验还具备了另外两个条件：（1）研究人员告知被试，只要他们想，就可以改变决定；（2）他们目睹了其他人确实改变了决定。退一万步来说，对反应进行多次诱导也会强烈地减弱任何潜在的从众欲望。

库兹班和豪泽所遵从的实验程序类似于上文介绍的菲施巴赫、费尔与加赫特等人的实验程序。像菲施巴赫研究团队一样，库兹班和豪泽也研究了个人捐献如何随着群体平均捐献的变化而变化。他们画了一张图，根据其中的信息做出推论，将被试分为不同类型。图中用来比较的信息有两个：一是被试的个人捐献，二是被试在做出自己的捐献决定之前能够观察到的对公共账户的平均捐献数额。他们定义为合作者类型的人，其捐献曲线会远高于 45° 的那条斜线。他们定义为"有条件的合作者"的人，其捐献集中分布在 45° 的斜线附近。无论其他人捐献多少，搭便车者的捐献都很小（其分布接近于横轴）。使用这种方法，库兹班和豪泽将 84 名被试中的 53 人（即 63%）归类为有条件的合作者，17 人（即 20%）归类为搭便车者，11 人（即 13%）归类为合作者，还有其余 3 名被试无法归入上述三类中的任何一类。两名研究人员发现，即使让这些被试再多进行三轮附加的博弈，这些分类仍然是稳定的，那些被界定为搭便车者的人就是比他们的同伴捐献得更少，被界定为合作者的人就是会捐献得更多，而有条件的合作者的捐献数额大致相当于群体平均值。此外，他们还发现，由更多合作者组成的群体平均能产生更高的捐献额。

有条件的合作和创造合作的道德规范

上述内容表明，在各种社会困境中，大多数人通常的行为表现会是"有条件的合作者"，他们会根据自己对同伴的看法来决定是否合作。此外，有条件的合作者有时靠着成本高昂的惩罚手段，有时靠着使用其他机制，往往能够使合作的规范得以维持。这些其他机制包括沟通、不赞成的表情或表达、将相近的人选出来组织到一起、提供建议等。密歇根大学的著名政治学家罗伯特·阿克塞尔罗德（Robert Axelrod）认为，有两大类方法可以用以维护良性的社会规范：其一是威慑，指的是对那些偏离社会期望的行为施加惩罚；其二是内化，指的是使规范在社会中变得根深蒂固，以至违反它会导致心理上的不适感。这就是我接下来要探讨的内容。

通过惩罚"搭便车"行为来维护社会规范

　　整个 20 世纪 90 年代，苏黎世大学的厄恩斯特·费尔和西蒙·加赫特一直都在思考和研究如何在社会困境中维持合作。他们已经发现，大多数人都属于有条件的合作者，他们会根据自己对同伴的信念来采取行动，并常常能够成功地维持合作。现在他们有了另一个惊人的研究成果。他们发现，有条件的合作者同时也是利他的惩罚者（altruistic punisher），也就是说，他们愿意对那些违反了隐性社会规范的人实施制裁，即使这样的惩罚会要求那些实施惩罚的人付出巨大的经济成本。

　　费尔和加赫特招募了一些被试来进行公共品博弈。其中一组被试在整个游戏的 20 轮中其小组的人员组成保持不变，这被称为伙伴处理。另一种处理和安德烈奥尼的研究完全一样，即被试在每一轮结束时都会被随机重新分组，这被称为陌生人处理。在这两种处理中，被试都会进行 20 轮博弈——前 10 轮没有任何施加惩罚的可能，后 10 轮有施加惩罚的可能。被试每 4 人一组。在每一轮中，每名被试会得到 20 枚代币，可以将其在私人账户和公共账户之间分配。捐献到公共账户的代币总数会乘以 1.6，然后再平均分配给小组所有成员。被试每一轮的收益是自己留给私人账户的代币再加上公共账户的分配之和。实验结束时，研究人员会将代币兑换成现金发给被试。在前 10 轮中，被试只需决定如何在两个账户之间分配20 枚代币。

　　后 10 轮的每一轮分为两个阶段。第一阶段和传统的公共品博弈完全相同，被试只需决定如何在私人账户和公共账户之间分配代币。在第二阶段，被试可以看到其他成员的捐献（但是不知道他们的确切身份），然后可以选择对其他成员施加惩罚。具体方式是：被试可以在每一轮分配最多10 个惩罚点，每个惩罚点会使受到惩罚的被试的收益减少 10%。然而，对于惩罚者来说，惩罚是昂贵的，因为惩罚点的成本要从施加惩罚的被试自己的收入中扣除。不过，这些惩罚点导致被惩罚者遭受的经济损失要比施加惩罚的成本更大一些。

和安德烈奥尼的想法一样，费尔和加赫特也猜测，在陌生人处理中的被试是不会进行惩罚的。因为每一轮结束时都会随机重新分组，通过惩罚搭便车者而传递信号或培养声誉的价值已经微乎其微，更何况这种惩罚还要求惩罚者付出金钱成本。因此，这个博弈的**纳什均衡**是没有人会采取惩罚行动，而每个人因为预计到无人会施加惩罚，都应该会选择搭便车。然而，在伙伴处理中，通过惩罚搭便车者来建立声誉是有好处的。被惩罚的被试可能会认为，群体中有愿意花自己的钱去惩罚他人的人，因此可能不太倾向于搭便车，因此，在固定的群体中，具备惩罚手段可能会导致对公共利益的捐献更高。

但是，费尔和加赫特在两种情况下都观察到了大量的惩罚。惩罚的可用性在两种处理中都显著提高了捐献，但这种影响在伙伴处理中比在陌生人处理中更明显。事实上，在伙伴处理中，到了后面的几个回合，捐献逼近了最大可能值的 100%。图 4-5 概述了这两种处理在有惩罚和没有惩罚的回合中所能达到的平均捐献水平。在没有惩罚的情况下，对公共利益的捐献在所有回合中的平均数为 19%，而一旦允许惩罚，平均捐献就跃升到了 58%。

请记住，在典型的公共品博弈实验中，捐献会显示出一种熟悉的、随时间而减少的模式。然而，一旦允许被试互相惩罚，在伙伴和陌生人两种处理中，捐献都显现出了一种逐渐上升的模式。在没有惩罚的最后一轮中，平均捐献为 10%，明显低于所有无惩罚回合的平均捐献（为 19%）；但在有惩罚的情况下，最后一轮的平均捐献为 62%，高于所有有惩罚回合的平均捐献（为 58%）。费尔和加赫特还发现，惩罚主要针对那些在任何一轮中捐献都低于平均水平的人。该被试的捐献偏离平均水准的程度越大，对其惩罚的力度也就越大。

这一系列由费尔和他的许多合作者，包括加赫特和菲施巴赫所做的工

作，对人类合作的进化具有重要的影响。我将在本书最后一章再次探讨这
个主题。

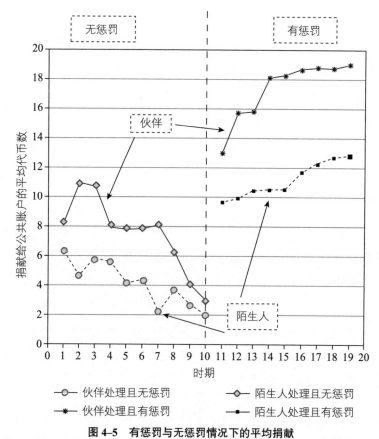

图 4-5　有惩罚与无惩罚情况下的平均捐献

注：本图由作者根据费尔和加赫特 2000 年的原始研究所提供的数据自行制作。

即使是非货币惩罚也能有效促进合作

费尔和加赫特对有成本的惩罚手段的研究成果吸引了一组后续研究人
员，包括里昂大学的戴维·马斯克莱（David Masclet）和玛丽-克莱尔·维
勒瓦尔（Marie-Claire Villeval），以及普渡大学的查尔斯·纳赛尔（Charles
Noussair）和史蒂文·塔克（Steven Tucker）。他们决定对费尔和加赫特的
研究工作进行扩展，探索非货币惩罚的影响，从而搞清楚诸如表达不满这

样的非货币性惩罚手段是否也可以强化合作行为。他们研究了两种实验处理。第一种货币惩罚的处理与费尔和加赫特的研究方法相同。在第二种非货币惩罚的处理中，被试有机会对其他成员的行为表示赞同或反对，但是这些赞同或反对不会对任何人的金钱回报带来任何影响。与货币惩罚的处理类似，每名被试可以给另一名被试打出 0～10 的分数，0 表示没有反对意见，10 表示最强烈的反对意见。

在本研究中，每一场实验都有 30 个回合，分为 3 个阶段，每个阶段包括 10 个回合，每一个回合都将以相同的方式进行。被试知道每个阶段会有 10 个回合，但是在每个阶段内，他们都不知道实验在这个阶段结束以后是否还会继续进行。前 10 个回合没有任何惩罚机会。第 10 个回合结束后，会导入货币或非货币惩罚手段，并一直持续到第 20 个回合结束。之后，被试再次回到与最初 10 个回合一样的基准处理中，即在没有任何惩罚机会的情况下继续完成最后的 10 个回合。研究人员还分别在货币惩罚和非货币惩罚的设定下，比较了在组员固定（"伙伴"）和组员随机再配对（"陌生人"）两种处理中被试的行为表现。

这些研究人员发现，货币惩罚和非货币惩罚最初增加的捐献数额相近，但随着时间的推移，货币惩罚比非货币惩罚更有效，导致了更高的捐献数额。此外，不出所料，他们发现非货币惩罚在伙伴处理中比在陌生人处理中更有效。研究人员还发现，与没有惩罚的情况相比，无论是货币惩罚还是非货币惩罚，都能带给被试更高的平均收入。最后，惩罚主要针对那些捐献低于群体平均水准的人，或那些捐献低于惩罚者自己所捐数额的人，这一点与费尔和加赫特的研究成果是一致的。

惩罚是维持合作的充分条件，但不是必要条件

费尔、加赫特还有其他人的研究表明，有条件的合作者往往愿意进行代价高昂的惩罚，以阻止搭便车行为，维护良好的合作规范。但正如罗伯

特·阿克塞尔罗德所指出的，惩罚的存在造成了一个次级的社会困境，即如果一名成员对搭便车者实施了代价高昂的惩罚，那么另一名其他成员就可以从第一个人的惩罚行动中搭便车得利。也就是说，我不一定有搭便车的意图，但我可能就是不想花时间和精力去惩罚那些搭便车的人。比如，街区聚会带来的大量垃圾、乱涂乱抹行为和喧嚣吵闹的音乐的确让我感到困扰，住所附近的酒吧里醉酒后争吵斗殴的行为也让我侧目而视，但是我可能指望我的邻居花时间去找市议会或当地议员反映问题以寻找解决办法。在这种情况下，我其实就是在搭便车，因为我的邻居愿意花时间和精力来解决这些问题。但是，如果有些人愿意惩罚，而另一些人不愿意，那么我们必须具有针对那些不惩罚违规者的人的第二套惩罚手段。现在我们需要惩罚那些不惩罚者，因为除非所有的有条件的合作者都愿意惩罚，否则合作还是会瓦解。正如阿克塞尔罗德所指出的，只有关于合作和惩罚搭便车者的规范已经不够了，我们现在需要的是**元规范**（meta-norms）——对不惩罚者的惩罚，以及对那些不惩罚不惩罚者的人的惩罚，依此类推直到无穷。尽管这种代价高昂的惩罚在阻止"搭便车"行为上确实非常有效，但值得庆幸的是，事实已经证明，代价高昂的惩罚并非有条件的合作者实现合作目标的唯一倚仗。他们还可以求助于其他各种机制来维持合作。

沟通交流就是这样一种保持合作的工具。亚利桑那大学的马克·艾萨克和印第安纳大学的詹姆斯·沃克研究了沟通在促进合作中的作用。他们让被试分成四人一组玩公共品博弈。在第一种实验处理中，被试在没有任何交流机会的情况下先玩 10 轮。然后他们再玩 10 轮，但是在后面这 10 轮博弈中的每一轮开始之前，他们都可以就手头问题的各个方面以各种方式进行交流。在第二种实验处理中，在第一阶段的 10 轮博弈中的每一轮开始之前，他们都可以自由地交流，但在第二阶段的 10 轮则禁止交流。图 4-6 显示了他们的实验结果。

当被试在最初的 10 轮中不能交流的时候，捐献从大约 45% 的水平开始，自此以后就呈现出我们所熟悉的下降模式。然而，一旦在第二阶段的

10 轮中开始允许交流，第 11 轮的捐献马上就跃升到了 60%，并且在随后的轮次中表现出上升态势，在第 18 轮中达到 100%，在最后 3 轮中平均也超过了 90%。在被试一开始就能沟通的实验处理中，第 1 轮被试的捐献为100%，第 2 轮到第 6 轮在 90% 左右徘徊，最后的第 7 轮到第 10 轮则稳定在 100%。令人惊讶的是，即使在交流被禁止之后，被试仍然能够维持这种高水平的合作。在接下来的 7 轮中，捐献仍然达到或接近于 100%，只在最后 3 轮降到了 80% 左右。

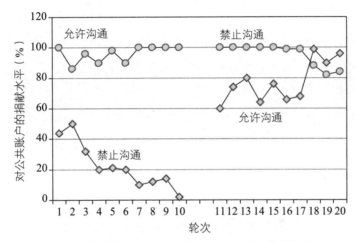

图 4-6　在有沟通和无沟通的情形下对公共账户的捐献

注：本图由作者根据艾萨克和沃克 1988 年的原始研究所提供的数据自行制作。

人们可能会认为，沟通的主要作用是培养社群感和归属感，因此任何类型的沟通都可能加强合作。但是罗宾·道斯、琼·麦克塔维什（Jean McTavish）和哈丽雅特·夏克利（Harriet Shaklee）表明，想要让沟通产生效果，这种沟通就必须允许被试广泛地谈论他们面临的实际困境。如果所有事情都可以谈（除了他们所面临的问题），那么这种不相关的交流在促进合作和阻止搭便车方面就是无效的。

印第安纳大学的埃莉诺·奥斯特罗姆（Elinor Ostrom）、詹姆斯·沃克和罗伊·加德纳（Roy Gardner）在公共池塘资源提取博弈的实验中也证实了这一发现，即沟通的有效性。公共池塘资源提取博弈与公共品博弈类似，区别是前者并非要求被试向公共账户捐献，而是要求被试从公共池塘中提取资源。当每个人都遵守预先分配好的提取配额时，这个博弈的最优结果就达成了。但每个人其实都有超额提取的动机，因为如果其他被试遵守配额，那么做出超额提取举动的人的境况确实可以变得更好（超额提取类似于公共品博弈背景下的搭便车行为）。这个博弈模拟了许多现实生活中的困境，如对湖泊、河流和海洋的过度捕捞，在公共土地上的过度放牧以及环境污染。

他们对沟通交流和成本高昂的惩罚手段各自所发挥的作用进行了研究，发现如果允许被试在多轮中的每一轮开始时进行交流，提取就会减少。在他们的研究中，这种重复的交流几乎和成本高昂的惩罚手段一样有效。不过，我应该提醒各位的是，这项研究中的惩罚力度比起费尔和加赫特的研究要更轻一些——每名被试在每组中只能针对一名其他成员进行惩罚，不能惩罚多个人。

奥克兰大学的阿纳尼什·乔杜里、莫纳什大学的普什卡·迈特拉（Pushkar Maitra），还有韦尔斯利学院的萨拉·格拉齐亚诺（Sara Graziano）都对研究合作规范在家庭中的代际传承很感兴趣。毕竟，我们总是告诉我们的孩子要公平竞争，要在游戏场上等待他们自己的出场机会，要和别人分享他们的玩具，不是吗？虽然我们在现实生活中的确面临许多社会困境，但我们很少会在真空环境中面对它们。当我们面对社会困境时，我们常常能够从家人或朋友那里获取智慧，因为他们可能有过处理类似情况的经验，可以就如何处理特定问题为我们提供建议。在美国，你的朋友会告诉你在餐馆应该付15%的小费，假设你不付，就会被人们认为很小气。但在新西兰或澳大利亚，你根本不应该给小费，如果你给了，人们反而会很生气。他们会私下里告诉你："你在破坏规矩，给我们其他人的生活制造麻烦。"

乔杜里研究团队推测，如果用允许代际传承的方式来进行公共品博弈，即每组被试在自己的游戏结束后，可以给后续的被试留下建议，那么随着时间的推移，这可能会导致合作规范的演变。也就是说，后续的被试不仅能实现更高水平的捐献，还能设法减轻搭便车问题。毕竟，一代人所形成的行为规范或惯例可能会传给下一代。

在这项研究中，一代被试免费给下一代被试留下建议。这样的建议可以是**私有知识**，即此人的建议只会留给下一场游戏中直接继承其位置的被试；也可以是**公共知识**，即此玩家的建议会传给下一代的所有被试；还可以是**共同知识**，即建议不仅向所有被试公开，还会由研究人员大声朗读。在基准处理中，被试在没有收到任何建议的情况下玩通常的公共品博弈。然后将以上那些关于建议的不同处理中的捐献与基准（无建议）处理中的捐献进行比较。被试 5 人一组，进行 10 轮博弈。每名被试每轮会得到 10 枚代币，可以将之分配给私人账户或公共账户。捐献到公共账户里的代币会翻一番，并平均分配给小组成员。然而，每一名被试都与下一代的另一名被试挂钩，上一代的每一名被试在自己的游戏结束以后仍然能获得第二笔报酬，数目等于他的下一代继承者所得收益的 50%。"第二笔报酬"的设置提供了激励，使得被试认真对待他们将要给出的建议。

乔杜里研究团队各自在新西兰的奥克兰、印度的加尔各答和美国马萨诸塞州的韦尔斯利收集了实验数据。通过分析数据，他们发现，这种代际传承的建议在加强合作和减少搭便车方面确实是成功的，但前提是建议必须以共同知识的方式加以传递，即上一代玩家留下的建议对所有的下一代被试公开，且由研究人员大声地朗读出来）。在这种处理中，平均捐献显著高于其他有建议的处理，也高于基准（无建议）处理。在很大程度上，共同知识处理中之所以出现高捐献，是因为给出的建议具有强烈的劝诫性。在共同知识处理中，特别是在顺序靠后的被试中，被试给出的建议变得非常强烈，每条建议的字面意思都等于是在鼓励其继承者每次都要投入全部 10 枚代币。反过来，这种劝诫性的建议又通过影响被试的信念而对他们的行为产生影响。针对被试对同伴将会采取的行动持何种信念，研究人员也收集了数据，分析结果发现，当来自上一代被试的建议以共同知识的方式传播时，被试对群体成员的合作会持有更加乐观的态度。

上述讨论表明，在由不同类型的个体组成的异质群体中，合作可以通过多种机制来维持，例如面对面沟通、给出建议、成本高昂的惩罚手段，有时甚至可以是仅仅表达不赞同的态度。但对于我们生活中的许多事情，我们实际上选择了我们希望与之产生交互的人。举例来说，我们会决定邀请谁来参加我们的聚会和野营旅行；我们会决定和谁一起观看超级碗（Super Bowl）① 比赛、世界棒球大赛或橄榄球世界杯；我们会加入读书会、桥牌俱乐部和某一政党。

瑞士圣加仑大学的西蒙·加赫特和克里斯琴·多尼（Christian Thöni）意识到，在志趣相投的群体中维持合作，可能比在随机组成的群体中维持合作要容易。他们的目的是研究那些志同道合的人，即知道自己对合作问题有着相似态度的人，当他们面临合作与自私的选择时，他们会如何行动。

在他们的研究中，被试首先被随机分成三人一组，参与一个公共品博弈。这个游戏环节被称为排名实验，只进行一次。此时，被试不会收到任何关于其他成员的捐献或他们收入的信息。在排名实验之后，被试参加实验的主体部分，即一场包括 10 个回合的公共品博弈。在他们参加排名实验之前，研究人员仅仅告知被试他们将在此实验结束之后要立即参加另一个实验，但是不提供任何关于后续实验的细节，以免影响他们的决定。在排名实验结束后、实验主体部分开始之前，研究人员告诉被试，之前随机形成的分组将被打散并重新进行分组，分组方式是按照他们在之前实验中对公益事业的捐献排序。也就是说，在实验主体部分的 10 个回合中，之前捐献额最高的三个人组成一组，捐献额紧随其后的三个人组成下一组，依此类推，直到捐献额最低的三个人组成最后一组。然后，研究人员告知

---

① 超级碗是指美国职业橄榄球大联盟（NFL）的年度冠军赛，多年来一直都是美国收视率最高的电视节目，"超级碗"是约定俗成的译法，其实并不贴切，此处的 Bowl 意指大型体育馆或者季后赛。——译者注

被试，他们目前的小组成员在之前排名实验中的捐献额。

为了比较行为，作为实验中的控制处理，研究人员还以随机（未分类）方式组成了另外的小组。这些控制组中的被试同样参加了上述的排名实验，然后原来的分组又被打散，重新组成新的三人小组。但在控制组的情况中，即便是这一次重新分组也是按照随机的方式，和被试在排名实验中对公益事业的捐献完全无关。在另一种实验处理中，研究人员允许被试惩罚其他小组成员，就像我们在本章前面讨论过的费尔和加赫特的研究那样。在这场实验中，被试在排名实验后同样被重新分组，与之前相仿，有一组是随机组成的，组员构成与他们在排名实验中对公益事业的捐献多少没有关系；其他小组则是根据他们在排名实验中对公益事业的捐献额排序。这样的组合搭配就产生了四种独立的实验条件，分别是：（1）排序分组且无惩罚手段；（2）随机分组且无惩罚手段；（3）排序分组且有惩罚手段；（4）随机分组且有惩罚手段。

加赫特和多尼报告说，对被试进行排序导致了捐献的大幅增加。此外，在排序分组且无惩罚手段处理中，合作程度最高的被试们比随机分组且无惩罚手段处理中最合作的那三分之一被试捐献还多。因此，当志同道合的合作者被分在一起时，人们可以期待其合作水平比随机组合所能达到的最佳情况还要高得多，也会更稳定。这个发现和冈索斯多蒂、豪泽和麦凯布等人的研究成果有共通之处。后面这三人发现，当合作者被分到同一组，并因此而能够与其他合作者发生交互时，他们的合作程度要远远高于他们被分到异质组时的合作程度。因为在异质组中，他们既与合作者发生交互，也与搭便车者发生交互。

轮到审视惩罚手段的作用时，研究人员发现，有惩罚手段的随机组的平均捐献（82%）大大高于没有惩罚手段的随机组（48%），这并不令人感到惊奇。但当我们审视捐献额最高的三个人的捐献额时，就会发现排序分组且有惩罚手段处理与排序分组且无惩罚手段处理没有显著差异。因此，当被试知道他们是在与志同道合的人互动时，他们不需要依靠惩罚或威胁来维持合作行为。加赫特和多尼认为，在同质群体中，关于合作的社会规范也许很容易就能维持，因为人们意识到群体中的其他人与他们有着相同的态度。

美国布朗大学的三名研究人员——塔尔伯特·佩奇（Talbot Page）、路易斯·普特曼（Louis Putterman）和布伦特·于内尔（Bulent Unel），也采用了类似于加赫特和多尼的实验方法。区别在于，加赫特和多尼基于被试的捐献额来分组，而在佩奇等人的实验中，他们允许被试选择自己想要和谁分在一组。

这些研究人员研究了许多不同的条件，我在本书中只限于讨论其中两个直接相关的条件。在第一种处理也就是基准处理中，64 名被试被分成16 组，参加 4 场实验，每组 4 人，玩 20 轮公共品博弈。第二种处理为重新分组，与基准处理相似，只是在第 3、第 6、第 9、第 12、第 15 和第 18轮结束时，需要进行重新分组。此时，每名被试都会得到一张没有任何其他身份信息的随机列表，上面列出了其他 15 名被试在实验期间（截至此刻）对公共账户的平均捐献。然后，被试有机会对可能的未来同伴进行排序，以表达他们的偏好。其操作程序如下：如果某名被试选择给其他被试排名（被试可以选择不提供排名），此人可以在每名被试信息旁边的框里输入一个数字。考虑到每场实验都有 16 名被试，可能的排名数字就是 1 ～ 16，1代表最喜欢的潜在同伴，16 代表最不喜欢的同伴。同样的排名号码可以分配给两个或更多的被试，从而允许并列的情况出现。

当所有被试都完成了这套程序以后，计算机会将被试分组。方法如下：首先，在全部可能的四人组合中，计算每种组合下四个人相互打分的总和并进行比较，直到搜索到四个人彼此打分总和最低的那个组合，他们就会成为被分好的第一个小组。然后剔除这四人，在剩下的人中重复上述过程，再形成第二组和第三组，最后四人自动成为第四组。新的小组成立后，被试不会得到关于成员身份的信息，而是继续进行博弈。当然了，不能排除博弈重新开始以后，被试有可能通过观察小组成员的捐献来得出一些推论。每次排名时，对被试的第一个排名决定收取 25 分实验代币，每增加一个排名决定，再多收取 5 分实验代币。佩奇研究团队发现，与基准处理相比，重新分组处理可以显著增加对公共账户的捐献——后者平均为 70%，而前者只有 38%。

这些研究表明，志同道合的人比异质群体更容易维持合作，而且人们如果能够选择自己打交道的对象，将会对合作具有明显的促进作用。

本章精华

关于这一类研究对经济学的影响，我不会长篇累牍地讲很多，原因有以下几点。首先，对于大多数读者来说，在社会困境中加强合作对经济学有何影响，这应该是件显而易见的事情。可能影响到的场景包括向慈善机构自愿捐款、提供地方层面和国家层面的公共品、控制环境污染并保证空气变得更清新、保护公共水域和土地免遭过度捕捞和过度放牧等。大多数读者都能想到一个或多个这种社会困境的例子。他们曾经历过这样的事情，结果要么是他们通过推进合作而设法解决了这个困境，要么就是因为一个或多个群体成员的搭便车行为而折戟沉沙。

2003 年秋天，新西兰面临严重的电力短缺。该国主要依靠水力发电，但当年夏天天气非常干燥少雨，导致水库水资源耗竭。面对这场危机，政府公开呼吁家庭和企业尽可能减少用电。现在，从经济学家的角度来看，这样的呼吁注定要失败。因为并不是每个人都必须减少消费；只要有一些人这样做了，电力危机就可以避免。因此，如果我的邻居减少了他的电力消费，我就不必这样做了，我可以利用他的节俭行为来搭便车。因此，只要有足够多的人这样做，每个人都会有搭便车的动机，即不减少自己的消费。但是，如果每个人都按照这样的思路来思考，那么就没有人会节约能源，肯定会出现能源短缺的情况。出乎我意料的是，这场危机被成功避免了。人们自愿减少了消费。奥克兰市的餐馆夜晚关掉了灯，用蜡烛为顾客照明。一些餐厅甚至表示，这种做法使得晚餐氛围变得更加亲密和浪漫了，似乎还使得用餐者乐在其中。

其次，这一领域的议题和发现的影响远远超出了经济学范畴，而且成为进化问题的核心。合作或利他行为是进化过程中的一个谜团。在进化的背景下，一个有机体或个人如果从事利他行为，就会有效地降低自己成功繁衍的机会，反而便宜了那些做出自私举动的有机体或个人。如果你放弃分给你的食物配额，或乐于分享你狩猎的战利品，甚至为了另一个（家族/部落/民族/国家）成员而甘心拿你自己的生命去冒险，那么你自己的境况就可能会因此而变得更糟糕；假设另一个人按照自私自利的方式行事，他就能够利用你的利他主义让自己获益。但是，不仅人类之间，其他生命形式之间也都出现了许多合作的例子。其中一些生物展现出了有利于其他生物成功繁衍的行动策略，甚至以自己的生存和/或繁衍为代价。

这里有一些例子：（1）昆虫群体，不育的雌性，如工蚁或工蜂等承担了劳务，以帮助它们的母亲生育额外的后代；（2）松鼠或鸟类发出报警叫声，虽然这样的叫声可能会提醒同一物种的成员警惕捕食者的到来，但也会把捕食者的注意力吸引到呼叫者身上，使其面临更高的被捕食风险。此处的疑点在于：如果某些个体在基因上倾向于以利他的方式为其他同类生物体服务，那么这种行为就会降低该利他个体的生殖适合度。因此，这种利他基因，假如它确实存在，肯定也会随着时间的推移而逐渐消亡。因此，通过自然选择，一种为某个特定特征编码的基因如果能够提高携带该基因的个体的生殖适合度，那么随着时间的推移，这种基因在种群中就会越来越频繁地出现；反之，一个降低其携带者个体适合度的基因则应该会被淘汰。合作问题是一个受到包括经济学家在内的各类社会科学家极大关注且充满争议的问题。解释生物间合作的两个最流行和最广为接受的理论分别是：（1）威廉·汉密尔顿（William Hamilton）在1964

年提出的亲缘选择理论；（2）罗伯特·特里弗斯（Robert Trivers）在 1971 年提出的互惠利他主义理论。

威廉·汉密尔顿在同一期《理论生物学杂志》（*Journal of Theoretical Biology*，第 7 卷，第 1 期）上发表的两篇文章，对合作行为的持久性给出了一种解释。汉密尔顿认为：一种基因，如果它导致的行为降低了表现出这种行为的个体的适合度，但是却可以提高近亲的适合度，那么这种基因仍然有可能在种群中扩散，因为近亲通常携带着相同的基因。这个理论后来被称为亲缘选择理论，尽管亲缘选择这个说法本身是由约翰·梅纳德·史密斯（John Maynard Smith）创造的。据说著名的生物学家约翰·伯顿·桑德森·霍尔丹（J.B.S. Haldane）曾说过："为了两个兄弟或八个表兄弟，我愿意献出我的生命。"霍尔丹的话暗示了这样一个事实：如果一个人为了救两个兄弟或八个表亲而牺牲了自己的生命，从进化的角度来看，这是一种公平交易，因为兄弟姐妹拥有 50% 的相同基因，而表亲拥有 12.5% 的相同基因。

罗伯特·特里弗斯提出的互惠利他主义理论表明，利他主义行为有可能以一种有条件的方式表现出来，即一个有机体采取慷慨的行动为另一个有机体提供利益，而不期望立即得到回报。然而，这种最初的利他行为必须在未来的某个时候由最初的受益人加以回报。如果受益人没能回报，就会导致原来的施恩者在将来不再从事这种利他行为。为了使利他者不被非互惠者所利用，我们认为只有得到识别和惩罚欺骗者的机制的配合，互惠利他主义才能存在。互惠利他主义的一个例子是吸血蝙蝠之间的血液共享。蝙蝠会设法获得足够的血液，然后把反刍的血液喂给那些没有收集到足够血液的同类，因为它们知道自己有一天可能也会受益于类似的捐赠行为。欺骗者会被种群记住，并被排除在这一类合作之外。

然而，我在前面呈现的证据已经表明，在各种各样的经济交易中，人类通常会与基因上毫无关联的陌生人合作。这种合作行为常常会在很大的群体中发生，对象是一些他们永远不会再有机会打交道的人，而且名声上的收益很小或甚至根本就没有。人们不仅经常为慈善事业捐款；他们还献血和捐献器官，通常是捐给完全陌生的人。因此，诸如亲缘选择或互惠利他主义等社会生物学理论可能无法解释人类合作的宏观模式。

苏黎世大学的厄恩斯特·费尔和他的许多合作者，包括西蒙·加赫特、乌尔斯·菲施巴赫、阿明·福尔克、克劳斯·施密特、赫伯特·金迪斯、塞缪尔·鲍尔斯和罗伯特·博伊德，进行了广泛的研究，提出了另一种合作理论，他们称之为强对等性（strong reciprocity）。这被定义为一种倾向，即建立良好的合作规范，并惩罚那些违反合作规范的人（在必要时个人会承担采取惩罚行动的成本），即使这些成本在日后难以收回。他们认为，强对等者同时也是有条件的合作者和利他的惩罚者。只要有条件的合作者相信其他人也会表现出利他主义，他们就会这样做。利他的惩罚者会制裁那些违反了隐性社会规范的人，即使他们必须为惩罚行动支付成本。

最后，一个大多数成员属于合作者的群体，其表现通常会超过主要由搭便车者组成的群体。而且，只要合作者进行选择性匹配，即他们与自己的同类交配，合作基因就会在群体中增殖扩散。虽然群体选择论在生物学上一直存在争议，但考虑到人类有能力创造出在文化上不断演进的合作规范，群体选择在人类中可能比在非人类的灵长类动物中更能说得通。

这些针对强对等性的系列研究可以提供新的认识，帮助我们了解合作以及道德规范的形成。因此，这一系列研究表明，具有社会联系的社区也许能够实现比标准经济学观点所预测的更多的合作。它还表明，在许多情况下，社区可以基于自己拥有的资源提供当地的公共品，而无须等待政府的干预。我必须补充说明一点，我并不认为政府是邪恶的新保守主义者。我坚信福利国家的优点，以及政府在提供社会安全保护方面的作用。

然而，我们也必须认识到，政府促进社会福利的能力是有限的。为共同利益采取集体行动并不像我们这些经济学家通常认为的那样是不可克服的难题，社区可以基于网络、交流、惩罚或社会排斥等手段采取创新的办法，以便建立自己的合作规范。对于成功的合作而言，似乎绝对重要的因素就是要对我们同伴的行动建立起乐观的信念。比这更重要的是：只要有足够多的其他人愿意合作，大多数人就愿意合作。在这种情况下，只需要让这些人意识到还有其他志同道合者的存在，就已经足够了。这一点似乎是培养必要的乐观信念的关键，而信念则能够导致有效的集体行动。

组织中的协调难题

言语比金钱更管用吗

现实生活中协调失败的例子

下次你乘飞机等待登机时，请留意看看外面那架正在等待起飞的飞机。我们绝大多数人从未真正领会过这一点，但事实上有一大群人正在营营役役，忙碌于各类活动。正副驾驶正在进行飞行前的检查；行李搬运工从入港航班上卸下行李，为出港航班装载行李；一群人在打扫客舱和厕所；另一群人在装载燃料；还有一群人将装食物的容器运上飞机。起飞准点率是衡量一家航空公司绩效高低的重要指标，而飞机想要准点起飞，唯一的方法就是所有这些群体能够成功地协调行动，并以相同的速度工作；只要有一组的进度落在后面，飞机就会延误。航班起飞时的延误，即使是小的延误，尤其是在法兰克福、纽约或新加坡等大型繁忙机场，通常也会对当天晚些时候的航班产生连锁反应，随着时间的推移，航班的延误会越来越多。因此，航班的准时起飞需要完全不相干的人来协调。只有当所有相关人员和群体都这样做时，飞机才能准时起飞。

对于我们大多数人来说，这似乎是一个微不足道的问题，毕竟大多数航班都做到了准时起飞，而不是延误。但是对于许多组织来说，让一大群代理人成功地协调他们的行动，委实是一个不小的挑战。例如，大陆航空公司在 20 世纪 80 年代就因为未能以令人满意的方式解决这类协调问题而陷入困境。自 1978 年美国取消对航空业的监管以来，在接下来的 10 年左右的时间里，大陆航空公司在准点到达、行李处理和客户投诉方面通常都是美国国内十大航空公司中排名最后的，并且曾经在 1983 年和 1990 年两次申请破产。我很快就会在下文讲述大陆航空公司的经历。

协调问题不是航空公司才有的，它还会出现在各种组织和许多不同的环境中。任何以装配线方式进行团队生产的企业，比如钢铁厂和汽车厂，都要面临这种协调问题。下次你带孩子去麦当劳或汉堡王就餐的时候，或者你自己偷偷溜进去买汉堡包解馋的时候，可以留心观察一下柜台的后面。那里的人正在处理一个巨大的协调问题。做出一个汉堡包涉及许多人和多个环节：从烤肉饼的人到把烤好的肉饼夹在面包里的人，再到给汉堡包配上奶酪、洋葱和泡菜以及将之包装起来的人，最后到前端柜台处把汉堡包交给客户的人，他们解决的是一个多么复杂的协调问题啊！生意的成败就取决于能多快地将汉堡包交到点单的客户手上，以减少人们排队等候的时间。

再举一些例子以说明协调问题的重要性和存在的困难。如果你坐在电脑旁边，就请你看一下键盘。我们绝大多数人使用的键盘叫作 QWERTY键盘。它的名字来自键盘字母区第一行最左边的六个字母。1874 年，克里斯托弗·肖尔斯（Christopher Sholes）申请了 QWERTY 键盘的专利，并于同年卖给了雷明顿公司。也是在那一年，QWERTY 键盘首次出现在打字机上。事实上，这是我们大多数人一生中所见过的唯一一种键盘。最初的键盘设计是将各个字母键按英文字母顺序排列，置于一根金属杆的末端，当按下相应的键时，金属杆就会敲击纸张。然而，如果有人快速打字，键盘上挨在一起的字母键就有可能会互相粘在一起，迫使打字员手动将键解开。这种现象促使肖尔斯将常用字母的键分开，以减少粘连现象并提高打字速度。但在粘连现象被其他办法解决以后，QWERTY 键盘的这种设计却造成了始料未及的后果，即输入效率反而降低了。还存在另外一种键盘，即 DVORAK 键盘，它更简单，打字速度更快。但我们很少在周围看到 DVORAK 键盘。这是为什么呢？原因就是，想要从 QWERTY 键盘切换到 DVORAK 键盘，必须在键盘使用者和键盘生产商之间进行海量的协调工作。那些已经花了时间和精力学习 QWERTY 键盘的人，只有在两个前提条件都能满足的情况下才会愿意改用 DVORAK 键盘。这两个前提条件分别是：其一，要有足够多的其他人也在用；其二，DVORAK 键盘已经得到了广泛的使用，很方便就能获得。但是，只有当 DVORAK 键盘有了足够的用户，也就是说对它有了足够的需求时，生产商才会生产这种键盘。所以，换用 DVORAK 键盘要求用户和生产商同时采取切换行动。

同样地，组织应该采购苹果公司的 Mac 电脑还是 PC 电脑呢？如果我周围所有人都使用 PC 电脑，那么我就希望自己能精通 PC 电脑；如果我周围所有人都使用 Mac 电脑，那么 Mac 电脑对我来说就是更优的选择。但是，假如我花了很多时间和精力才精通了 PC 电脑，然后却发现我周围所有人都在使用 Mac 电脑，那么我自己就会遇到麻烦。在这种情况下，切换到 Mac 电脑对我来说当然是更好的，只不过切换总是一件费时费力的事情。

时至今日，当我们去超市买杂货的时候，我们会把商品上的条形码当作标配，不会多想什么。这些条形码使付款变得容易多了，因为它使得结账柜台的收银员无须不断地查询价格。但使用这些条形码需要解决一个复杂的协调问题：安装条形码扫描器的成本很高，只有在生产商愿意做出技术投资，在其产品外包装上印上条形码时，超市才愿意购置这些扫描器；反过来，只有在足够多的超市已经配备条形码扫描器的情况下，生产商才愿意在产品包装上印上条形码。

随着无线电频率识别标签的不断使用，与条形码类似的场景正在又一次上演。RFID 标签越来越多地应用于收费亭、地铁代币、信用卡和图书馆书籍。但是，使用这些标签再一次需要其生产者和使用者采取协调行动。

纯粹的协调问题有一个经典的例子，就是要在道路的哪一边开车行驶。美国和西欧靠右行驶；英国以及印度、新西兰和澳大利亚等前英国殖民地则靠左行驶。当美国游客去新西兰旅游时，总是会因此感到困扰；反之亦然。

奥克兰市也提供了一个很好的关于协调问题的例子。可能是由于奥克兰市有许多条狭窄的双车道，每个方向都只有一条车道可供通行，因此形成了一个约定俗成的惯例，即靠左行驶的汽车如果是要向左转弯（这通常比较容易），在转弯时应该礼让对面方向的来车，因为那些汽车向右转弯，这会更加困难一些（据科林·卡默勒说，匹兹堡的情况也是如此）。一般情况下，这种做法都很有效；但是当路口有辆车由来自美国的游客驾驶时，这种做法就会碰壁。因为这位游客要么在左转时不知道自己应该让路所以抢行，要么就是亮着右转向灯，但却坐在车里等待，而其他所有人也只好陪着他一起等。之所以会出现后面这种糟糕的状况，就是因为"左转让右转先行"制度的成功，这有赖于每个人协调行动从而遵守这套特殊的惯例。

还有一个类似的例子就是，世界上绝大部分地区的电器都是 220 伏的，而美国的电器却采用了 110 伏的电压设计。这使得美国的电子设备在世界其他地方无法使用。我和妻子从美国搬到新西兰时带了一大堆电子产品。靠着电压转换器的帮助，我们尝试着让这些电子产品多运行了一段时间。不过，没过多久，它们还是全都烧坏了。接下来要谈的就是这些故事的意义所在。

首先，在大多数情况下，比起完全不协调，协调以取得某种结果总要更可取一些。所以，举例来说，如果我们所有人都靠左行驶，都用 220 伏电压的电子产品，那样会更好一些。那些需要适应新制度的人固然将会为此付出代价，但从长远来看，这将有助于协调一致，并消除目前的混乱。

其次，由协调难题导致的基本的战略性问题，与我们在前面章节中谈到的社会困境有很大的差异。协调问题不是像囚徒困境那样的社会困境。

在决定要不要为军官俱乐部干活的时候，如果约塞连卸责，让内特利干所有的活，约塞连自己的境况总会变得更好一些。如果涉及采取协调行动，那么情况就有所不同了。现在对于约塞连来说，如果他认为内特利会工作，那么他自己也工作就会更好一些；但如果他认为内特利会卸责，那么他也应该选择卸责。再举个例子，如果内特利加入示威游行，那么约塞连也会加入，反之亦然。推而广之，如果内特利靠左行驶，那么约塞连也应该靠左行驶；如果内特利使用 PC 电脑，那么约塞连也应该使用 PC 电脑。如此种种不一而足。

这里的重点是：对于约塞连来说，不再存在一个独有的战略，就像在囚徒困境博弈中那样；现在的情况是，假设约塞连也做内特利会做的事情，那么约塞连的境况就会更好一些；但是他们如何才能确保双方都在做同样的事情呢？比如说，我怎么才能确定其他人也会出现在游行示威现场呢？或者换到一个更常见的背景下，大陆航空公司的不同员工群体要如何才能协调他们的行动呢？此外，在许多这样的情况下，可能出现的结果不止一个。比如说，约塞连和内特利都决定去工作，或者两人都卸责；约塞连和内特利都拿着标牌出现在游行队伍中，或者两人都待在家里。大陆航空公司的员工群体都手脚麻利地工作，使得航班在指定的时间起飞；或者这些人都在工作中偷懒，享受悠闲的节奏，却导致大量航班延误和客户不满。

上面我已经谈到了不少例子。然而，每一种情况背后问题的实质其实不尽相同。实际上，现实生活中会出现两种不同类型的协调问题。这是我接下来要交代的内容。

性别战博弈：男人来自火星，女人来自金星

帕特和克里斯正在考虑在结婚纪念日给对方买什么礼物。他们都很喜欢 20 世纪 80 年代的电视游戏节目《完美搭配》(*Perfect Match*)。在这个节目中，夫妻们必须回答关于彼此的问题，以测试他们对自己的伴侣有多

了解。帕特和克里斯决定测试一下他们对彼此的了解程度，具体方式是：他们决定在结婚纪念日的晚上，每人买一张票去参加一场活动，看看他们的选择是否匹配。帕特喜欢歌剧，想去纽约大都会歌剧院看普契尼的《波希米亚人》（*La Bohème*）。同时，克里斯更愿意在洋基球场观看纽约洋基队与波士顿红袜队的比赛。

问题就出在这里。帕特和克里斯想要协调他们的行动，理想情况下，他们两人最好买的是同一个活动的门票。如果最终结果是他们去看歌剧，那么帕特会比克里斯更快乐一些；如果他们最终坐在洋基球场的本垒板后面，那么克里斯会更享受这次经历。但无论如何他们肯定想要一起参加同一个活动，即便另一个人更喜欢这个活动。在任何情况下，他们都不希望出现不匹配或不协调的情况，也就是说，他们不希望到了最后每人都拿着一张参加不同活动的门票，独自度过结婚纪念日的夜晚。在这个博弈中，有两个可行的结果（或均衡）。一种是两人都买了看歌剧的门票，此时帕特比克里斯更快乐，得到了更大的满足感（或回报）；另一种则是他们都去看洋基队的比赛，此时克里斯会成为那个更快乐的人。如果他们没能做到协调，买到了不同活动的门票，那么他们就会感觉很糟糕，每个人的回报都是零。因此，在这种情况下，不能协调对双方都是不好的结果。博弈论理论家和经济学家通常都不以幽默感见长，所以他们常常把这种情况命名为**性别战**博弈。

如果你认为这是一个刻意为之的例子，那么我向你保证，著名短篇小说家欧·亨利（O. Henry）肯定不赞成你的看法。欧·亨利的短篇小说《麦琪的礼物》（*The Gift of the Magi*）提供了一个协调失败的极好例子。就在圣诞节的前一天，一对深爱着彼此的年轻夫妇——詹姆斯和德拉·迪林厄姆，陷入了绝望中。双方都想花心思给对方买一份礼物，但双方都没有多少钱。有两件东西是这对夫妇引以为豪的。一个是吉姆（詹姆斯的昵称）的传家宝——一块金表，另一个是德拉那一头充满光泽的长发。德拉突然灵光一闪，她剪去长发，以 20 美元的价格将其卖掉，然后用这些钱为吉姆的金表买了一条漂亮的白金表链。后来，吉姆也带着他送给德拉的礼物回家了，那是一套漂亮的梳子，纯玳瑁做的，边上镶着宝石。梳子的颜色正好适合德拉那充满光泽的头发（可惜现在已经消失了）。然后德拉把送给吉姆的礼物——那条白金表链，递给了他。对此，吉姆笑着说："……让我们把圣诞礼物收起来保存一会儿吧。它们太好了，以至现在用不上。我卖了金表，换了钱给你买了梳子。"

现在的情况是，吉姆和德拉未能协调他们的行动。如果他们能设法协调，达成以下两种结果中的任意一种，他们的境况都会更好一些：（1）德拉不买表链，因此也就不用剪头发，而吉姆则卖掉手表，买梳子，此时德拉的境况会更好；（2）德拉剪下头发并买了表链，而吉姆则留下金表并得到表链，此时吉姆的境况会更好。但他们一番苦心后达成的结果却是双方的境况都变得更差了，这都是因为他们没能协调行动。[①]在下面的知识拓展中，我提出了德拉和吉姆之间的博弈所适用的理论公式。

知识拓展

性别战：德拉和吉姆的博弈

在第 1 章的附录中讲述的收益矩阵概念，可以用来描述吉姆和德拉之间的博弈。与之前相仿，我们会再一次主观地给被试的快乐或满意度设定一些货币价值。

德拉有两个战略，分别是：（1）卖掉头发并买一条表链；（2）不卖头发。吉姆也有两个战略，分别是：（1）卖掉金表并买一套梳子；（2）不卖金表。我们可以用图 5–1 中的方式来表示这些战略所

[①] 当然，人们可以像欧·亨利那样争辩说，正是他们行动的不协调才最能证明他们对彼此的爱。在小说的结尾，欧·亨利评论道："不过，我要对当今的聪明人说最后一句话，在所有送礼的人当中，这两个人是最聪明的。"

能提供的收益。

　　一方面，如果德拉卖掉头发并买表链，而吉姆保留了他的金表（这是德拉的"卖头发"战略和吉姆的"不卖手表"战略的交集，如图5–2所示的虚线圆圈），那么吉姆现在就有了金表和表链，并且会感到非常高兴。德拉当然也为吉姆的幸福而感到高兴，但对自己卖掉了的头发难免还是会有点留恋。因此，她的收益比吉姆的略低一些。

德拉的战略	吉姆的战略	
	卖金表	不卖金表
卖头发	德拉的收益 = 0 美元 吉姆的收益 = 0 美元	德拉的收益 = 3 美元 吉姆的收益 = 5 美元
不卖头发	德拉的收益 = 5 美元 吉姆的收益 = 3 美元	德拉的收益 = 0 美元 吉姆的收益 = 0 美元

图 5–1　德拉和吉姆的博弈

　　另一方面，如果德拉留着头发，而吉姆卖掉了金表并买梳子（这就是德拉的"不卖头发"战略和吉姆的"卖手表"战略的交集，如图5–2所示的虚线矩形），然后德拉现在有了头发和她想要的梳子。吉姆为德拉的幸福而感到高兴，但又为失去了传家宝（金表）感到有点难过。因此，他的收益比德拉的略低。

　　如果德拉不卖掉她的头发，吉姆也不卖掉他的金表，那么他们既没有变好也没有变坏，他们都得到了零收益。最后，如果德拉把头发卖了，买了表链，而同时吉姆也把金表卖了，买了梳子，那么他们两个人都不能使用对方赠予的礼物，所以他们每个人的收益再一次为零。

　　正如我们在第1章中所做的，我们需要寻找由双方的最佳反应组成的均衡状态。如果德拉选择了卖头发，那么吉姆的最佳反应是不卖手表；相反，如果吉姆选择了不卖手表，德拉的最佳反应是卖头发。这是图 5-2 中虚线圆圈所示的一种均衡结果。或者，如果德拉选择了不卖头发，那么吉姆的最佳反应是卖手表；反之，如果吉姆选择了卖手表，那么德拉的最佳反应是不卖头发。这是图 5-2 中虚线矩形所示的另一个均衡结果。对此博弈而言，这两个结果都是完全可行的。然而，他们都希望避免两个结果：（1）德拉卖了头发，而吉姆卖了手表（这就是故事中发生的情况）；（2）他们都不卖东西。因为在这两种情况下，他们的收益都是零。

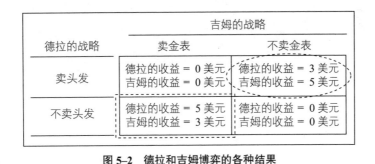

图 5-2 德拉和吉姆博弈的各种结果

猎鹿博弈和收益排序的平衡：猎鹿还是猎兔子

还存在另一种类型的协调问题，这种问题与经济组织的关联性肯定更强，在日常生活中也可能更常见。在性别战博弈中，诀窍是要协调达成两种理想结果中的一种，不是没能协调从而以零收益告终。

然而，在许多经济交易中，被试不仅必须协调出一个结果，还要争取达成较好的结果，因为某些结果比其他结果更可取，能产生更高的回报。以航班准时起飞为例。在这种情况下，至少有两种可能的结果：（1）每个人都手脚麻利地工作，以确保航班按时起飞，对航空公司而言这是一个理想的结果，在大多数情况下对员工来说也是有好处的；（2）每个人都以一种悠闲的节奏工作，这常常意味着航班会延误，公司会遇到麻烦，员工到最后也会被拖累。

早在 18 世纪 50 年代，法国哲学家让 – 雅克·卢梭（Jean-Jacques Rousseau）就曾提到过这类协调问题，当时他谈到两个猎人试图决定是猎鹿还是猎兔子。猎鹿需要两个猎人协调行动，只有当他们通力合作时，他们才有可能猎到鹿。猎鹿的回报是巨大的，两个猎人都能得到大量的肉。但是，对于任意一个猎人来说，还存在一个猎兔子的选择。猎兔子不需要猎人之间协调，每个猎人都可以选择独自去猎一只兔子，而且也一定能抓到。假设一个猎人正试图抓鹿（也就是说，他在共同的事业中依赖另一个猎人的合作），而另一个猎人看到一只兔子跑过就放弃了猎鹿事业，出发去对这只兔子穷追不舍。在这种情况下，第二个猎人肯定能抓住那只兔子，但是第一个猎人却会一无所获。假设是这种情况，那么对于第一个猎人来说，更好的结果是他自己也去猎杀一只兔子；这样一来，至少到了这一天结束的时候，他还可以保证自己能吃上几口肉。

因此，如果两个猎人一起猎鹿，他们的境况会更好，都能获得大量的肉。他们也可以各自捕食一只兔子，在这种情况下，两人都能得到一些肉；但严格地说，猎兔子比猎鹿所获得的肉要少。但如果其中一个人猎鹿，而另一个人猎的是兔子，那么猎鹿的人就会空手而归，而猎兔子的人确定能抓到兔子。因此，如果一个猎人对另一个猎人有可能不合作而独自去抓兔子存有丝毫的怀疑，那么对于这个猎人而言，安全的选择可能是自己首先去抓兔子。在这一章的其余部分，我将把类似这样的博弈称为猎鹿博弈。我将在下面的知识拓展中对这个博弈进行更正式的描述。

知识拓展

猎鹿博弈

两个猎人，分别称为猎人 1 和猎人 2，可以选择猎鹿或猎兔子。在开始捕猎之前，他们可以交谈，但一旦进入丛林，就不能再交谈了——也许因为这会吓到猎物，或者是因为他们距离太远。问题在于，即使他们以前讨论过这件事，而且双方都承诺了要去猎鹿，但仍然没有办法迫使任何一方信守诺言。所以，如果一个猎人看到一只兔子从身边匆匆跑过，他完全可以违背诺言去追兔子，而另一个猎人则没有意识到对方的背叛，还在兴致勃勃地继续追猎那头鹿。

让我们在保持博弈的基本动机不变的同时，再一次为各种结果赋予一些货币价值，以方便理解。假设每个猎人都选择猎鹿，在这种情况下，他们猎到了鹿，两人都赚了 8 美元。如果一个猎人专注于猎鹿，而另一个猎人背弃了猎鹿的诺言而改为去追兔子，那么猎鹿的猎人抓不到鹿而只能得到零美元，但是猎兔子的猎人会得到 5 美元。最后，如果他们都猎兔子，那么他们都会得到 5 美元。图 5–3 显示了这个博弈的收益矩阵。

现在和之前一样，让我们看看最佳反应。假设猎人 1 选择去猎鹿。猎人 2 的最佳反应是什么？猎人 2 如果猎鹿可以得到 8 美元，但如果他猎兔子只能得到 5 美元。因此，猎人 2 在这种情况下的最佳反应就是去猎鹿。同样的道理，如果猎人 2 在猎鹿，猎人 1 最好也去猎鹿，那么从猎鹿中将能得到 8 美元，而不是 5 美元。因此，猎人双方都选择猎鹿是博弈的一种可行结果或均衡结果。图 5–4 中的虚线矩形描述了这一结果。但是假设猎人 1 决定去猎兔子。在这种情况下，猎人 2 没有动机去猎鹿，因为他肯定猎不到鹿，最终将一无所获。在这种情况下，猎人 1 在猎兔子，猎人 2 猎兔子会更好，两者都将得到 5 美元。但是根据同样的论点，如果猎人 2 在猎兔子，那么猎人 1 最好也这么做。因此，猎人双方选择猎兔子也是这个博弈的一种可行结果或均衡结果。如图 5–4 中的虚线圆圈所示。

猎人 1	猎人 2	
	猎鹿	猎兔子
猎鹿	猎人 1 的收益 = 8 美元 猎人 2 的收益 = 8 美元	猎人 1 的收益 = 0 美元 猎人 2 的收益 = 5 美元
猎兔子	猎人 1 的收益 = 5 美元 猎人 2 的收益 = 0 美元	猎人 1 的收益 = 5 美元 猎人 2 的收益 = 5 美元

图 5–3 猎鹿博弈

图 5–4 展示了两种可行的结果。除了两个猎人都更富有之外，也就是说，当他们合作猎鹿时，他们都能获得更高的回报，而不是当他们朝不同的方向去寻找兔子。经济学家通常将双方猎鹿的结果称为收益占优结果，因为这种结果对双方都产生了更高的回报（每人 8 美元），而猎兔子的结果是每个人都得到 5 美元。双方猎兔子的结果通常被称为安全结果，因为这样做能保证他们每人得到 5 美元。

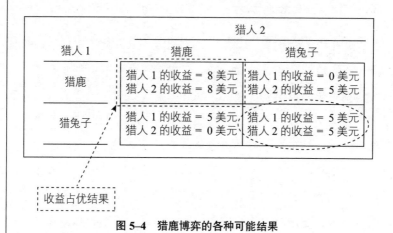

图 5–4 猎鹿博弈的各种可能结果

> 在这样的背景下，经常会出现以下问题：如何让两个猎人或一组被试协调他们的行动去猎鹿，也就是实现每名被试都能获得最大收益的结果。因为如果其中一名被试怀疑另一名被试可能会违背诺言去猎鹿，那么这个人很可能会去猎兔子。因此，双方必须完全相信对方确实会参与到猎鹿活动中来。

我应该指出的是，卢梭对猎鹿博弈的描述不是一个为了表明观点的程式化的例子，而是许多狩猎采集社会中的生活事实。哈佛大学的人类学家弗兰克·马洛（Frank Marlowe）在哈德扎人中进行了广泛的实地工作。哈德扎人是一群生活在坦桑尼亚北部埃亚西湖（Lake Eyasi）附近的游牧狩猎采集者。以下是马洛对哈德扎人狩猎行为的描述：

> 男性不像女性那样合作觅食……然而，在旱季后期，男人们会在夜间去打猎，方式是在为数不多的固定水坑旁守候，伏击前来饮水的猎物。因为狮子和豹子等其他掠食者也使用同样的战略，夜间狩猎是非常危险的，所以男人们总是**结对**出击。一旦猎物被击中后逃跑，男人们在接下来的追逐中也会互相帮助……

猎鹿博弈和性别战博弈的区别在于，在后一种博弈中，其中某个协调而成的结果会使一方感到更快乐，而另一个协调而成的结果会使另一方感到更快乐；但是如果他们无法协调，双方都只能一无所获。在猎鹿博弈中，双方不仅为了达成一个结果而必须协调。更重要的是，他们为了实现那个能给双方带来更高回报的结果而想要协调。有一种结果（双方都猎鹿）会使得两方的境况比起另一种结果（双方都猎兔子）都要更好。因此，两个猎人都致力于猎鹿的结果通常被称为**收益占优结果**，因为在这种情况下，两个猎人都获得了比猎杀兔子更高的收益。但是，猎鹿的战略是危险的，因为如果另一个猎人去猎兔子，那么猎鹿的那个人就会空手而归。双方都猎兔子能够保证双方都得到一个虽然更小但总是为正值的回报，故此这种结果通常被称为**安全结果**。

这种协调问题实际上是许多组织的通病。我已经介绍过大陆航空公司的例子。但事实上这个问题存在于任何从事团队生产的组织当中，例如汽车制造厂或钢铁厂。一般来说，在任何场景中，只要是一群人必须通过协调他们的行动才能获得最理想的结果，那么就会面临这个问题。另一个例子发生在登山运动中，攀岩者彼此连接在一起，整个群体的进展由最慢的攀岩者决定。因此，这类问题通常被称为短板 – 薄弱环节或协作博弈。

猎鹿这类问题并不局限于人类社会，它也存在于其他物种中。虎鲸的捕猎行为也是猎鹿博弈的一个例子。典型情况下，多条虎鲸会相互合作，把一大群鱼赶到水面，再用它们的尾巴打晕这些鱼以方便吞食。因为这种捕猎行为要求虎鲸不能让鱼群轻易逃脱，所以就需要许多虎鲸通力合作。但每条虎鲸当然也可以选择独自四处游荡，自己捕鱼自己吃。

协调失败的实验证据

那么，当人们遇到上述协调问题时，该如何做呢？我们怎样才能了解合作对象是好是坏，从而使自己可以采取行动与他们达成协调呢？马上能想到的一个思路是，看看那些经常处理类似协调问题的组织是如何做的。你可以去汽车制造厂或钢铁厂，观察工人们在装配线上的行为表现。或者你可以在航空枢纽待上一段时间，比如大陆航空公司、达美航空公司、新加坡航空公司，看看这些公司如何让员工协调行动，以确保飞机准点起飞和降落。这种实地观察肯定会获得有价值的信息。但是到了最后，你得到的数据固然可能会告诉你很多有关这家公司的运营情况，不过，要从这些数据推断出其他公司的运营情况并不容易。这是因为每个组织都有自己的文化和一套规则，并以自己独特的方式来解决问题。通常很难将基本问题与组织为解决该问题而形成的规则和惯例分离开来。

实验方法则提供了另一种选择。我们也许能抓住潜在的问题，牢牢掌握其中的激励结构，并由此设计出一个合适的实验。实验室的"无菌"氛围和使用中立的、与背景无关的语言虽然会牺牲很多现实性，但也能带来一些好处。

第一，它使我们能够在没有任何干预的情况下研究这个问题，从而了解在没有任何既有规则或惯例的情况下会发生什么。组织已经形成了这些惯例和文化并据此来处理现实生活中的协调问题，因此，组织的实际运作可能会比实验室实验所显示的状况要正常得多。但这些实验可以确定一个下限，帮助我们了解问题最糟糕的状态可能是什么，或者一个新建立的组织可能会遇到什么状况。

第二，实验也可以为如何解决这些问题提供有价值的指导。因为你可以对实验设计做一些小的改变，以梳理出实验对这些变化的不同反应，这样你就可以发现哪种干预的效果更好。你可以把实验当作风洞（wind-tunnel）①来测试各种建议，看看其中哪些可行，哪些不可行。如果在企业层面贸然实施一套政策，回头却发现它们完全不起作用。甚至更糟的是，这套政策其实给员工提供了错误的激励，这将是一种代价非常高昂的做法。

第三，获得的见解可以补充你通过实地研究获得的洞察，同时也可能为变革提供思路和方向，从而提高协调性和效率。实验不仅为你提供了一种更好的处理潜在问题的机制，还为你提供了一种相对廉价的方法，帮助你弄清楚如何实施促进员工协调行动的政策。

20世纪80年代末，艾奥瓦州立大学的一组研究人员——拉塞尔·库珀（Russell Cooper）、道格拉斯·德容（Douglas DeJong）、罗伯特·福赛思和托马斯·罗斯（Thomas Ross）开始了一项雄心勃勃的计划，以了解协调失败的问题。他们决定对性别战博弈和猎鹿博弈开展研究。从根本上来说，

---

① 风洞实验室的简称，是以人工方式产生并控制气流，用来模拟飞行器或实体周围气体的流动情况，并可衡量气流对实体的作用效果，以及观察物理现象的一种管道状实验设备，它是进行空气动力学实验最常用、最有效的工具之一。——译者注

这组研究人员关心以下两个问题：其一，人们在这些博弈中如何协调自己的行动？其二，如果人们协调失败了，那么哪些机制或干预措施可以帮助人们实现更高程度的协调？

让我先从第一个问题开始介绍。研究人员让 99 名高年级本科生和 MBA 学生参加性别战博弈，让 275 名高年级本科生和 MBA 学生参加两个不同版本的猎鹿博弈。研究人员设计了一套适当的游戏，保留了这两个不同问题内含的激励结构。这些博弈看起来与我在本章之前的知识拓展中所描述的博弈相似，只是有两名被试的战略被贴上了非情感化的标签——其中一名被试的战略被称为"上"和"下"，另一名被试的战略则称为"左"和"右"。被试玩了很多轮，在每一轮结束时他们会被随机重新配对，这样一来，他们通常不会和另一名被试有再次交互的机会。在任何情况下，所有的互动都是通过电脑进行的，因此没有任何被试知道与其配对的玩家的身份。

当拉塞尔·库珀研究团队观察性别战博弈中人们的行动时，他们果然发现了大量协调失败的现象。只有在 48% 的情况下，两名被试最终通过协调达成了一个可接受的均衡，也就是说，双方协调失败的概率为 52%，此时双方均以零收益告终。毋庸赘言，大部分情况下这种协调失败要归咎于每名被试各自追求自己最喜欢的结果；也就是说，帕特买了一张歌剧门票，而克里斯买了一张球赛门票。这表明，当遇到性别战这类问题时，像帕特和克里斯这样的人会有很多个结婚纪念日要顾影自怜了！

稍令人惊讶的是猎鹿博弈中的行为。在猎鹿博弈中，玩家各自在什么情况下能得到多少收益，其实双方都能一眼看穿，如果他们合作（即猎鹿），而不是自己行动（即猎兔子），他们都能得到更好的结果。然而，拉塞尔·库珀研究团队进行的实验中也出现了大量的协调失败。绝大多数被试没能通过协调达成收益占优结果，反而选择了安全结果。在猎鹿博弈的一个版本中，每名玩家必须从两种战略中选择一种，超过 80% 的被试选择了安全战略——猎兔子，这导致安全结果成了现实。在博弈的另一个版本中，每名被试都可以从三种战略中选择一种，此时缺乏协调的情况就变得更加明显了。在第二个版本中，拉塞尔·库珀研究团队发现，在所有被试所做的330个选择中，只有5个是与收益占优结果相匹配的，而其余的325个战略都只能导致安全但收益较低的结果。

在大致相同的时间（20 世纪 80 年代末期），得克萨斯 A&M 大学的一组研究人员甚至给出了一个更引人注目的例子，说明人们无法协调自己的行为以获得最大收益。约翰·范·海克（John van Huyck）、雷蒙德·巴特利奥和理查德·贝尔（Richard Beil）研究了一个更精细版本的猎鹿博弈。他们的实验设置实际上更好地代表了组织中的群体（比如那些致力于让航班按时起飞的工作小组）所面临的协调问题。范·海克研究团队称他们的游戏为**最小努力博弈**（the minimum effort game）。

在他们的博弈中，被分到同一组的被试必须在 1 ～ 7 之间选择一个数字。这些选择是在没有任何交流或互动的情况下做出的。每个人的收益取决于两件事：其一是那个人自己选择的数字，其二是组中成员选择的最小数字。如果每个人都选 7，每名被试赚 1.3 美元。如果每个人都选 6，每名被试赚 1.2 美元。如果每个人都选 5，每名被试赚 1.1 美元。依此类推，如果每个人都选 1，每名被试只能赚 0.7 美元。难题就在于：因为收益不仅取决于你自己的选择或你自己的努力水平，还取决于群体成员所选择的最小数字（即群体中有人付出的最低努力水平），即使只有一个人选择了小数字（即付出低努力），也会导致选择更高数字的人面临风险。如果你选择了一个大数字，而组中的其他人选择了一个小数字，那么你将接近于一无所获。举例来说，假设你选了 7，而组中有个人选了 1，那么你只能得到 0.1 美元。这本质上意味着，如果你的选择离群体中有人选择的最小数字很远，你的收益就会很少或根本没有。如果组中除了一个人选了 1 之外，所有其他人都选了 7，那么选 7 的人每人赚 0.1 美元，而选 1 的那个人则赚到了 0.7 美元。选择最小数字的人成事不足，但败事有余，他们有很大的力量可以伤害到那些冒险选择更大数字的人。

这类似于航班准时起飞或爬山的例子。以航班为例，即使只有一组人卸责，而所有的其他小组都在规定的时间内迅速完成了任务，这架飞机仍然不能按时起飞，那些兢兢业业的员工所付出的全部努力也就统统白费了。同样地，如果其他所有人都在稳步前进，只要有一名登山者落在后面，那么短板－薄弱环节也会拖慢攀登的步伐。

因此，在这种最小努力博弈中，被试面临两个挑战。第一个挑战是协调行动以共同选择 1 ～ 7 之间的一个数字。这是因为，如果其他人都选 1，那么你也不想选更大的数字，因为这会让你付出代价。总的来说，你希望小组成员能够协调并选择那个尽可能大的数字，因为这样才能给每名玩家带来最大的收益。因此，如果每名玩家都选择 7，他们的境况就会更好，赚的钱也就更多，这类似于每个人都努力工作。

正如我之前提到的，即使除了一名被试之外的所有被试都选择了 7，而这名被试选择了 1，那么选择 1（也就是最小的数字或最低的努力水平）的被试仍然会严重伤害到其他人并拖慢进度。因此，如果你不相信组里的每个人都会选 7，或甚至只要你对组里的某个人会选 1 有丝毫怀疑，那么你就可能会规避风险，因而也会选择 1。通过选择 1，你保证了自己的选择肯定是组中最小的。如果每个人都做出同样的推理，那么他们也都会选择 1。在这种结果下，你肯定能赚到 0.7 美元。更大的选择固然更有利可图，但其前提是每个人都选择了更大的数字。现在你既不能与他人沟通，他们也没有许下任何承诺，在这种情况下，与更大的选择相伴随的只能是获取低回报的风险；而且你的选择离有人选择的最小数字越远，你的境况就会变得越糟。这就意味着，如果你不确定其他人会选择大数字，那么安全的做法就是选择 1 来保证自己获得 0.7 美元的回报。在这个博弈中，每个选择 1 的人其实都是选择了安全结果。这和猎鹿博弈没有什么不同。每个选择 7 的人就好比合作去猎鹿的猎人，每个选择 1 的人就好比单独捕猎兔子的猎人。

范·海克研究团队招募了 107 名被试。他们被分成了 7 组。有 4 组每组 16 人的，有 2 组每组 14 人的，还有 1 组 15 人的。小组成员互动了 10 轮，每轮都要选择一个数字。在每一轮结束时，被试会得知小组成员选择的最小数字，但不会知道是谁选择了这个数字。他们也不知道其他小组成员选择了什么数字。因此，完全有可能一组中有许多被试（如果不是大多数成员）选择了 7，而只有一名被试选择了 1。在这一轮结束时，被试只会知道所在小组的其他成员选择的最小数字是 1。因为每名被试的收益取决于他自己的选择和小组成员选择的最小数字，所以一旦知道了后者，每名被试就可以计算出他在特定的这一轮中赚了多少钱。该组的人员组成在整个实验期间保持不变，所以同一群人会不断地发生交互，这可能更接近于现实生活中的情况。

请记住，如果每名被试都选择了 7，他们将获得 1.3 美元；而如果他们都选择了 1，他们将获得 0.7 美元。因此，在每一轮中，如果能够协调一致并达成收益占优结果，赚到的收益几乎会是安全结果的两倍。这些说明会被大声朗读出来，并使被试对这一事实形成普遍认知。在表 5–1 中，我展示了这 7 组被试所进行的 10 轮博弈中每一轮有人选择的最小数字。

群体成员的行为以及由此导致的协调失败（指未能达成收益占优结果的情况）都是相当令人震惊的。从表 5–1 中可以看出，没有任何一组能够协调达成高于 4 的数字。只有两组——第 3 组和第 4 组，设法达成过 4 这个数字，但也只是在第一轮。此外，7 组中没有一组能将最小数字保持在 1 以上超过 3 轮。到第 4 轮时，这 7 组中的每一组里面都至少有一个人选择了 1。此外，在大多数小组中，到第 10 轮结束时，大多数成员都选择了 1。第 1 组和第 2 组各有 16 名被试，两组都各有 13 个人在第 10 轮中选择了 1。第 4 组有 15 名被试，其中 13 个人在第 10 轮中选择了 1。因此，毫无疑问，这些玩家总的来说是在协调行动以求一致，但他们其实是协调一致地选择了会带给他们最糟糕回报的结果。虽然收益占优结果是每个人都选择 7，每一轮都赚到 1.3 美元，但对此的协调失败是一目了然的。

表 5–1   范·海克研究团队的实验中小组成员的最小数字选择

小组	轮次									
	1	2	3	4	5	6	7	8	9	10
1	2	2	2	1	1	1	1	1	1	1
2	2	1	1	1	1	1	1	1	1	1
3	4	2	2	1	1	1	1	1	1	1
4	4	2	3	1	1	1	1	1	1	1
5	3	2	1	1	1	1	1	1	1	1
6	1	1	1	1	1	1	1	1	1	1
7	1	1	1	1	1	1	1	1	1	1

注：本图由作者根据范·海克等人 1990 年的原始研究所提供的数据自行制作。

无法成功协调在多大程度上可以归咎于群体的规模？范·海克研究团队所使用的群体相对较大，由 14～16 人组成。较小的群体会表现得更好吗？范·海克研究团队重复了同样的博弈，但这一次，每组只有两名被试。他们发现，两名被试多数情况下都能协调取得双方都选 7 的收益占优结果，所以两人小组没必要担心协调失败。因此，未能成功协调似乎是一个大型群体特有的问题。但究竟多大才算是大呢？加州理工学院的科林·卡默勒和芝加哥大学的马克·克内兹（Marc Knez）给出了答案。他们让被试三人一组，参加一个不同版本的最小努力博弈。三人小组在协调取得收益占优结果这方面做得不是很成功。因此，三个人的小组似乎就已经大到足以打破协调。小组越大，预计结果就会越糟。

随后的一些研究重复验证了这种群体中的协调失败现象。事情已经很明显，拉塞尔·库珀研究团队和范·海克研究团队所取得的这些成果是稳健的，而不是他们的实验所特有的。经济学家原本信心满满，坚持认为经济主体是理性的，也坚信这些主体有能力找到赚钱最多的机会。不用说，这两个研究团队所公布的结果对于大多数经济学家来说简直就是石破天惊。

在这些结果发表之前，经济理论家们早就已经提出，当遇到猎鹿博弈类型的问题时，理性的经济主体靠着他们的演绎推理能力，能够弄清楚他们应该协调一致以取得收益占优结果。毕竟，这个结果赚钱最多，难道不是吗？

以上研究结果已经彻底地否定了这一猜想。这些结果表明，在没有任何干预的情况下，具备了合理智力的人可能会发现，要协调一致以获取收益占优结果难于登天。这些干预可以是某种规则或惯例，可以是与其他群体成员交流的可能性，也可以是做出承诺的机会。然而，范·海克研究团队认为，协调失败并不一定是演绎推理的失败；因为人们其实心知肚明，如果他们都选择了 7 并协调达成收益占优结果，他们就能赚到更多的钱。相反，未能达到收益占优结果是由**战略不确定性**（strategic uncertainty）造成的；也就是说，人们之所以不愿意选择大数字，是因为他们不能完全确信群体中的其他人也会这样做。所以在某种程度上，归根结底这还是一个信任问题。团队中的某名成员，只要他知道自己的同事值得信任，并且相信他们会努力工作，那他自己也会非常愿意努力工作。但如果团队成员心中有任何怀疑，哪怕是很小的怀疑，认为团队中至少有一个人最终可能会选择 1，那么他们也会选择 1，从而使协调一致实现收益占优结果的可能性化为乌有。这样一来，关键问题就成了要在被试的头脑中建立起适当的乐观信念，即团队成员都将选择与收益占优结果相匹配的战略。

正如我之前指出的，这些实验结果并不意味着大多数团体或组织在协调群体成员的行动方面真的就表现得如此糟糕。事实上，大多数人都很擅长解决这些问题。但这些研究结果确实毫不含糊地表明了以下两点：（1）群体其他成员行动的战略不确定性在这种情况下会被放大；（2）如果缺乏旨在缓解协调失败问题的明智的干预措施，这种战略不确定性可能就会导致大规模的协调失败，并产生一些严重的次优结果。这反过来又促使人们尝试弄清楚应该采取何种形式的干预措施，并对更有效的干预措施进行分析。这就是我接下来要探讨的内容。

在此之前，我需要指出以下几点。在讨论促进协调的干预措施时，我将主要关注猎鹿博弈中的协调问题。这里有两个原因。第一，性别战博弈所概括的那些问题，比如键盘、电脑操作系统、电视广播系统、电力、道路行车规则等标准的采用，往往是极其依赖历史的。也就是说，一个特定的标准之所以被采用，是因为历史上的一个偶然事件，或者是因为某人首先发明或发现了某件事。这个最初的事件在很大程度上决定了后续事件的进程。

这就仿佛是雨点落在大陆分水岭（一条升高的地形线）的一边。落在分水岭一边的所有雨点最终将流向某片海洋或水体，而其他雨点的落点即使非常靠近，但只要落在了分水岭的另一边，最终就会流向另一片海洋或水体，通常是在大陆的另一头。因此，一旦某个人或某个群体开始使用QWERTY 键盘，其他人也会开始使用；其他电影制片厂会跟随领头的电影制片厂在好莱坞周围——拔地而起；新兴的网络公司在硅谷周围鳞次栉比，而其他高科技公司则被吸引到了马萨诸塞州的 128 号公路附近。但这也意味着，一旦被试、团体和组织被锁定在其中一种选择上之后，就很难诱使相关各方改变战略，转向不同的结果。因此，解决这种情况下的协调失败会更困难，可能也不是那么直接相关。

第二个原因很可能源于上述第一个原因，即有更多的研究工作试图了解如何在猎鹿博弈中而不是在性别战博弈中促进协调。此外，猎鹿博弈与许多组织面临的问题更相关，因此经济学家花了更多的时间试图了解如何解决此类情况下的协调失败。

言语是否真的廉价：运用沟通来解决协调失败

现在，问题就成了：在协调博弈中，我们如何让人们将他们的行为协调到一个可得的均衡点上？或者换句话说，我们如何防止人们因无法协调而导致不好的结果？一个显而易见的答案就是允许人们交流。的确，在"无菌"的、缺失了具体背景的实验室环境中，人们在运用演绎推理的原则来协调行动方面表现得并不是很成功。但是日常生活中真正遇到这些问题的人其实是同事、工作伙伴，他们会在咖啡机或饮水机旁聊天。这种与群体其他成员交谈的能力，肯定足以消除任何战略的不确定性，而正是战略的不确定性才导致了实验室环境中大规模的协调失败。

如果你和经济学家交谈，就会经常听到这样的说法："言语是廉价的。"他们的意思是，在各种涉及战略决策的背景中，人们可以许下各种承诺，拍着胸脯说他们将以某种特定的方式来行动，比如说要行事公道或者与人合作，但是真到了要做出实际决定时，并没有任何事能阻止他们违背承诺，尤其是当他们能够通过食言获得实际好处时。因此，所谓言语廉价的论点，实质上是在猛烈抨击承诺本身的约束力，因为在许多情况下，即使许下了承诺，事后该承诺也很难被强制执行。这样一来，无论之前许下了什么承诺，之后仍可能出现投机取巧的行为。如果一个人不能信守承诺，那么他的承诺或者他说过的话可能就无法很好地预示他未来的行为。然而，正如我在前几章中指出的，在形形色色的情况下，人们的行为远不像经济理论所认为的那样带着机会主义色彩。许多人——如果不是大多数人，可能会对违反自己当初真诚许下的承诺感到内疚，因此我们应该期待这样的承诺总会产生一些影响。

拉塞尔·库珀和他在艾奥瓦大学的同事们很快就发现了这个问题。他们决定研究一下，如果允许被试交流，那在性别战博弈和猎鹿博弈中分别会发生什么情况。这里涉及一个问题，就是要如何组织这种交流。经过一番深思熟虑后，库珀研究团队决定让他们的被试发表一个简短的声明，而不是彼此之间进行无结构的、随心所欲的交谈。这主要是因为在那种随心所欲的交谈中，往往很难准确地提取谈话内容的本质。人们的话语往往并不精确，说法前后不一，甚至是自相矛盾，因此很难知道某个特定的被试真正主张的行动方针是什么。这也会导致实验失去控制。结构化语句（如"我将选择猎鹿"）的优点在于，它们通常清楚地表明了被试想要采取的行动。

拉塞尔·库珀研究团队还决定研究两种不同的交流方式：（1）两名被试中只有一人可以发表声明；（2）两名被试都可以发表声明。被试也可以选择保持沉默。实验结果并不令人惊讶；或者说，只有那些认为被试所发表的声明无非就是廉价言语，对其效力持怀疑态度的经济学家才会感到惊讶。库珀研究团队首先研究了性别战博弈。当然，当两名被试中只有一人可以发表声明时，此被试几乎总是宣布将采取能给自己带来更高收益的战略——帕特会宣布"歌剧"，而克里斯会宣布"棒球"；一旦发表了该声明之后，几乎100%都取得了协调一致的结果。在库珀研究团队观察的330个博弈结果中，只有16次被试没有协调达成某个均衡点。

然而，当研究转到双方都可以发表声明的情况后，结果并不令人满意。这一次出现了更多的不均衡结果，这在很大程度上是因为每名被试都倾向于宣布他会采取能给自己带来更高收益的战略。然而，这些结果清楚地表明，与经济学家的假设相反，不具约束力的廉价言语信息的确可以非常有效地促进协调行为。

然而，正如我之前指出的，对于经济学家来说，更有趣的协调问题是猎鹿博弈。在这个博弈中，玩家需要协调一致才能获得收益占优结果。拉塞尔·库珀研究团队决定研究两种不同的猎鹿博弈：（1）被试可以从两种战略中任选一种；（2）一个更复杂的博弈，被试可以从三种战略中选择一种。和之前一样，他们设计了两种实验处理：其一是单向声明，即只有一方可以就其战略选择发表声明；其二是双向声明，即双方都可以发表声明。

当两名被试中只有一名能够发表声明时，这当然比没有发表任何声明时促成了更多的协调，但它的效果并没有研究人员所预计的那么明显。在大约13%（165个案例中的21个）的情况下，发表声明的被试实际上声明他会选择猎兔子的安全战略。不过，即使在大多数情况下（165个案例中的144个，即87%），虽然发表的声明是猎鹿，但是这144个声明中也只有大约 60% 的确导致了双方协调一致，最终实现了收益占优结果——双方选择猎鹿。有 51 个案例（在 144 个猎鹿声明中占 35%），即使其中一名被试已经公开承诺要去猎鹿，两名被试仍然无法协调一致，导致博弈以一个不均衡的结果而告终。这样的结果令人惊讶，也表明了单向声明并不足以有效地消除被试头脑中的战略不确定性，从而使得双方在发表声明后确实会选择猎鹿。

然而，一旦拉塞尔·库珀研究团队允许双方发表声明，协调就会大大改善了。在 95% 的情况下，双方都选择宣布他们将猎鹿，在 165 个双方都发表声明的案例中，有 150 个（即 91%）确实协调达成了收益占优结果。因此，允许双方都发表声明的设定似乎能保证两件事：其一，双方都会旗帜鲜明地宣布他们将采取能带来最大收益的战略；其二，这反过来确实会导致协调行动以达成这一结果。

范·海克研究团队也致力于探索沟通在促进群体协调中的作用，并决定采取一种稍微不同的行动方针。他们想出了一个办法，虽然表面上看似简单，但实际效果非常好。他们决定，与其让被试发表公开声明，不如让外部仲裁者来发表声明。外部仲裁者要做的只是简单地向被试指出，如果他们能够成功地协调实现收益占优结果，他们的经济状况会好得多，因此，选择导致这种结果的战略是符合他们的最佳利益的。当然，被试完全可以无视这一声明，选择他们想选的任何战略。范·海克与安·吉勒特（Ann Gillette）和雷蒙德·巴特利奥一起开展研究，他们的成果表明，只要发表一个简单的声明，指示被试选择与收益占优结果相对应的战略，就可以有接近 100% 的概率导致被试协调一致地达成这个结果。

加州大学洛杉矶分校的迈克尔·崔时英（Michael Suk-Young Chwe）指出，组织其实一直都依赖这种公开声明的做法。通常，这可以以在广泛关注的事件上投放电视广告的方式进行。例如，在美国，收视率最高的赛事是美国职业橄榄球大联盟的冠军赛超级碗。崔时英指出，超级碗期间电视广告的最新趋势是出现了关于网站的广告。在 1999 年超级碗期间，HotJobs 网站把它将近一半的年收入花在了一个广告位上，而 Monster 网站则买下了两个广告位。这两家都是招聘网站，它们的增长本质上是要解决一个有关协调的问题。只有当雇员知道雇主会在这个网站上招人的时候，雇员才会想要在这个网站上找工作；只有当雇主确信有足够多的潜在求职者会在这个网站上搜索工作机会时，才会在这个网站上发布招聘信息。

然而，当拉塞尔·库珀研究团队转而关注那些允许被试从两个以上战略中做出选择的更复杂的博弈时，事情就变得模糊起来了。这样的博弈例子包括范·海克研究团队研究的最小努力博弈——被试必须从七个可用的战略中选择一个。前面已经说过，这次库珀研究团队进行的是一个更复杂的猎鹿博弈，每名被试都有三种战略可选择。他们发现，被试们要协调到收益占优均衡点的难度增加了，这在很大程度上是因为现在的被试们经常宣布截然不同的战略。实际上，在这种情况下，当研究人员只允许一名被试发表声明时，被试们的结果反而变好了。当只有一名被试可以做出承诺时，165 个案例中有 118 个（72%）被试宣布的是猎鹿战略，而在这 118 个案例中又有 111 次，被试们最终协调达成了收益占优结果。

但是，当允许两名被试都发表声明时，混乱就开始了。如果两名被试都宣布他们的愿望是要猎鹿，通常这两名被试能够协调达成收益占优结果。但问题是，在超过一半的案例中，被试宣布的战略并不是猎鹿。事实上，有高达 25% 的声明是要猎兔子。毋庸赘言，被试经常宣布自己不会选择猎鹿战略这一事实，就已经意味着在这个更复杂的博弈中，协调行动以实现收益占优结果变得更难。

拉塞尔·库珀研究团队得出的结论是，在那些被试可以从三种战略中选择一种的博弈中，公开声明并不是那么有效。这一结论得到了位于巴塞罗那的经济分析研究所的乔迪·布兰茨（Jordi Brandts）和蒙特利尔大学的本特利·麦克劳德（Bentley McLeod）的证实。后面两人还发现，在更复杂的博弈中，向被试推荐一个特定战略，即范·海克、吉勒特和巴特利奥的做法，也并不能让被试很好地协调行动。这些博弈中的收益占优结果也存在风险，因为如果不能协调达成这个结果，被试可能就会接近于两手空空（只得到很少的钱）。

匹兹堡大学的安德烈亚斯·布卢姆（Andreas Blume）和位于布拉格的查理大学的安德烈亚斯·奥特曼研究了在最小努力博弈（要求玩家在 1 ～ 7 之间选择一个数字）中，交流能够起到什么效果。他们组成了 12 个小组来玩这个游戏，每组都有 9 名被试。博弈进行 8 轮，在这 8 轮中，各组成员始终保持不变。12 个小组中，有 4 组没有任何交流的机会，而其他 8 组则可以交流。遵循库珀研究团队的做法，布卢姆和奥特曼让后面这 8 组中的被试发表一个简单的公开声明，而不是进行非结构化的交谈。8 轮中的每一轮都分为两个阶段。在第一阶段，被试可以互相发送信息，表明他们将在第二阶段选择什么数字。比如，在第一阶段中，某名玩家可能会说"我将选择 7"，那么这条信息就会传达到其他成员面前的电脑显示屏上。一旦所有被试都得到了发送一条信息的机会后，游戏就进入第二阶段——被试要做出实际数字选择。这些信息其实都属于廉价言语，因为被试并不是在做出有约束力的承诺。某名玩家可以在第一阶段宣称他会选择 7，但是真到了第二阶段他完全可以随意改变想法，选择一个不同的数字。没有任何人可以强迫这名被试在第二阶段选择他之前承诺会选择的数字。

布卢姆和奥特曼有两个发现：（1）不出所料，可以发送信息这一点是有助于协调的。因此，能够相互发送信息的组比没有这种机会的组达成了好得多的协调结果。（2）即便拥有了相互发送信息的机会，群体仍然很难持续地协调以取得收益占优结果。在有机会交流的 8 组中，只有一组在所有的 8 轮中都坚持选择 7。其他各组虽各自取得了不同程度的成功，但其中没有任何一组能在所有 8 轮中保持全部选 7。

实验结果表明：

- 早期的实验室实验使用与背景无关的语言，而且不允许被试有任何交流的机会，所以导致了问题被夸大。在现实生活中，协调问题所面临的挑战并没有早期实验室实验所暗示的那么大。
- 在现实生活中，通过简单地以某种形式与群体成员交谈，也许就已经足以解决这种协调问题。
- 但是，与此同时，这些实验也表明，想要让被试始终如一地协调实现收益占优结果，比人们预想的要困难。

双边或多边交流当然是有用的，能够使协调结果优于没有任何交流机会的情况，但似乎仍不足以让被试持续稳定地协调一致，以取得收益占优结果。这种困难在以下两类场景中表现得尤为明显：其一是允许被试从两个以上战略中做出选择的复杂博弈；其二是博弈涉及多名被试，而此处的多仅仅是指群体成员包括三人或三人以上。

在某种程度上，多边信息无法让被试有上佳表现这一事实可能并不那么令人惊讶。此处涉及的要点是要减少战略的不确定性，使每个人都相信其他所有人都会选择猎鹿。所以，比起所有人同时都有话要说，如果只有一个人发表声明说"我要去猎鹿"，其他人只要做到协调行动反而可能会更容易一些。如果每个人都能传递一条信息，实际上可能会产生一个双层协调问题。在那种情况下，每个人必须首先协调以达成一致。但并没有任何方法能够保证他们成功地做到这一点。即使成功了，接下来他们还必须继续协调以统一行动。在信息上存在太多的选择，似乎并不利于加强协调。

这反过来又促使研究人员开始思考：除了交流之外，还有哪些其他方法可以在组织中促进协调。接下来，我将逐一检视这些不同的方法。我想再次提醒你，鉴于我前面已经提过的原因，我将主要关注猎鹿博弈类的协调难题。

金钱万能：激励的作用

大多数经济学家相信，通过提供正确的激励措施，许多经济问题都可以得到解决。因此，一个显而易见的问题是：我们能否通过激励员工有效地协调行动，来增强组织中的协调性？如果可以的话，这些激励措施应该采取什么形式呢？

西班牙国家科学院经济分析研究所的乔迪·布兰茨和凯斯西储大学韦瑟黑德管理学院的戴维·库珀致力于理解协调问题，特别是经济组织背景下的协调问题。他们设计了一组实验，以模拟企业的内部运作。为了给实验增加更多的真实性，他们放弃了经济学实验中的标准做法——使用不带情感的、与背景无关的语言，而选择使用更真实的语言来提供实验指导。他们采用了范·海克研究团队所实施的最小努力博弈，并把它修改成了一个**公司转变博弈**（corporate turnaround game）。在这个博弈中，被试被称为雇员，他们为一家企业工作。每家企业有四名工人和一名经理。工人们可以从 0、10、20、30 和 40 这五个数字中选择一个，这相当于选择每周要工作多少小时。选择 0 意味着不做任何工作，而选择 40 则意味着每周工作 40 小时。收益占优结果是所有工人都选择每周工作 40 小时，而安全结果则是所有工人都卸责，即选择 0。共有 60 家企业和 240 名工人，他们分布在巴塞罗那和克利夫兰两地。

经理的目标是通过选择适当的激励奖金，使员工协调行动以实现收益占优结果。工人的收入包括一份固定工资，再加上一份奖金。奖金的数额取决于群体成员选择的最小工作时数。工人所能获得的奖金总额是两个因子的乘积，其一就是前述的群体成员的最小工作时数，其二是经理设定的一个固定的数字，我们称之为奖金率（bonus rate）。因此，公司转变博弈保留了最小努力博弈的特点，因为只要有一个工人选择游手好闲，就会拉低整个群体的最小努力值，并使所涉及的每个人的奖金变少，也包括那些工作更努力的人。这也意味着，即使群体中只有一个人选择了零努力，整个群体实际所得的奖金也只能是零。如果最小工作时数大于零，那么每个工人都会得到一份奖金，数目取决于最小工作时数和奖金率。

被试总共进行 30 轮博弈，这 30 轮又分为三个模块，每个模块 10 轮。该企业的人员组成在整个 30 轮中保持不变。这意味着同样的四个工人可以在整个过程中相互交流，这让他们能够建立信任，发展起一种集体感。此外，在现实生活中，大多数面临这种协调问题的群体往往是固定的，即同一群人在很长一段时间内发生交互。但固定的分组也可能加剧历史依赖问题，也就是说，一旦群体掉进了协调不良或者无协调的陷阱中，可能会更难爬出来，因为他们是和同样的人反复地发生交互。

在布兰茨和库珀进行的第一次研究中，经理扮演了一个消极被动的角色，每个模块适用的奖金数额实际上都已经被预先设定好了。第一个模块的奖金无一例外地都被设定在了非常低的水平上。布兰茨和库珀是有意这样做的，因为他们希望工人协调不成功。也就是说，他们希望在第一个模块结束时，每家企业的工人都选择了接近于零的小数字，这样每家企业在这 10 轮结束时都会经历严重的协调失败。他们这样做的原因是：如果企业没有经历协调失败，那么就真的没有问题需要解决了。只有当企业经历了协调失败后，人们才能研究改变激励是否能产生影响，从而帮助工人更有效地协调行动。布兰茨和库珀本质上是想要在第一个模块中先塑造一段协调失败的历史，然后再研究提高奖金率是否能让人们打破这种状况，达到更好的协调效果。

通过设定相当低的奖金率，布兰茨和库珀成功地让这些企业普遍陷入了协调失败的困境。在第一个模块中，工人们确实选择了只付出最小努力，而且有 71% 的选择为零努力；所有企业所有轮次的最小努力的平均值只有 5.71。换句话说，前 10 轮里，在所有企业中，工人每周投入的最小工作时数平均是 5.71 小时。大多数企业都经历了严重的协调失败，许多工人选择了完全逃避责任，每周投入的工作时间为零。在第 10 轮中，在总数 60 家企业中，45 家企业有工人选择了零努力，43 家企业有超过一名工人选择了零努力，26 家企业的 4 名工人都选择了零努力。

现在问题来了：奖金率的提高能够诱导工人们打破这种协调失败的陷阱，并促使他们更加努力地工作吗？答案是可以的，但与我们原来的预想不尽相同。布兰茨和库珀研究了三种奖金率提高的情况，提高幅度分别是 33%、67% 和 133%。他们发现提高奖金率能很好地促进协调。奖金率提高后，工人们平均付出的努力水平要高得多，但奇怪的是奖金率的实际提高似乎并不重要。所有三种提高幅度虽然都带来了更高水平的努力，但比起 33%，133% 也不见得对绩效表现有更大的促进。因此，员工似乎的确会对更高的奖金做出反应，但超过一定程度后，只要更努力工作就能带来更高的收入，实际的加薪幅度反而变成次要的了。当然，考虑到工作努力是有上限的，无论奖金有多高，它能带来的改进也总是有限度的。

他们还有其他一些有趣的发现。一旦奖金率提高，工人就会因努力工作而得到奖励，大多数工人的确不再选择零努力，而是提高了努力水平。但随着时间的推移，分歧出现了。在一些小组中，现在工作更努力的工人最终带动了那些相对更顽固的工人，使落后者也转而努力起来。在另外一些小组中，后进者的顽固不化使得原本努力的人心灰意冷，最终努力者也相应降低了他们的努力程度。因此，在微观层面上，提高奖金率对每家企业的影响并不相同，在某些企业中的效果会比在其他企业中更显著。

在某种程度上，奖金是否有效取决于员工队伍中有没有领头羊，也就是那些在奖金增加后，会大幅提高自己的努力程度来作为回应的员工。在一个特定的群体中，若有更多的领头羊存在，也就是说，有更多员工在奖金增加后显著地提高自己的努力程度，企业就能更有效地提高其平均生产率。我稍后会回到这一点再加以探讨。

布兰茨和库珀还发现，一旦企业成功地突破了低努力陷阱，降低奖金率并不会带来什么坏处。这对企业来说是个好消息，因为支付奖金是代价高昂的，并且对企业的经营业绩有影响。看来工人们需要的只是一个临时的抓手。一旦更高的奖金减少了战略的不确定性，使工人能够增加投入，即使后来奖金减少了，他们仍然可以设法保持协调。

最后，布兰茨和库珀提出了一个问题：对企业而言，效率低下和士气低落的状态持续时间的长短会有影响吗？如果企业陷入低生产力的泥潭已有很长一段时间了，要想扭转颓势是否会更加困难？不出所料，答案是肯定的。当协调问题持续较长时间后，奖金的有效性就会降低。当奖金手段在更早的时刻被引入时，许多员工，也就是领头羊，会提高努力水平并坚持下去，最终他们会把落后者也拉到更高的努力水平上。但是，当协调失败的问题被放任不管了较长一段时间后，即使采用了提高奖金的手段，领头羊也确实会提高自己的努力水平来作为回应，但当其他人没有迅速跟进时，领头羊很快也会放弃，并降低自己的努力程度。似乎长期协调失败的历史会孕育出更浓重的悲观情绪，甚至那些会对激励增加做出积极反应的、更有活力的领头羊也无法幸免。

在后续的研究中，布兰茨和库珀把第五名被试，也就是经理这个角色带进了每家企业。在之前的研究中，每个模块的奖金率都是被预先设定的，而现在每一轮中经理都可以自行决定给工人发多少奖金。此外，经理还可以发送信息，敦促工人付出更多的努力。现在，每家企业由四名工人和一名经理组成，他们会进行30轮互动，在整个过程中人员组成保持不变。在前10轮中，经理完全是被动的，在整个过程中完全不参与。与之前相仿，这种安排的目的是要让企业的工人掉进一个低协调或无协调的陷阱，然后再让经理介入，试图通过明智地使用信息和奖金来促进协调。因此，经理在后面的20轮中会扮演一个积极主动的角色。和之前的研究一样，在每一轮中，工人们要选择一个介于 0 ～ 40 之间的努力水平。经理只能看到工人所投入努力的最小数字，而不知道每个工人究竟付出了多少努力；因此，在某种意义上说，经理无法区分谁在努力工作，谁没有努力工作，但他可以判断生产进度是否足够快。实际上，这第二项研究中的被试得到的反馈比前一项研究中的被试得到的要更少，这会使协调问题解决起来更加困难。一旦经理接手工作，他可以使用包括基于努力程度的绩效奖金和劝诚性信息的混合手段来促进协调。

不出所料，布兰茨和库珀再次发现，将劝诚性信息和适当的绩效奖金结合使用，确实能够促进协调和提高生产率。令人惊讶的结果是，沟通交流，即发送信息的能力，似乎是一种比绩效奖金更有效的工具。布兰茨和库珀对此的看法如下：

> 我们的研究结果强调了沟通的重要性。随着沟通渠道的增加，工人的努力水平和经理所创造的利润都会增加。想要增加经理所创造的利润，比起财务激励，沟通是更有效的工具。这就是我们论文的核心成果——对于试图从协调失败历史中带领企业华丽转身的经理来说，在很大程度上，是你说了什么而不是你支付了多少钱，决定了你是否能成功。虽然经理尝试了各种各样的沟通战略，其中还包括了复杂的、跨越多轮的计划，事实证明最成功的沟通战略其实很简单：明确要求所有工人选择高的努力水平，强调协调一致地以较高的努力水平工作可以实现互惠互利，并向工人保证他们将得到丰厚的报酬，虽然实际上没有必要支付丰厚的报酬。换句话说，在这种环境中，经理之所以成功，是因为他们充当了良好的协调机制。

良好的沟通之所以会是一种更有利可图的战略，其原因并不难理解——发送信息的成本远低于提供激励奖金。因此，如果你能通过适当的劝诚性信息来提高绩效，而无须为了激励员工支付更多的金钱，那么你的盈利水平就会大大提高。这是否意味着激励性奖金并不重要，仅仅靠着简单的廉价言语信息（今天说一句巧妙的恭维话，明天拍拍肩膀）就足以改善生产率低下的企业的业绩呢？布兰茨和库珀认为并非如此。他们的观点是：财务激励很重要，但要与适当的劝诚性信息相结合。仅仅提高财务激励是很糟糕的管理战略；有必要通过传递类似"只要撸起袖子干，人人都能发大财"这样的信息来强化财务激励的效果。从这个意义上说，布兰茨和库珀的发现为范·海克、吉勒特和巴特利奥的研究成果提供了佐证，后者研究了外部仲裁者所发布信息的效力。激励奖金和信息的结合似乎是一种更好的协调机制，能够更有效地减少被试之间的战略不确定性。

之前的研究着眼于管理者是否能发挥作用；但这项研究中的"经理"毕竟只是一名本科生，他们几乎没有真正的管理经验。要想知道管理者是否真的能让员工协调一致地努力工作，方法就是看看现实生活中的管理者。如果让员工以一种协调的方式工作是许多组织的核心难题，那么成功的管理者应该善于找到方法来解决这种协调失败问题。做出这样判断的理由有两个：一是，那些更善于激励员工的人最终会击败其他人而晋升到最高管理职位；二是，他们担任管理职位这一事实，也意味着他们在处理协调失败问题方面有着更丰富的经验，这反过来又给他们提供了宝贵的观点和知识，让他们知道哪些政策比其他政策更有效。

这就是戴维·库珀接下来要进行的研究。但是你怎么才能让真正的经理来到实验室，并参与这个博弈呢？韦瑟黑德管理学院的高级管理人员工商管理硕士项目帮忙解决了这个问题。EMBA 项目的学员都是经验丰富的成功管理者，至少有 10 年的工作经验，其中包括 5 年的管理经验。戴维·库珀发现，管理者的经验确实很重要。当 EMBA 项目的学员在公司转变博弈中扮演经理角色的时候，他们走出协调失败历史的速度比学生要快得多。这种卓越的表现并不是由于他们支付了更多的钱给员工，而是因为他们传递了更有效的信息，更好地起到了激励员工的作用。

为了了解哪种沟通战略更有效，戴维·库珀对所发送的各种信息进行了区分。举例来说，他把其中一个分类称为"要求付出努力"。这个类别下面又包含了三个子类别，分别是"礼貌的""粗鲁的"和"具体的"努力程度。他发现，职业经理人比学生扮演的经理人更善于沟通，对于什么样的信息能更好地减少员工之间的战略不确定性，他们有更好的直觉。真正的管理者所说的内容与学生管理者不会有很大的差异；但是真正的管理者会更频繁地说出正确的事情。例如，职业经理人更有可能要求员工付出具体的努力，更有可能给予员工鼓励。一个显著的区别在于，职业经理人明确提到要信任同事的次数高达学生管理者的 6 倍。

戴维·库珀进一步补充说：

要理解为什么这种特殊的沟通战略有效，可以回想一下，协调在很大程度上其实是一个信念问题。通过沟通实现了信念的协调一致，从而也就导致了行动的协调一致……有了良好的沟通战略，管理者就能打造出一个共同的信念，即大多数员工将会选择高的努力水平。当经理要求员工付出某种具体程度的努力时，这一点表现得最为明显。更巧妙之处在于，通过指出成功协调所能实现的共同利益……管理者创造了这样的预期，即所有的员工为了得到更高的收益都将选择付出更高水平的努力，从而使任何一名员工都更有安全感，以提高自己的努力水平。

在实验室中创造文化

到目前为止，我们探讨了两个主题：一是，在没有任何交流或其他干预措施的情况下，以及在完全没有背景的实验室环境中，被试经常发现很难协调他们的行动；二是，许多干预措施，如各种沟通机制或绩效奖金，即使不能完全解决这个问题，也能在很大程度上帮助缓解它。如果我们把目光转向现实世界，就会发现，虽然在许多组织中大规模的协调失败的确存在，但也有许多组织似乎充分地解决了这种问题。至少来说，许多组织并不至于如实验室里最坏的情况那样运作不良，而且还有不少组织确实在解决协调问题上表现良好。

这些组织是怎么做到的呢？它们很可能组合使用了上述所建议的方法，但此外还有另一种促进协调的做法，那就是新员工的文化适应或称文化移入过程。公司开展各种各样的活动，试图在员工之间建立信任并促进团队合作。这些活动包括：由公司更资深的成员指导新入职的初级员工；有时，它们还会让团队外出进行类似于攀岩或激流漂流这样的活动，以迫使团队成员相互依赖和支持，并在队友之间建立信任。

卡内基梅隆大学的罗伯托·韦伯（Roberto Weber）决定研究文化适应过程是否能帮助员工更好地协调他们的行动。我们已经知道，通常一个小型群体（比如两名玩家）会更容易协调行动。只有当团队开始壮大时，问题才会悄悄出现。然而，在现实生活中，许多大型企业和组织也确实设法做到了让他们的员工协调行动。韦伯推测，这可能是由于企业的创始成员最初都只是一个小团队，他们能够成功地解决协调问题，并在此过程中设法建立了一套规则或自我治理的规范。随着团体的扩张，新进入者会接触到并努力适应这些好的规范，使得已经建立的协调规范得以维持。因此，思路是先从微小时开始，在早期建立一套行动协调规范（这在小群体中更容易），然后慢慢成长，同时让新成员接触已经建立的规范，并期望他们对此信守不渝。这种做法既能让组织成长，同时仍然能保持协调一致。

韦伯采用了约翰·范·海克研究团队最初设计的最小努力博弈，目的是想看看他是否真的能让小群体首先设法协调自身的行动，然后在保持这种协调的同时逐步成长壮大。提醒一下读者，在最小努力博弈中，每名被试要从 1～7 之间选择一个数字，而他的收益取决于他选择的数字和小组中其他人选择的最小数字。如果所有的群体成员能够协调一致地选择 7，那么每个人的境况都会改善，并使收益最大化。

韦伯研究了三种实验处理，分别如下所示。

- 一种作为控制组的处理。12 名被试组成一个小组，进行 12 轮最小努力博弈。

- 一种有历史的处理。每组一开始时只有两名被试；其余的人一开始并不参与，只是观察这些最初被试的行动；每隔几轮，观察者中就会有一个新人加入游戏组和之前的被试一起博弈，依此类推，直到最后几轮，所有的 12 名被试都会参与进来。有几次，韦伯在同一时间增加了不止一个人，但这只是例外，而不是常规操作。韦伯评论说，这种带有历史的实验处理可以算作"一个简单的隐喻，对于那些加入一家企业或国家的新成员来说，这代表了他们通常必须接受的广泛的培训、社会化和文化适应过程"。

- 还有一种无前史的处理。它与有历史的处理的共同点是被试会逐步补充进来，通常也是每次一人。不同之处则是这些新进入者不会看到在他们加入博弈之前发生了什么，所以没有历史可供参照。

实验共设置了 5 个控制组，每组 12 名被试，总共 60 名被试；有历史处理分为 9 组，每组 12 人，共 108 名被试；无前史处理分为 3 组，每组 12 人，共 36 人。整场实验期间，这些小组的人员组成保持不变。

韦伯的研究成果显现出了一种强烈的规律性，即当员工们置身于历史（一种共同的协调规范）中时，组织的缓慢增长过程往往导致即使是 12 人的大团队也能有效地协调行动；也就是说，组里的所有成员在一段时间内，在多个轮次中，连续地选择了 7。9 组中有 3 组做到了在整个人员增长过程中始终将最小努力值保持在 7，即使到了最后所有 12 名被试都参与其中，也没能改变这一点。还有一组玩家在整个成长过程中一直选择 5。9 组中有 5 组，即便达到了 12 人的满员状态，仍然至少能保持最小努力值高于 1。这与范·海克、巴特利奥和贝尔最初的研究结果形成了鲜明对比，在前一项研究中，到了第 4 轮，所有小组中的最小努力值都已经降到了 1。

并不是所有能看到历史的人都表现得很好。9 组中有 4 组，当达到 12 人的满员状态时，最小努力值已经降到了 1。然而，与此同为事实的是，有历史处理的组确实比控制组或无前史处理的组达成了好得多的协调效果。韦伯的研究结果表明，如果一开始时群体规模很小，以缓慢的速度成长，并且在成长过程中让新成员接触到已经建立的协调规范，那么就有可能实现有效的协调。如果没有历史记录可供参照，就不可能进行有效的协调。

奥克兰大学的阿纳尼什·乔杜里、纽约大学的安德鲁·肖特和罗格斯大学的巴里·索弗（Barry Sopher）进一步推进了韦伯关于文化适应的想法。他们煞费苦心地设计了一个实验，其中的新进入者不仅可以观察历史，了解在他们加入之前所发生的事情，还能得到前辈的建议。肖特和索弗当时已经在开展一项详尽的研究项目，试图了解各种经济交易中规范和惯例的演变。他们认为，社会化和文化影响对包括经济互动在内的人类行为的所有方面都有着巨大的影响。一代人形成的行为规范或惯例可能会传给他们的继承者。在许多社会困境中，这种由规范驱动的行为可能有助于将合作维持在相对较高的水平，高于那些基于基因的经济或进化理论所做出的预测。如我在第 4 章末尾讨论的互惠利他主义理论和亲缘选择理论。

为了检查社会规范的演变，肖特和索弗设计了一个创新的**代际框架**（inter-generational framework）。在这个框架中，被试会成批地进行各种各样的博弈，比如性别战博弈或最后通牒博弈。一批被试玩了一些轮次以后，新的一批被试会替代他们，再玩上数目大致相同的轮次。每一代被试可以与随后的下一代继承者交流，提出有关如何进行博弈的建议。在人类社会的历史中，一代人形成的规范可以通过知识和经验以口口相传的方式传承下去。此外，每一代玩家都会关心下一代，因为每名被试的收益不仅取决于他在这一代中的收益，还取决于其下一代子女的收益。因此，在下一代人身上发生的事情与上一代的所有人都有直接的金钱利益关联。

这种框架设计旨在研究：那些对问题有着相关经验的人留下的建议如何形成了行为规范，并有助于解决社会困境或协调问题。毕竟，我们在很多事情上都需要别人的建议，例如我们为孩子选择医生、牙医、汽车修理工或学校；或者当我们买房子、汽车或挑选共同基金的时候。因此，可以合理地做出推论：当我们首次遇到一个问题时，我们可能并非完全处于真空状态；我们的周围也许存在（而且通常会有）一些已经拥有经验并且可以建议我们采取适当行动的人。这其实就是韦伯关于新进入者要适应新组织或新国家的习俗和文化的观点。

乔杜里、肖特和索弗决定采用这一想法，即每一代被试都给其继承者留下了建议，看看这是否有助于解决普遍存在的协调失败问题。和韦伯一样，他们也选择了范·海克研究团队设计的最小努力博弈作为研究对象，但他们的设计比韦伯的更精细一些。在乔杜里研究团队进行的实验中，每组有 8 名被试，每组构成一个世代。每组进行 10 轮最小努力博弈，在整个过程中，小组的人员组成保持不变。

乔杜里研究团队对历史和建议的影响都进行了研究。第一种实验处理是每一代被试都会私下留下建议，即只提供建议给自己的下一代继承者；此时，每一代被试都会从他们的前辈那里得到一条建议。第二种实验处理是将建议与历史结合起来，也就是说，每一代成员不仅从他们的前辈那里得到一条建议，还可以看到之前发生交互的历史，即他们可以了解到父辈、祖辈等以前世代中所发生的事情。在第三种实验处理中，所留下的建议是公开的；此时，来自上一代成员的建议会提供给下一代的所有成员。但这种公开建议的方式分为以下两种。

- 在某些情况下，会把上一代人的建议打印在一张纸上，交给当前的这一代人；现在这一代的每个人都知道：他们每个人都能看到一张纸，纸上印有完全相同的信息——上一代人写下的八条建议。
- 在另外一些情况下，不仅会将这些建议打印在纸上分发，还会在实验开始前由研究人员或实验助理大声朗读。

在这些公开建议的实验处理中，研究人员没有向被试展示之前的博弈历史。同往常一样，研究人员另外安排了一个控制组作为对照，他们会玩同样的博弈，但是被试既没有得到建议，也不知道历史。然后将上述几种处理下的实验组的行为与控制组的行为进行对比。

乔杜里研究团队推测，这种允许被试使用代际框架进行设计，从而给他们的后代留下建议的做法，随着时间的推移，可能会使后代实现高效的协调。如果一代人未能解决根本的协调问题，那么他们可能会相应地向下一代提出建议，建议他们要"按我们告诉你们的方式去做，而不是照我们的做法去做"。如果按照这样的建议行事，可能会形成一套惯例，最终导致收益占优结果。

然而，乔杜里研究团队更进了一步，他们还收集了关于人们信念的数据。读者应该还记得我一开始说过，协调失败背后的根本原因通常是**战略的不确定性**，即无法确定他人将会采取什么行动。因此，能产生更乐观信念的机制或进程将能更有效地解决协调问题。成功的干预很可能是通过创造出适当的信念来实现的，但是针对这些信念以及它们如何受到不同制度的影响进行实际观察，仍然是一件重要和有指导意义的事情。

乔杜里研究团队发现，尽管提供建议确实在很大程度上有助于解决协调失败问题，但这种建议的分发方式才是至关重要的。当从上一代人到下一代人的建议属于私人性质，即父母只给自己的子女提供建议时，这种建议完全无助于实现协调。这主要是因为这些建议往往是悲观的，会敦促被试坚持安全战略，力保安全结果。许多这类建议的说法可能如下："在所有回合中都要选择1。你也许想赌所有人都会选7，但他们会让你失望的。记住了，总是选择1！"或者就是其他效果类似的话。

韦伯的研究结果是，如果群体开始时规模很小，之后逐渐扩大，历史会有助于协调一致。与之相反，乔杜里研究团队的成果是，历史对于规模已经很大的群体并没有太大的帮助。事实上，他们发现，建议比历史更有用，更有助于加强协调。奇怪的是，如果被试收到了悲观的建议，即使他们能够通过之前博弈的历史看到他们的前辈相对成功地实现了协调，他们也很有可能最终获得糟糕的安全结果。从这个意义上讲，如果遗留下来的建议是坏的，那么好的历史也不会起到什么作用，而好的建议（即使与之相伴的是坏的历史）会比好的历史更有效。

建议想要起到促进协调行动的效果，必须先采取公开分发的形式，即上一代所有成员的建议必须向下一代所有成员公开，之后还必须大声朗读出来。这样一来，群体中的每名成员都知道，其他每个人都收到了完全相同的信息（印有建议的纸条），而且每个人都确信，所有人都听到了大声朗读出来的那些信息。换句话说，"每个人都收到了同样的信息"必须成为共识。只有当信息被公开且被大声朗读出来，并成为共识时，最小努力博弈的被试才会持续稳定地选择 7，即协调一致地达成收益占优结果。公开建议与私下建议在性质上也有所不同。一个典型的公开建议的例子如下："每一次都选 7，记住我说的是每一次。如果每个人每次都选 7，每个人每轮将赚到最大的收益，也就是 1.3 美元的 10 倍，即 13 美元……别傻了。就选 7！"

这一研究成果也包含了一种例外情况。如果传递给下一代的消息的力度很强，也就是说，如果上一代的所有成员无一例外地敦促他们的继承者一直选 7（就如上面所引用的那条语气强烈的规劝性建议），那么消息只要采取了公开分发的方式，以使得每个人都知道其他所有人都能看到相同的消息，即使消息并没有被大声朗读出来，也能起到促进协调的作用。但是，如果有一条或几条建议中包含了哪怕只是轻微的含糊其词，那么这些信息不仅必须是公开的，还要大声朗读出来才能奏效。

为什么建议，尤其是强烈的劝诫性建议，对行为有如此积极的影响呢？创造出更乐观的信念，是建议能够促进协调的一种方式。我在前面已经说过，此处的问题本质上是信任问题。为了选择能够带来收益占优结果的战略，每名被试都必须确信他们的小组成员也会选择同样的战略。对于其他人的选择，即使是只有一丁点儿怀疑，往往也足以破坏成功协调的任何可能性。建议的作用就是消除或减少对其他被试战略选择的疑虑。事实真的如此吗？对于解答这个问题，乔杜里、肖特和索弗组成的研究团队具备了独特的优势，因为他们实际上已经收集了关于这些信念的数据。

在实验开始时，乔杜里研究团队向被试提供了实验说明。然后，根据实验处理的不同，向全体被试提供建议或关于之前历史的信息。重温一下，具体的四种实验处理包括：私下的书面建议、私下的书面建议加"前史说明"、公开分发的书面建议、公开分发的书面建议加大声朗读。在此之后，在真正的博弈开始之前，研究人员要求被试各自陈述他们预计小组中的每名成员在 10 轮的第 1 轮中会做出的选择。根据他们预测的准确程度，研究人员会给被试发放真实的奖励。因此，他们是有动机去仔细思考并做出准确预测的。乔杜里研究团队发现，他们所设计的大多数涉及历史或建议的实验处理，并不能完全消除对有人会选择 1 的疑虑。在大多数这些实验处理中，被试仍然认为组中有人会选择 1 的概率是正的，尽管他们赋予这个概率的值很小。但是，即便这个疑虑再小，它也已经足以破坏协调成功的可能性，并使被试在短时间内就落入协调失败的陷阱，即大多数人甚至全部人都选择 1。唯一的一种可以消除疑虑的实验处理是将建议公开，并且还要大声朗读出来。此时，被试才终于能确信小组中没有人会选择 1。由此而来的乐观信念使得这种安排下的被试始终如一地选择了 7。

为什么大声朗读这些信息就能产生如此大的差异呢？崔时英在其所著的《理性的仪式：文化、协调与共通认知》（*Rational Ritual: Culture, Coordination and Common Knowledge*）一书中评论道：

> 因为每个人只有在其他人都参与的情况下，自己才会想参与，所以每个人也必须知道其他人收到了信息。就此事而言，因为每个人都知道其他人需要确信除他以外的所有人都会参与，他们自己才会参与，所以每个人也都必须知道其他人知道除他以外的所有人都收到了信息。依此类推，直至无穷。换句话说，仅仅有信息本身所承载的知识是不够的；同样需要的是关于他人所拥有知识的知识，关于"他人对'他人所拥有的知识'的知识"的知识。依此类推，直至无穷，这

就是共识。因此，为了理解人们是如何解决协调问题的，我们应该研究产生共识的社会过程。

为了成功地协调，每名被试都必须持有适当的乐观信念。这种乐观信念的对象不能仅限于他人的行动，还要包括他人的信念、他人对"他人信念"的信念等信念体系。如果建议只在私下给出，或者没达到共识的程度，被试的信念是不够乐观的。但是，当建议通过公开分发和大声朗读的方式成为共识时，每个被试都会读到和听到同样的信息，并且知道其他人也会读到和听到同样的信息。这最终成功地创造了一种氛围，让被试觉得有足够的勇气开始选择 7，然后从这个吉利的起点出发，建立起一套协调的行为规范。

从实验室到现实世界：大陆航空公司的成功案例

到目前为止，我们的讨论应该已经使你信服了两件事情：一是，在猎鹿博弈类的协调问题中，被试经常发现很难协调达成收益占优结果；二是，一些相对容易的干预措施——被试之间的交流、事先有过相关经验的人提供的建议、对有关团体行为规范的文化适应或文化移入、提供激励奖金，似乎在促进协调方面相当成功。最大的问题是：在相对无干扰的实验室氛围中，这些干预措施似乎是有效的，但它们在现实世界中是否仍然有效呢？

麻省理工学院的马克·克内兹和邓肯·西梅斯特（Duncan Simester）决定通过观察大陆航空公司在 20 世纪 90 年代中后期成功扭转局面的经历，来看看这些干预措施是否有效。我之前提到过，航空公司的运作需要广泛的协调，而且遵循所谓的短板原理，即组织整体的表现有赖于其每一个组成部分的表现。即使其他人都在手脚麻利地工作，只要有一名员工或一个群体行动迟缓，就足以拖慢工作进度，损害整个组织。因此，组织的整体绩效在很大程度上取决于组织中速度最慢或表现最差的那个实体的绩效。

这反过来意味着，如果能够让所有的群体和员工协调他们的活动，对组织将有巨大的好处。因此，如果想要知道各种干预措施能否成功地促进协调，那么从航空公司的运作中一定可以学到许多。

1995 年之前，大陆航空公司是航空业内业绩最差的公司之一。在 1978 年美国取消对航空业的管制之后，大陆航空公司曾两次宣布破产，一次是在 1983 年，另一次是在 1990 年。在诸如准点到达、行李处理和客户满意度等重要绩效指标上，大陆航空公司的平均排名在美国十大主要航空公司中都是垫底的。1994 年底，大陆航空公司引入了一个新的高管团队，以解决企业面临的诸多问题。新团队推出了前进计划。该计划有三个重要组成部分：其一，更换机场管理人员；其二，完善航班计划；其三，引入一个团体激励计划，即如果全公司在准点率上完成了绩效目标，那就逐月发放奖金。1995 年 1 月 15 日公布的这项奖金计划承诺，只要大陆航空公司每个月的准点率在业内排进了前五名，就会给包括兼职员工在内的所有支付时薪的员工发放 65 美元的奖金；1996 年，该计划修改成：如果大陆航空公司在准点率方面排名第二或第三，就每月支付 65 美元；如果排名第一，每月支付 100 美元。

在 1992 年、1993 年和 1994 年分别报告了 1.25 亿美元、1.99 亿美元和 6.13 亿美元的净亏损之后，大陆航空公司在 1995 年扭亏为盈，报告了 2.24 亿美元的净利润。净利润在 1996 年增至 3.19 亿美元，1997 年增至 3.85 亿美元。利润的增加也伴随着其他绩效指标的改善，比如准时到达和起飞。大陆航空公司的高管将公司的成功大部分归功于新的奖金计划，它提高了员工的努力程度，加强了员工之间的相互监督，降低了员工流失率，减少了员工因病请病假的情况。此外，这个奖金计划其实是能回本的。在引入这一计划后，大陆航空公司的乘客错过转机的情况减少了，被迫重新安排其他航班的乘客也减少了，而其他航空公司现在越来越多地使用大陆航空公司的航班以便为他们的乘客重新安排错过的班次。

但是，除了为改进绩效提供财务激励之外，新管理团队还采取了其他新政策，包括：引进公告板和员工季刊；首席执行官定期发送语音邮件并发表视频声明；高管人员更频繁地到工作现场；还加强了对高管的问责制度。这些附加的做法也大大有助于大陆航空公司扭转局面。

当时，大陆航空公司大约有 3.5 万名员工，他们每个人对整体业绩的影响微乎其微。此外，员工在地理上是分散的，这限制甚至是阻碍了员工之间的直接互动和对彼此行动的直接观察。在这种情况下，新管理团队实施的政策，包括奖金和其他手段，如使用公告板和首席执行官的公开声明，为何可以影响绩效？它们又是如何影响绩效的呢？克内兹和西梅斯特认为，在很大程度上，干预措施是通过提高员工之间的相互监督水平来改进绩效的。大陆航空公司采用的激励计划提高了人们对其他群体也能孜孜不倦提高准点率的预期，无论他们是在同一机场还是在不同的机场，这种对他人更高的期望使得员工能够协调他们的行动。

绩效奖金并非针对特定的员工，而是建立在许多员工采取协调行动的基础上。因此，任何一名员工或一个群体不努力工作，不仅会降低该群体获得奖金的概率，而且会降低其他所有群体获得奖金的概率，因为他们的绩效到头来都要取决于落在最后的那个群体。这就创造了动机，使得员工能彼此监督他人的努力程度，还能促进落后的同事更加努力地工作。这种促进可以通过两种形式实现：（1）那些没有付出应有努力的人会感受到来自同事的压力，落伍者可能还会产生羞耻感；（2）员工会向管理层检举揭发那些不努力工作的同事。因为有大量工作，如飞机滑出或停入停机坪、装载或卸下行李等，要求团体中的许多员工密切合作，所以他们很容易就能看出其他人的努力程度。

这种相互监督有着多种多样的表现形式，包括员工将同事叫出休息室私下谈话，或员工因离开岗位而受到惩罚。员工们还开始联系请病假的同事，询问他们是否需要协助，同时也顺便监督请病假的行为是否真实正当。

克内兹和西梅斯特曾经询问大陆航空公司首席执行官为何要向所有员工发放奖金，而不只向那些确实提高了绩效的员工发放。他回答说，这样做是为了让所有员工都明白，提高绩效需要每个人付出努力和做出承诺，而不仅仅是关键的少数人。因此，大陆航空公司将关注重点完全放在了创造更乐观的预期和改变员工的整体行为上。

因此，大陆航空公司将财务激励、良好的沟通战略和劝诫性信息等手段明智地结合起来，成功扭转了局面；它所用的正是我之前介绍的一些论文所建议使用的方法。

再从现实世界回到实验室：合作伙伴还是陌生人关系

现实生活中出现的许多协调问题都涉及彼此之间反复互动的个人或群体。无论是大陆航空公司或钢铁厂的员工，还是在汽车制造公司流水装配线上工作的人，他们基本上都在与同一群人反复地发生交互。因此，他们通常非常了解彼此。这也使得监控其他人的工作变得更容易，人们很容易就能发现某人何时没有完成必要的工作，或在休息室花了太多时间，或者装病请病假等。我们已经看到，即使是每天彼此互动的人，也可能发生严重的协调失败。大多数我上文讨论过的研究（除了艾奥瓦大学拉塞尔·库珀研究团队所做的工作），尤其是所有针对在最小努力博弈中如何提高大型群体协调性的研究，使用的都是人员组成固定的群体。这种对固定群体的关注是可以理解的，因为这些问题中有许多本质上就是成员长期反复互动的群体所真正面临的问题。

但是，并不是所有的协调问题都发生在人员组成长期相对稳定的群体中。在大多数情况下，群体的人员组成会频繁更改。美国国税局或其他国家的税务机构通常会在报税截止日前后雇用额外的临时工。同样，面对突然涌入的申请，许多国家的移民机构也会雇用额外的临时工。邮局雇用更多的人手来帮助自身度过繁忙的假日。大多数快餐店的员工流动率非常高，这意味着员工频繁地来来去去。所有这些企业也必须解决棘手的协调问题。

但它们面临的问题的性质有所不同，比起那些人员组成长期比较稳定的群体，后面这些群体中的成员关系则没有那么紧密。如果我们认为大陆航空公司的群体成员就像是伙伴（彼此认识了很长时间的人），那么麦当劳或国税局的员工通常就只是彼此的陌生人——短暂共事一段时间，然后分开，并没有足够的时间来建立持久的关系。那么，这些陌生人在采取协调行动方面表现如何呢？

在这件事上存在着以下两种可能性。

- 能够与同一个人反复互动，以及有建立长期关系的可能性，可能会使得信任更容易建立；这反过来可以树立对其他群体成员所采取行动的乐观信念，从而促进协调。如果这是真的，那么固定的群体应该比存续期较短的群体更能够协调行动。

- 然而，也不能排除固定的群体会遇到更多问题的可能性。如果人员组成固定，最初的某些恶意行为（如不努力工作）造成的创伤可能会逐步溃烂流脓，导致该群体陷入相互指责的恶性循环。群体被锁死在低投入的安全结果上，缺乏新鲜血液的输入，没有人能独自聚集起能量去打破这个恶性循环。在这种情况下，存续期较短的群体实际上反而可能表现更好。随着群体的组成不断变化，新成员得以加入，他们没有背上以往互动中的包袱或不良感受，而是带来了新的乐观和期望。这可能使这些群体更有效地协调行动。

实验结果证明，前一个猜想是正确的。最早明确关注这一问题的研究人员包括曼彻斯特大学的肯尼斯·克拉克（Kenneth Clark）和泰恩河畔的纽卡斯尔大学的马丁·塞夫顿。20 世纪 90 年代末，他们让 160 名被试参加了一个简单的猎鹿博弈。被试分成两组，每名被试可以从两种战略中选择一种进行游戏。博弈存在两种均衡：一种是收益占优结果，另一种是安全结果。

每次实验有 20 人参加。对半分开，每 10 人分配一个房间。这个房间里的人总是和那个房间里的人配对。有一种实验处理是将被试组成固定配对，此时两名被试（分别在不同的房间里）配成一对，连续博弈 10 轮。另一种实验处理叫作重新配对，每名被试同样要进行 10 轮博弈，但每次都是和另一个房间中的不同被试配对。因此，在第一种处理中，由于被试反复互动，他们有更大的机会积累信任，并建立起自己会以某种特定方式行事的声誉。譬如说，他们可以选择使用以下类型的条件战略：一开始我会付出很大的努力，因为我希望你也能这样做；如果你不做，那么我也不会继续努力；这样一来我们的境况都会恶化。这种类型的条件战略通过最初的几轮来建立关系，也许可以鼓励人们在早期就选择风险更大的猎鹿战略，然后继续维护这种早早就已建立的合作。如果被试没有机会采取这种战略，而只能不断地和陌生人打交道，建立信任对他们而言就很困难。

克拉克和塞夫顿发现，在固定的群体中，有更多的被试会选择风险更高的猎鹿战略。在固定配对和重新配对这两种处理中，他们都对博弈进行了 200 次观察。在固定配对中，被试在 200 次配对中有 116 次能够获得收益占优结果；而在重新配对中，这种情况在 200 次中只发生了 4 次。在固定配对中，人们努力协调他们的行动以达成两种均衡（收益占优结果或安全结果）之一的情况也更常见，最终出现非均衡结果的情况只有 17%。在每一轮结束时要重新配对的那些被试发现协调变得更加困难，最终出现非均衡结果的情况占 30%。

如果被试作为固定配对的伙伴在猎鹿博弈中表现得更好，那么可以想见，同样的情况也会发生在更复杂的最小努力博弈中，而后者其实捕捉到了许多企业互动的本质。事实正是如此。奥克兰大学的阿纳尼什·乔杜里和提尔努德·派查扬特维吉特让 210 名被试参加一个稍微修改过的最小努力博弈。他们的研究问题如下：员工流动率较高的群体在协调行动方面会表现得更差吗？如果真的是这样，那么什么样的干预措施能对这些群体有效呢？适用于固定群体的方法是否也适用于人员组成经常变化的群体呢？

被试5人一组，博弈会进行好几轮。有两种分组方案：在第一种处理中，分组是固定的，即小组的人员组成保持不变，在整个实验期间始终是相同的这5名被试发生交互。在第二种处理中，每一轮结束时被试都会被重新配对。在他们的研究中，每场实验通常会有20名被试，在每一轮开始时，这些被试由计算机程序随机分成5人一组，使得同一组的5人不太可能互动超过一次。提醒读者一下，在这个博弈中，最好的结果是所有的小组成员都选择7，此时能够实现收益占优结果，即每名被试都能赚到最多的钱。

在每种分组方案中，组成的小组都会首先在没有任何干预的情况下进行5轮博弈。每组有5名被试，当所有5名被试都选择了他们的努力水平后，该轮博弈就产生结果并进入下一轮。通过实验，乔杜里和派查扬特维吉特在第二种处理下得到了120个观测值，在第一种处理下得到75个观测值。就像克拉克和塞夫顿的研究一样，随着时间的推移，与成员在每一轮结束时重新配对的小组相比，人员组成保持不变的小组在采取协调行动方面的表现要好得多。当两位研究人员观察"小组成员最小选择数字为1的情形"（即组中至少有一人选择1，因此小组的最小选择也就是1）在全体观测样本中所占的比例时，他们发现固定群体中的比例相对稳定地徘徊在10%。在随机重新配对的组中，情况就完全不同了。此时，小组最小选择数字为1的比例从第1轮的27%增加到了第4轮和第5轮中的50%。

鉴于重新配对的小组难以成功协调，下一个问题自然就是：哪些类型的干预措施对这些小组能起到更好的效果？乔杜里和派查扬特维吉特研究了两种不同的干预措施：其一是类似于范·海克、吉勒特和巴特利奥所采用的公开声明；其二是类似于布兰茨和库珀所采用的激励奖金。在第一种情况下，实验助理将宣读一份公开声明，指出如果所有被试始终选择7，那么他们将获得更多的金钱收益。第二种干预措施，即激励奖金的操作方式与布兰茨和库珀的略有不同。在布兰茨和库珀的研究中，奖金取决于小组成员所选择的最小工作时数，只要最小工作时间大于零，工人就能获得奖金；被试选择工作40小时（类似于在最小努力博弈中选择7）的奖励无疑是最高的。在乔杜里和派查扬特维吉特的研究中，每当群体设法协调到 7 的时候，即某轮中所有群体成员都选择 7，就会给予奖励。与布兰茨和库珀的研究不同的是，协调结果小于 7 时是没有奖励的。这种设定类似于大陆航空公司的奖励计划，前三名有奖励（第一名奖励 100 美元，第二、三名奖励 65 美元），第四名或更糟的成绩根本不会得到奖金。

乔杜里和派查扬特维吉特发现，当团队的组成随着时间推移仍然保持不变时，一份敦促每个人选择 7 并指出这样做的好处的公开声明，就已经足以实现所有人始终如一地选择 7 这一收益占优结果。然而，如果小组的存续时间很短，并且被试在每一轮结束时都要随机重新配对，那么同样的公开声明的作用就很有限。此时，最终促使玩家协调达成收益占优结果的干预措施是支付激励奖金，并就此安排做出公开声明。如果没有激励奖金，或没有公开说明将会支付激励奖金，那么这些群体就不能很有效地协调行动。这表明，经历了人员频繁更替的群体更容易出现普遍的协调失败；仅靠沟通交流可能已不足以解决这样的问题，而需要辅以奖金激励。

本章精华

哈佛大学的经济学家迈克尔·克雷默（Michael Kremer）曾经叙述过一个关于协调失败的戏剧性且最终令人心碎的故事。1986 年 1 月 28 日，挑战者号航天飞机在升空 73 秒后发生爆炸，原因是其右侧固体火箭助推器的 O 形密封环硬化失效。这反过来导致了结构上的故障，最终空气动力产生的压力使航天飞机解体。航天飞机被毁，7 名机组人员全部遇难。虽然航天飞机的其余数千个部件完好无损，但一个相对较小的部件，即 O 形密封环不能正常工作，就足以导致航天飞机爆炸。

克雷默用这个例子来说明，在多种多样的经济背景下，看似微小的故障或极小程度的不确定性也会阻碍协调行动。在挑战者号航天飞机因 O 形密封环失效而爆炸的案例基础上，克雷默进一步提出，广泛的协调失败可能是许多国家发展不足的核心原因。他认为，各国可能会陷入低水平均衡的陷阱，也就是说，发展要求经济中的许多部门同时实现工业化，但没有一个部门能够仅靠自身的工业化就实现盈亏平衡。那么，成功的发展可能就需要大力推动，需要不同经济部门采取协调行动。同样，在宏观经济背景下，一个经济体可能会陷入就业不足的均衡。在这种情况下，没有任何企业愿意扩大生产，除非它能确保其他企业也会这样做，但不这样做就会导致对有关各方都不利的结果。

现有证据表明，在大多数这些协调失败的案例中，问题的主要根源是对于他人行动战略的不确定性。除非我确信我所属小组中的其他人也会这样做，否则我就不愿意采取可能导致收益占优结果的战略，因为这样做是有风险的。在我能对同伴树立起信心之前，我们可能注定会陷入一个低协调或根本无协调的陷阱之中。在很大程度上，这种协调失败问题的解决，可以归结为能够建立起适当的乐观信念，即相信群体中的其他人也会选择更冒险的猎鹿战略。

具体采用什么机制来产生这些信念，将取决于手头的具体问题。可用的方法包括：使用良好的传播策略，例如通过公告板或电视广告公开发送劝诫性信息；有时要用到金钱激励；有时还可能要用鼓舞性的信息来强化金钱激励；还有可能是新进入者必须经历广泛的文化适应和社会化。无论干预的性质是什么，它几乎总是需要能够产生共识的社会过程，即把信息置于公共领域，使每个人都相信其他所有人也都得到了完全相同的信息，并认为自己有勇气去采取协调一致的行动。对信息的共同理解是实现成功协调的关键所在。

信任和互惠

对经济影响深远的要素

信任和互惠在经济上的进一步影响

最后，我想对我之前谈到的问题进行一些更深入的思考，特别是信任和互惠在经济互动中的作用。我会再提供几个例子，以说明为什么这种情绪倾向对经济学而言很重要，并阐明经济学家和政策制定者为何应该关注这些问题。

归根结底，经济学家的首要任务是改善人们的生活，这涉及解决经济发展的问题。经济学家通常强调市场、法律和政治制度以及管理经济活动的正式规则和法律体系对经济成功发展的重要性。这种传统的方法没有考虑到公平或社会规范在发展过程中的作用。但在本书的前几章中，我已经表明：非正式的社会规则和行为规范如果不是更重要，那至少也是同样重要的。这些非正式的社会规则和行为规范有诸多体现：比如决定要信任陌生人或回报他人的信任；愿意惩罚违反合作规范的行为，即使这样的惩罚要求惩罚者也支付不少的金钱为代价，等等。至少，经济学家和政策制定者需要意识到这些社会规范所起的作用，因为忽视它们往往会导致意想不到的后果，而且弊大于利。

2001 年诺贝尔经济学奖得主约瑟夫·斯蒂格利茨（Joseph Stiglitz）在他所著的《全球化及其不满》（*Globalization and Its Discontents*）一书中指出，如国际货币基金组织这样的国际机构所支持的政策之所以往往会引发争议，其中一个原因就是这些政策过度强调了市场原教旨主义，认为打开国门和自由市场是所有欠发达经济体包治百病的灵丹妙药。任何严肃的经济学家都不会认为自由市场是不可取的，但需要明白的是，改革的成功往往既取决于改革举措的先后顺序，也取决于当地的规范和条件。中央政府或国际机构如果完全无视地方社区的倡议，强制推行一些外部条例，可能会加剧问题而不是减轻问题。

格莱珉银行的经验

第三世界国家普遍存在的问题是缺乏信贷，也就是说，没有办法借到钱来资助创业活动。虽然某些第一世界国家中不太富裕的人也面临着同样的困难，但是在本书中，请让我继续聚焦于第三世界的问题。在这些第三世界国家的农村地区，有些从事农业或手工劳动的人常常是在为他人打工，因而只能赚取非常微薄的报酬。他们中的一些人可能会为自己工作，比如耕种自己的土地或开办自己的篮子编织企业或木雕企业等。然而，大多数此类活动都需要一些启动资金，对于我们这些习惯了第一世界生活方式的人来说，这笔钱通常会是一个少得可怜的数目。然而，对于这些人来说，即使是如此少的数目也构成了不可逾越的障碍。正规的银行不愿意借钱给他们，因为他们很少有任何可以用于抵押贷款的抵押品。

无奈之下，他们常常会从当地的放债人那里借钱。这些放债人通常收取过高的利息，有时甚至高达 100% 或更多。这么高的利息往往反过来迫使借款人背上了终生的债务，年复一年努力工作仍然无力还清。不难理解银行为什么不愿意借钱给这些农村贫困人口，因为银行很难监督这些贷款。举例来说，如果一个债务人走进银行的大门，说他因为一些不可控的原因，如洪水、干旱或瘟疫等，无法偿还贷款，银行经理往往很难核实他的说法。造成的结果就是贷款违约率很高，许多农村信贷计划的贷款回收记录也很糟糕。经济学家已经意识到了农村贫困人口所面临的这个问题，但第一个真正创新的解决方案是由一位来自孟加拉国的富有进取心的经济学家穆罕默德·尤努斯（Muhammad Yunus）提出的。他在 20 世纪 80 年代初创办了一家名为格莱珉银行的企业。

格莱珉银行向农村贫困人口提供小额贷款，不需要任何抵押品。借款人必须属于一个团结小组，它通常由五名成员组成。团体中的一名成员收到一笔贷款后，他必须首先还清，然后这个小组的另一名成员才可以获得贷款。团体无须为其任何一名成员的贷款提供任何担保。还款责任完全落在借款人身上，而团体的工作是确保借款人以负责任的方式行事。格莱珉银行发放的贷款绝大多数都给了女性，因为有证据表明，借给女性的钱得到了更有效的利用。该制度主要依赖两个原则：一是同伴监督，住在同一村庄的群体成员监督债务人，确保钱花在了生产活动上，而不是用来吸烟、喝酒或胡乱花掉了；二是银行与借款人之间以及团体成员之间的相互信任和互惠。在获得贷款之前，团体成员必须宣誓保证坚持一些价值观和原则，其中包括以下内容。

（1）我们不会对任何人做出任何不公正行为，我们也不允许任何人这样做。

（2）我们将集体承担更大的投资，以获得更高的收入。

（3）我们随时准备互相帮助。如果任何人遇到困难，我们大家都会帮助此人。我们将以集体的身份参加一切社会活动。

格莱珉银行的过往业绩令人瞩目，其贷款归还率接近 100%。其在孟加拉国一半以上的借款人（数目接近 5 000 万）已经脱离了赤贫状态。对此有一套衡量标准，诸如所有学龄儿童都可以上学，所有的家庭成员每天能够吃到三餐，有一个清洁卫生的厕所，有一间不漏雨的住所，可以喝到干净的饮用水，每周有能力偿还 300 塔卡的贷款（以 2008 年年中的汇率计算大约为 4.5 美元）。2006 年，因为努力从社会底层推动经济与社会发展，穆罕默德·尤努斯和格莱珉银行共同获得了诺贝尔奖。但是，可能是因为尤努斯的思想过于激进，与主流经济学并不完全相符，颁给他的是诺贝尔和平奖，而不是诺贝尔经济学奖。

耶鲁大学的迪恩·卡兰很好地说明了经济学实验在政策制定中所能发挥的作用。21 世纪初，当卡兰尚在麻省理工学院努力写作博士论文时，他曾前往秘鲁考察一家名为国际社区援助基金会（Foundation for International Community Assistance，FINCA）的小额轮转信贷协会的情况，并从中招募被试。他让 397 对被试参加了一个稍微修改过的伯格–迪克霍特–麦凯布版本的投资博弈，然后考察了这些被试在小额轮转信贷协会中的参与状况。他发现，如果被试在投资博弈中作为接收者时以一种值得信任的方式行事（也就是说，他们至少会返还从发送者那里收到的数额，从而让发送者不至于损失金钱），那么这些被试也更有可能偿还贷款，更有可能参与更高金额的自愿储蓄计划，而从信贷计划中退出的可能性较小。

外在激励会挤走内在动机吗

在第 3 章中，当我讨论信任和可信度在经济交易中的作用时曾提到过，经济学家通常强调显性和外在激励在驱使人们采取适当行动方面（如诱导工人投入所需的努力水平）的必要性和重要性。但我也指出，有时候在社会关系密切的人群中，依靠相互信任、互惠和道德劝导的机制，即使没有更好，至少也可以和依靠胡萝卜加大棒的机制一样好。下面我将提供更多的例子，以说明在某些情况下，与诉诸公平竞争意识和公民意识的方法相比，由外部提供的胡萝卜加大棒的做法的效果反而更差。

苏黎世大学的布鲁诺·弗雷（Bruno Frey）和菲利克斯·奥伯霍尔泽–吉（Felix Oberholzer-Gee）研究了人们对所谓邻避（不要安排在我家后院）

问题的反应。这指的是社区是否愿意接受在其邻近地区设置有害或不受欢迎的设施（如核电站、监狱、机场、输电塔、化工厂等）。在这种情况下，政府机构的一种反应是向社区提供经济补偿，以换取他们接受安置这种设施的意愿。弗雷和奥伯霍尔泽－吉认为，在某些情况下，提供如金钱这样的外部激励，实际上可能会收到反面效果，因为这样的激励部分地破坏或挤走了社区本来有可能感受到的要接受该设施的任何内在动机。因此，这种金钱奖励可能会变得不那么有效，在某些情况下可能反而会导致接受有关设施的意愿降低。如果某人做出利他行为或履行公民义务获得了内在利益，那么为这种服务付钱可能会降低此人这样做的内在动机。[①]

弗雷和奥伯霍尔泽－吉推测，如果当地居民原本认为接受邻避设施是他们在履行公民义务，那么引入金钱补偿反而可能会降低接受有害设施的意愿。1993 年初，研究人员雇用了一个专业调查机构与瑞士中部地带两个社区的 305 名居民接触，询问他们是否愿意接受在其居住地安置一个核废料储藏库。该调查机构向所有受访者提出的第一个问题如下：

> 假设国家核废料储存合作组织（National Cooperative for the Storage of Nuclear Waste, NAGRA）在完成探查性钻探工作后，提议在你的家乡设立一个中低水平放射性废物的储藏库。专家们审查了这个提议，联邦议会最终决定在你的社区建造这个储藏库。在居民大会上，你会投票接受这个提议还是反对这个提议？

51% 的受访者表示他们会投票赞成在他们的社区设立核废料储藏库，45% 的受访者表示会反对，而 4% 的受访者表示自己无所谓。

接下来，研究人员重复了同样的问题，他们询问受访者，如果瑞士联

---

① 20 世纪 70 年代初，理查德·蒂特马斯（Richard Titmuss）就曾声称，虽然很多人愿意自愿献血，但付钱给献血的人，实际上会导致献血者减少。许多自愿献血的人被这样的报酬拒之门外，因为这些报酬可能使得献血者不那么容易沉浸于无私利他的温暖光辉之中。当人们认为是外在动机在发挥控制作用时，它可能会破坏或减少那些出于利他主义而采取行动的内在动机。

邦议会要向所有愿意接受核废料储藏库的社区居民提供补偿，他们是否愿意接受在自己的居住地建造一个核废料储藏库。受访者被分成了三个实验组，研究人员向他们提供了不同的初始补偿金额，分别是：（1）每人每年2 175美元；（2）每人每年4 350美元；（3）每人每年6 525美元。令人惊讶的是，在没有补偿的情况下，原来就已经有51%的受访者同意接受核废料储藏库，但是在给予补偿的情况下，接受的比例反而下降到了25%。补偿的确切数额似乎对人们的接受水平没有显著影响。如果受访者拒绝接受第一次报出的补偿金额但同意修建核废料储藏库，研究人员就会向其提出一个更高的出价。换句话说，对于所有拒绝的人，研究人员第二次提出的补偿金额会从2 175美元增加到3 263美元，从4 350美元增加到6 525美元，从6 525美元增加到8 700美元。尽管补偿的幅度有了显著增加，但是拒绝第一次补偿提议的受访者中只有一人打算改弦易辙，接受提高后的补偿。

为了进一步测试挤走效应，弗雷和奥伯霍尔泽－吉在瑞士东北部的六个社区中进行了一项相同的调查，这些社区被指定为瑞士联邦第二个储藏库（储藏持久的高放射性废物的设施）的潜在地点。研究人员采用了与第一次调查相同的程序，在这些社区内进行了206次访谈。这一次，有41%的受访者表示他们会投票支持接纳高放射性废物处理设施，有56%的人表示自己会投票反对，有3%的人表示不关心。当社区成员获得补偿时，接受度下降到27%。与之前的研究一样，提高补偿数额无助于支持意愿水平发生重大变化。这些发现并不是瑞士独有的。霍华德·昆鲁瑟（Howard Kunreuther）和道格拉斯·伊斯特林（Douglas Easterling）针对美国内华达州某项核废料处理设施的位置进行了类似的调查，发现提高退税并不会获得对接纳此类设施的更多支持。其他研究人员也报告了类似的发现，即当人们得到补偿时，对接纳有害设施的支持水平往往反而会下降。

出现这种情况的一个可能原因是，慷慨的补偿可能被认为是一种迹象，表明了该设施比他们之前以为的更危险。较高的补偿可能表明与该设施相关的风险较高，进而导致较低的接受水平。通过直接询问受访者是否意识到了报酬高低和风险高低之间的关联，弗雷和奥伯霍尔泽 – 吉对这一解释进行了测试。只有 6% 的人同意这一观点，这表明并非高报酬带来高风险的感知在驱动人们做出这样的行为反应。

弗雷和奥伯霍尔泽 – 吉的结论如下：

> ……在公共精神占主导地位的地方，如果利用价格激励来争取人们支持在当地建造社会需要但当地不想要的设施，其代价比标准经济学理论所认为的要高，因为这些激励往往会挤走公民原本具有的义务感……这些结论对经济理论和政策具有普遍意义，因为它们确定了一个事实：不能无限制地用货币补偿来换取人们支持社会所需要的企业。无论如何，我们并不是要质疑货币补偿所具有的相对价格效应，但当我们同时考虑到挤出效应时，这种措施就变得不那么有效了。

弗雷和奥伯霍尔泽 – 吉使用的是调查方法，贾韦里亚纳大学的胡安·卡米洛·卡德纳斯（Juan Camilo Cardenas）则联合了马萨诸塞大学阿默斯特分校的约翰·斯特兰隆（John Stranlund）与克利夫·威利斯（Cleve Willis）两人，针对同样的现象提供了实验证据。卡德纳斯研究团队在哥伦比亚的锡卡西亚、恩西诺和芬兰迪亚三个乡村进行了他们的实验。其中，恩西诺位于安第斯山脉东部，锡卡西亚和芬兰迪亚则位于安第斯山脉中部的金迪奥咖啡地区。之所以选择这些地点，是因为它们都以农村人口为主，这些农村人口对当地的自然资源和环境质量非常感兴趣。他们的实验旨在模拟发展中国家农村人口经常面临的环境质量问题。

具体来说，研究人员要求被试决定他们将花多少时间从周围的森林中收集柴火，因为收集柴火会导致土壤被侵蚀，从而对该地区的水质产生不利影响。接下来，研究人员要求被试接受政府规定的拾柴时间配额。然而，配额的执行并不完美，因为超出配额的人被发现和被惩罚的可能性很小，这是第三世界国家用命令与控制方式解决农村地区的环境问题会遇到的典型难题。因此，博弈中的被试本质上面临着一个社会困境，而且这与他们在日常生活中所面临的境况非常相似。卡德纳斯研究团队发现，在政府强加的规定无法得到很好执行的情况下，用收集柴火的时间来衡量的博弈结果反而变得更糟糕了。因为当面对外部监管时，被试的行为明显变得更为自私；而在没有任何监管时，他们更为关心集体利益。

卡德纳斯研究团队为被试安排了两种实验处理，其设计与我在第4章讨论的公共品博弈非常相似。112名被试被分成14组，每组8名成员。所有小组都将在没有任何条例监管、组员之间不能进行任何交流的情况下进行最初的几轮博弈。接下来，所有的小组都会再多玩几轮，不过会分成两种不同的实验处理。接受第一种处理的有72人（即9个小组），在每轮博弈之间，他们可以与小组成员交流。接受第二种处理的包括余下的40名被试（即5个小组），他们没有任何交流的机会，而是得知了一项新规定——他们收集柴火的时间是固定的。研究人员告知后面这一批被试，一旦每名小组成员决定了自己要在收集柴火这件事上花费多少时间以后，他们都会以一个小概率被抽中接受审核，以确定他们是否遵守了规定。具体的操作方式是：在每名小组成员都做出决定后，研究人员会掷出一个骰子，只有当最终点数是偶数，即2、4或6时，才会进行审核。如果要进行审核，那么研究人员将从一顶帽子中抽出一个介于1到8之间的数字，以指明在这8名小组成员中究竟是哪一名成员要接受审核。因此，如果某人没有遵守规定，此人有1/16的机会（约6%）被逮住并受到惩罚。

卡德纳斯研究团队发现，当被试既不面临任何外部限制，也不能相互交流时，他们的决定往往既不是纯粹自利的，也不是与群体利益最大化相一致的。这一点与其他针对社会困境中人们行为的研究结果是一致的。当没有规则，但被试可以在每一轮博弈之间与小组成员交流时，个体会做出更有效的选择，即能够做出整体上给社会带来更多福利的选择。令人惊讶的是，平均而言，监管会使被试更倾向于做出比其他两种情况下更自私的选择。因此，尽管事实上监管制度的设计宗旨在于诱导人们做出更有效的选择，不过，个人平均收益在有监管的情况下反而会低于无监管的情况，且远远低于那些只是得到了相互交流机会的被试。卡德纳斯、斯特兰隆和威利斯的结论如下：

> 如果经济理论没有考虑到他虑动机，或者没有认识到这些动机在不同制度安排下是会改变的，那么使用这样的经济理论来指导环境政策的设计就会导致南辕北辙、指东打西的结果。当利己主义和集体主义行为一旦达到平衡，能辨识出……这种平衡状态，将对环境政策设计和评价的几乎每一个方面产生深远的影响。

厄恩斯特·费尔和贝蒂娜·罗肯巴克（Bettina Rockenbach）的工作进一步证明了外部激励的负面影响。费尔和罗肯巴克让 238 名被试参加了我们在第 3 章讨论过的伯格 – 迪克霍特 – 麦凯布版本的投资博弈。伯格团队的原始实验设计如下所述：发送者和接收者各有 10 美元。发送者可以将这 10 美元的一部分或全部送给接收者。研究人员会将任何发送给接收者的金额翻到 3 倍，然后再交给接收者。然后，接收者可以选择是保留所有已经给他的钱，还是返还一部分给发送者。博弈在接收者做出决定并依此执行后就结束了。

费尔和罗肯巴克研究了两种实验处理。第一种处理为信任处理；它与投资博弈的最初版本几乎相同，操作方式也大致如上一段所述，只除了一点——如果发送者确实转移了一些钱给接收者，那么研究人员会要求发送者指定一个具体的回转金额，即发送者希望接收者返还的金额。举例来说，假设发送者送出了 5 美元。在这种情况下，接收者将得到 15 美元。然后发送者可以指定"回转"0 到 15 美元之间的任何金额，也就是说，指定的"回转"金额必须小于或等于接收者收到的最大数字。在"信任"处理中，接收者没有受到任何强制必须接受发送者所期望的回转金额。接收者可以选择返回任何金额，当然也就可以选择返回少于发送者所要求的金额。

第二种实验处理为激励处理。这种处理也类似于信任处理，除了指定一个想要的"回转"金额以外，如果接收者返还的金额低于发送者要求的金额，发送者还可以选择对接收者处以 4 美元的罚款。然而，发送者也可以选择不征收罚款。

费尔和罗肯巴克发现，与之前的研究相一致的是，发送者选择信任接收者，并转给接收者一笔不少的钱，而接收者则通过返还金钱来回报这种信任。令人惊讶的是，将发送者所有送出的钱算在内以后，如果发送者可以征收罚款但选择不这样做，接收者返还的合计金额会更多。如果发送者一开始就行使征收罚款的权力，接收者返还的合计金额反而要少很多。在信任处理中（此时发送者没有实施罚款的选择），接收者平均返还了他们所收到的三倍金额中的 41%。在激励处理中，如果发送者征收了罚款，接收者平均返还了三倍金额中的 30%；如果发送者可以征收罚款但选择不这样做，接收者平均返还了三倍金额中的 48%。

如果审视接收者实际返还数目占发送者指定回转数目的比例，我们会发现：在信任处理中（此时发送者没有实施罚款的选择），接收者平均返还数目为指定回转数目的 74%。在激励处理中，如果发送者征收了罚款，接收者平均返还数目为指定回转数目的 55%；如果发送者可以征收罚款但选择不这样做，接收者平均返还数目达到了指定回转数目的 74%。

上述研究再次表明，已经有相当多的实验证据和基于调查的证据指出，外部激励可能会挤出内在动机，因此，可能妨碍集体行动取得成功。现实生活中也是这样的吗？埃莉诺·奥斯特罗姆和她的同事们，再加上印第安纳大学的"政治理论和政策分析研讨会"，共同收集了数千份书面案例，内容都是关于由当地用户自行管理的渔业、灌溉系统和牧场等资源的。在尼泊尔，他们收集了有关 200 多个灌溉系统的使用规则和一般管理战略的数据。这 200 多个灌溉系统中有一些由政府机构管理，简称 AMIS；而另一些则由农民自己管理，简称 FMIS。奥斯特罗姆研究团队发现，与 AMIS 相比，FMIS 能够实现更高的农业产量、更公平的水资源分配和更好的灌溉系统维护。这两种制度的管理方式有显著差异。在 AMIS 制度下，违规行为由政府官员记录，而在 FMIS 制度下，违规行为由农民监测员记录。此外，AMIS 往往比 FMIS 更依赖于用罚款来管控违规行为。在 FMIS 下，在 65% 的时间中规则和配额得到了遵守，而在 AMIS 下只有在 35% 的时间中人们会遵循规则和配额。因此，农民自己制定的规则和制裁往往比政府官员强加给他们的规则和制裁更有效。

尤里·格尼茨和奥尔多·鲁斯蒂奇尼（Aldo Rustichini）提供了外部干预产生有害影响的另一个例子。他们研究了以色列海法市内的 10 所私人日托中心。这 10 所日托中心都位于城市的同一区域，它们之间没有明显的地理位置上的差异或其他差异。日托中心的所有者同时也兼任校长。这些日托中心的营业时间是工作日的上午 7 点 30 分至下午 4 点。如果家长下午 4 点前没有去接孩子，那么老师就必须留下来照顾孩子。这对老师来说是很不方便的，因为他们在正常的工作时间之外不会得到任何额外的经济报酬。老师们通常轮流执行这一任务。他们认为这属于自己职责的一部分，这一点在聘请老师时就已经解释清楚了。

格尼茨和鲁斯蒂奇尼让他们的研究助理联系这 10 所日托中心的校长，请求他们参加一项关于罚款影响的学术研究。每个校长都得到承诺，在研究结束时，他将获得价值 500 以色列新谢克尔的优惠券来购买图书。[①] 这项研究从 1998 年 1 月到 6 月持续了 20 周。在最初的四周里，格尼茨和鲁斯蒂奇尼只是简单地记录了每周迟到的家长人数。在第五周开始时，他们在 10 所日托中心中的 6 所引入了罚款制度。开始执行罚款制度的公告是在日托中心的布告栏上贴出来的，这是向家长传达重要信息和通知的常用途径。公告明确规定，迟到 10 分钟或以上的，对应的罚款为 10 新谢克尔。罚款是按照孩子的人数来计算的。因此，如果某个迟到的家长有两个子女在日托中心，则该家长必须支付 20 新谢克尔。这些罚款将和家长通常每月要向日托中心支付的款项一并收取。在第 17 周开始时，罚款规定在没有任何解释的情况下被取消。取消的通知张贴在同一个布告栏上。如果家长询

---

① 在 1998 年上半年进行这项研究时，1 美元大约等于 3.7 以色列新谢克尔。

问取消罚款的问题，研究人员交代校长告知家长这套罚款规定只是一段时间内的尝试，而试验结果正在评估当中。

图 6–1 显示了罚款造成的巨大影响。由方块组成的实线显示的是，在实施了罚款制度的 6 所日托中心内，罚款实施前后平均每周迟到的家长人数。用圆点表示的虚线显示的是没有实施罚款制度的其余 4 所日托中心平均每周迟到的家长人数。

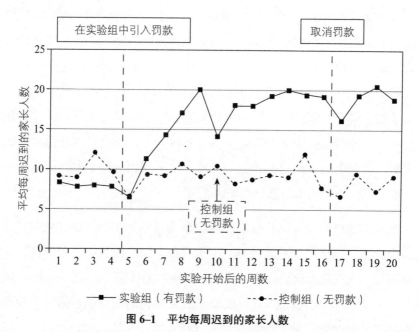

图 6–1　平均每周迟到的家长人数

注：此图由作者根据格尼茨和鲁斯蒂奇尼 2000 年的原始研究所提供的数据自行制作。

从图中可以明显看出以下几点：（1）在实施罚款制度的 6 所日托中心中，罚款实施后的最初 3～4 周内，迟到家长的人数急剧增加；（2）每周迟到的家长稳定在大约 20 人的水平，几乎是罚款制度实施前的两倍；（3）4 所未实施罚款制度的日托中心迟到的家长人数没有明显变化；（4）实施罚款制度的 6 所日托中心即使已经于第 17 周开始取消了罚款，迟到的家长人数仍然很高，远远高于罚款制度实施前的水平。

因此，引入对迟到家长处以罚款的显性激励措施，似乎加剧了迟到问题，而不是减轻了这一问题。我们如何解释这种相当违反直觉的现象呢？格尼茨和鲁斯蒂奇尼是这样解释家长的行为的。他们提出，在罚款规定出台之前，家长们可能认为，老师留下来照顾孩子是一种慷慨的善举。

> 家长可能会想：我们与日托中心之间的合同只涵盖到下午 4 点。在那之后，只是因为老师是善良和慷慨的人，所以他们才会留下来照顾孩子。我不应该利用他们的耐心。而罚款的引入则改变了这种观念，现在家长们可能会这样想：老师在 4 点后照顾孩子的方式和他们在 4 点前的做法其实并无区别。事实上，他们留下来照顾孩子的这种行为是有代价的（代价被称为"罚款"）。因此，我可以根据自己的需要来选择购买这项服务。父母觉得自己的行为是合理的，符合某种社会规范。这种社会规范的表述大体如下：当他人在你需要帮助的时刻向你提供无偿帮助时，你要以克制的态度接受，尽量少给别人添麻烦。而如果他人为所提供的某项服务收费时，你可以根据自己的方便，想买多少就买多少。你不能将负罪感或羞愧感与随心所欲购买商品的行为联系起来。

信任和经济增长

在前几章中，我已经讨论了社区成员之间的相互信任和互惠如何创造社会联系，从而使这些社区能够实现原本很难实现的集体行动（原来并没有这样的社会联系）。这种基于公民之间的相互信任和互惠的社交网络，常常被冠以一个包罗万象的短语——**社会资本**（social capital）。传统上，经济学家倾向于强调物质资本和人力资本的重要性，将其作为经济成功发展的先决条件。[①]但越来越多的经济学家开始意识到，一些无形的东西，比

---

① "物质资本"（physical capital）指的是对实体的投资，包括机器、工厂，还有诸如道路、桥梁、高速公路等基础设施。"人力资本"（human capital）指的是对公民健康、教育和技能的投资。

如一个国家的公民所表现出的信任程度——对政府的信任、对法律和政治制度的信任，本质上，这其实是他们彼此之间的信任——也发挥着至关重要的作用。事实上，如果缺乏这种相互信任和互惠，即使物质资本和人力资本供应充足，经济发展也可能会停滞不前。

世界银行的斯蒂芬·涅克（Stephen Knack）和菲利普·基弗（Phillip Keefer），与克莱蒙特研究生大学的保罗·扎克（Paul Zak）一起实施了一项范围广泛的研究。他们调查了29个市场经济体从20世纪80年代初到90年代初的经济表现，尝试找到一个国家的信任水平与该国的经济表现之间的关系。他们报告说，社会资本对经济绩效至关重要。这些研究人员关注的是公民之间的信任和公民合作所发挥的作用。用来评估社会信任度的问题是："一般来说，你认为大多数人都值得信任，还是与人打交道时再小心也不为过？"他们用每个国家中认为"大多数人值得信任"的人数比例作为衡量信任度的指标。

为了给公民的合作规范找到衡量方法，他们要求调查对象对以下行为做出评价，在从"总是有理由的"到"永远都说不过去"的范围内打分。这些行为包括以下五种：(1)索取某人其实无权享有的政府福利；(2)乘坐公共交通工具时逃票；(3)抓住机会偷税漏税；(4)将捡到的钱占为己有；(5)对自己在无意中对停放的汽车造成的损害隐匿不报。受访者要用选出数字的方式来评价这5种行为，选1代表受访者认为这种行为"总是有理由的"，而选10则代表受访者认为这种行为"永远都说不过去"。可以用这些数字化反应来构建一种针对社会中公民合作程度的量化衡量指标，如果平均打分较高（接近10），那么就表明公民的合作程度较高。

针对上面提到的29个国家，涅克研究团队研究了人均收入增长率与信任和公民合作程度的衡量指标之间的关系。他们发现信任和公民合作的规范对人均收入的增长率有很大的影响。如果一个国家的公民表现出更高水平的信任和公民合作，那么这个国家就会经历更快的经济增长，而且这种信任和合作对增长的积极影响在较贫穷国家中表现得更为明显。

涅克研究团队的解释是，这主要是因为在高信任度的社会中，个人用于保护自己在经济交易中不被剥削的费用要少得多。没有那么多场合需要书面合同，诉讼也不那么频繁地发生。高信任度社会中的个人也可能只需花费较少的资源来保护自己免受对其财产的非法或刑事侵犯。节省下来的费用包括由于任意征税、提供贿赂或购买私人保安服务和设备等产生的支出。

低信任度也会阻碍投资和创新。如果企业家必须花更多的时间来监督员工可能存在的不当行为，那么他们投入在产品和工艺创新上的时间就会减少。以高信任度为特征的社会也较少依赖正式制度来执行协议。因此，在无法获得银行贷款的情况下，以个人间的强烈信任为基础的非正式信贷市场（如格莱珉银行的实践）可以促成投资。在信任度较高的社会中，人们认为政府官员更值得信赖，他们的政策声明也更可信。这往往会引发更多的投资和其他经济活动。高信任度社会不仅有更强的创新和积累资本的动力，而且这些国家对公民健康、教育和福利的投资也更有可能带来更高的回报。

本章精华

在前面的章节里，我已经提供了许多证据，表明社会规范和由这种规范驱动的行为——表现为一种公平感，以及愿意信任陌生人和回报他人信任的倾向，对广泛的经济交易有着极其深远的影响。这种规范具有的影响是如此巨大，以至于整个社会的增长和发展都受惠于此。

如果你认为本书的用意是要反对在战略决策的环境下使用博弈论工具，那就大错特错了。博弈论是一种强有力的工具，它使我们能够简洁地为各种各样的经济行为建立模型。即使博弈论模型由于严重依赖理性自利假设，有时也会做出不准确的预测，然而，拥有一个正式的行为模型及其预测还是有用的，因为预测可以作为基准，帮助我们理解实际行为与该基准有何偏差。这使我们能够以一种更连贯的方式来组织我们的数据和结果，而不是在没有模型的情况下面对一团乱麻束手无策。手头拥有一张不完整的地图，总比在没有任何地图的情况下就贸然出发探险要好。

然而，本书的观点确实是我们对博弈论工具的依赖程度应该有所缓和，因为我们必须认识到这样一个事实，即关于人类行为的模型需要考虑到社会规范和由这种规范驱动的行为所起的强大作用。有时，这可能意味着必须建立更精细的人类行为模型，并将这些规范纳入其中。经济学家已经或正在朝着这个方向稳步前进。我已经提到过加州大学伯克利分校的马修·拉宾所做的开创性工作，他在自己提出的理论模型中明确地纳入了公平的概念。还有许多其他人也在做类似的工作，包括苏黎世大学的厄恩斯特·费尔、维也纳大学的克劳斯·施密特、宾夕法尼亚州立大学的加里·博尔顿、科隆大学的阿克塞尔·奥肯费尔斯和加州大学洛杉矶分校的戴维·莱文（David Levine）。

依赖博弈论模型和经济学思维中的理性自利假设所带来的一个直接后果就是，人们在雇佣合同中过分强调使用显性/外在动机。我之前就已经说过，苏黎世大学的布鲁诺·弗雷在他的书《不只是为了钱》（*Not Just for the Money*）里也指出：诚然，在许多情况下，为了激发员工的努力或确保行动符合期望，这种显性的胡萝卜加大棒手段都是有用的，或者确实是有必要的。但在许多情况下，过分依赖显性激励手段恰恰适得其反，而且也是有害的，因为这些手段挤出了内在动机，消除了我们内心深处那种潜藏的渴望——即使没有任何金钱奖励，也要做正确的事情。关于这方面的例子，我之前已经探讨了不少，其中也包括弗雷本人针对有害设施选址的研究。在设计经济政策时，务必要牢记这一系列研究的结果，因为忽视了它们就可能会导致巨大的福利损失。

尽管有过于悲观的风险，但事实是，当今世界面临着无数的经济问题，从极端贫困（世界上很多地区的人每天靠不到 1 美元维持生计）到种族灭绝，再到全球变暖。我们面临的许多问题本质上是经济问题，并且 / 或者需要从经济层面找到解决方案。贾雷德·戴蒙德（Jared Diamond）在他的书《崩溃：社会如何选择成败兴亡》（*Collapse: How Societies Choose to Fail or Succeed*）中指出，索马里和卢旺达在 20 世纪 90 年代发生的种族灭绝战争，其实是迅速增长的人口压力的必然结果。这种人口压力导致了森林过度砍伐、栖息地遭到破坏、土壤污染和养分流失，以及资源快速枯竭等一系列问题。我想强调的是，在处理这些复杂和牵涉多方面的问题时，我们不能盲目地采用基于博弈论模型或市场原教旨主义的教科书理论；相反，我们需要了解当地的规范和习俗，因为它们可能会发挥重要作用，并以我们所持的理论模型无法预测的方式影响人们的行为。有时，我们可以在设计创新性解决方案时考虑纳入这些规范，就像格莱珉银行的例子一样。但这反过来也意味着，解决问题的办法必须依靠当地社区的主动性，而非集中化；几乎可以肯定的是，必须更多地采取跨学科的方法。实验经济学提供了一种新鲜的、不同寻常的方式来整合这些来自经济学和其他学科的见解。

北京阅想时代文化发展有限责任公司为中国人民大学出版社有限公司下属的商业新知事业部，致力于经管类优秀出版物（外版书为主）的策划及出版，主要涉及经济管理、金融、投资理财、心理学、成功励志、生活等出版领域，下设"阅想·商业""阅想·财富""阅想·新知""阅想·心理""阅想·生活"以及"阅想·人文"等多条产品线。致力于为国内商业人士提供涵盖先进、前沿的管理理念和思想的专业类图书和趋势类图书，同时也为满足商业人士的内心诉求，打造一系列提倡心理和生活健康的心理学图书和生活管理类图书。

《人性实验：改变社会心理学的 28 项研究》

- 诠释了 28 个经典的关于人性的实验，揭示了在 28 个常见的生活和工作情境下，人的决定、行为、感受、情绪会受到哪些因素的影响。
- 一本洞察人性、反思自我、思考社会现象的醍醐灌顶之作。

《这才是经济学的思维方式：看穿被谬误掩盖的经济学真相（第 2 版）》

- 斯坦福大学高级研究员、美国当代自由主义经济学大师经典之作。
- 用经济学思维的正确方式，将看似合理的经济事件去伪存真，看穿社会经济运行的本质。

《世界金融简史：关于金融市场的繁荣、恐慌与进程》

- 本书对自 1600 年以来的金融市场行为以及相关的金融事件做了一次深刻全面的剖析。
- 带领读者一起游历了从 17 世纪的郁金香狂热到 21 世纪次贷危机的金融市场的历史进程，深刻剖析了每一件发生在金融市场的大事件，并验证了每次金融历史事件来临前、进行中以及事后的市场气候。

《最后一英里：影响和改变人类决策的行为洞察力》

- 行为洞察力的提出者、世界知名行为科学家的经典力作。
- 用行为科学思维解决决定成败的"最后一英里"问题。
- 通过行为助推设计帮助人们做出最佳决策。

《决策与判断：走出无意识偏见的心理误区》

- 决策与判断的失败往往比成功更有启发性，而决策的质量通常比决策本身更重要。
- 本书试图彻底揭开那些不容置疑的且影响我们决策能力的八种谬见和曲解，帮助我们发现并消除自身的认知偏见，提高我们对众多容易中招的陷阱的警觉和认识，从而进一步提升战略决策的质量。

《思维病：跳出思考陷阱的七个良方》

- 美国知名思维教练经全球数十万人验证有效的、根除思维病的七个对策。
- 拆解一切思维问题，让你拥有"非同凡想"的思考力，成为问题解决高手。

《好奇心：保持对未知世界永不停息的热情》

- 樊登读书 2018 年度 50 本好书之一。
- 一部关于成就人类强大适应力的好奇心简史，一本可以唤醒沉睡已久的好奇心、让生命力爆发的神奇之作。